FRANZ TROJAN: HAUPT

FRANZ TROJAN

HAUPTSACHE LAUT!

**Schlagzeug, Skandale, Sperrbezirk:
Mein Aufstieg mit der Spider Murphy Gang –
und mein Abstieg ohne sie**

DIE AUTOBIOGRAFIE

Mit Klaus Marschall
und Andreas Mäckler

SCHWARZKOPF & SCHWARZKOPF

INHALT

SO IST ES PASSIERT …

Grauer Alltag, Überholspur, Absturz, es war alles dabei!

Gestatten, mein Name ist Franz Trojan, und was ich erlebt habe, reicht eigentlich für drei Bücher! Als langjähriger Schlagzeuger der Spider Murphy Gang bringen die meisten mit mir Hits wie *Schickeria*, *Wo bist du?*, *Ich schau' dich an* und natürlich *Skandal im Sperrbezirk* in Verbindung. Manche mögen auch noch von meinem Absturz bis hinunter in die Obdachlosigkeit um das Jahr 2010 gehört haben. Schließlich wurde das in einschlägigen Medien öffentlichkeitswirksam brachial ausgekostet.

Schon wieder so eine gescheiterte Musikerexistenz! Ist doch selber schuld, wenn er sein millionenschweres Vermögen nicht zusammenhalten kann! Das denken sicherlich viele, wenn sie mein Schicksal oberflächlich betrachten. Nur wird dabei vergessen, dass sich dahinter ein bei Weitem differenzierteres, interessanteres Gesamtbild verbirgt. Das bietet viel mehr Facetten als die effektheischenden, reißerischen Schlagzeilen zur Befriedigung des Sensationshungers für zwischendurch.

Kaum einer weiß um meine Vorgeschichte bis hin zum Aushängeschild der Neuen Deutschen Welle. Die war geprägt von Alkohol, Schlägen, Gleichgültigkeit und fehlender Fürsorge.

Kaum einer weiß von den Begleiterscheinungen auf dem Höhepunkt des grandiosen Erfolges Anfang bis Mitte der Achtzigerjahre. Neben Hitparaden, Musiksendungen, Popmagazinen, Geld, Aufmerksamkeit, Jetset säumten auch Affären, Enttäuschungen, Rotlicht, kriminelles Milieu, Drogen meinen Weg. Ich nahm alles und genoss es! Es war geil!

Außerdem weiß kaum einer um die genauen Umstände meines desaströsen, gnadenlosen Absturzes. Dafür war keinesfalls nur persönliches Verschulden wie mein rücksichtslos ausgelebter Egoismus verantwortlich. Auch äußere Einflüsse spielten dabei eine Rolle. Die heutzutage immer noch beliebten zahlreichen Castingshows seien nur als Beispiel genannt.

Wer mich lesend durch meine Autobiografie begleitet, wird erfahren, warum ich meinen Vater am liebsten umbringen wollte, warum meine Mutter Thomas Gottschalk oftmals mit Cola versorgte, wie Ameisen mir ein Liebesabenteuer verübelten, warum »bavarian bullshit« zu meiner Karriere gehörte, warum CSU-Ikone Franz Josef Strauß wahrscheinlich die Karriere der Spider Murphy Gang anschob, warum ein harmloses Foto beinahe einen Teil der Band in Stasi-Haft gebracht hätte, warum Jägermeister meiner eigenen Filmpremiere im Wege stand, weshalb Heino meine Zusammenarbeit mit Herbert Grönemeyer gefährdete, warum ich Nena treten sollte, warum ich »Major Tom« Peter Schilling lieber von hinten sehe, warum mir Dieter Bohlen den Tiefpunkt meines Lebens bescherte … Neugierig? Na dann, lesen Sie.

Ich zeichne bedingungslos ehrlich, authentisch und kompromisslos meinen Lebensweg nach. Außerdem beleuchte ich auszugsweise vor allem die Achtziger- und Neunzigerjahre. Das kommt für manchen einer schönen, nostalgischen Zeitreise gleich. In meinem Buch verzichte ich im Gegensatz zu vielen anderen Autobiografien darauf, das Dargelegte entschuldigend aufzuweichen. Statt zögernd und zaudernd meiner Vergangenheit zu begegnen. sage ich mir: So ist es passiert, und das ist gut so!

Ich wünsche Ihnen einen guten Ritt durch mein Leben.

Franz Trojan

1

WIRTSHAUS, TRISTESSE & DESINTERESSE

Kindheit in Kulmbach

Meine Kindheit? Tja. Kulmbach. Bayerische Provinz. Langeweile. Gut 25.000 Einwohner, und ab dem 22. Januar 1957 war ich einer von ihnen. Erzähle ich von Dingen aus dieser Zeit, dann wirken sie auf mich, als stammten sie aus einer verlorenen, düsteren, lethargischen Epoche, mit der ich nahezu ausschließlich negative Erinnerungen verbinde.

Meine Eltern Hans und Leni führten eine Kneipenwirtschaft mit schönem Hotel, die sie von meinen Großeltern väterlicherseits, damals Kriegsflüchtlinge aus dem Egerland in Tschechien, übernommen hatten, daher auch der Name Hotel Egerland. Mein Vater war im Schankraum der beste Kunde, um nicht zu sagen, er soff wie ein Loch, was ihn aggressiv werden und Frau nebst Kindern verprügeln ließ. Mag sein, dass er das auch ohne Alkohol getan hätte, aber wie soll ich das beurteilen, wenn Trunkenheit der Normalzustand war? Meine Mutter schloss sich dem unglückseligerweise an, wobei das Ausmaß bei ihr jedoch geringer ausfiel.

Gegenüber Hans Trojan hegte ich nur eine Emotion: HASS. Einmal versuchte ich sogar, zusammen mit einer meiner Schwestern, ihn umzubringen. Ich spannte über die oberste Stufe der Steintreppe, die von der ersten Etage ins Erdgeschoss führte, eine Schnur. Meine Hoffnung war, dass mein hackedichter Vater darüberstolpern und sich auf dem Weg nach unten das Genick brechen würde. Geklappt hat es allerdings nicht.

Trotz der Tyrannei verließ meine Mutter ihren Mann nie. Es fehlte einfach auf der Liste der möglichen Lebensentscheidungen – zumindest im kleinstädtischen Bereich Bayerns –, den Gemahl zu verlassen. Mochte er auch noch so oft Anlass zur Beschwerde geben und ein Teufel in Menschengestalt sein, die Ehefrau blieb. Meine Mutter bildete da keine Ausnahme.

Von klein auf erlebte ich, dass sich jeder Tag um den reibungslosen Ablauf des Familienbetriebs drehte. Bescheiden und tüchtig kümmerte sich meine Oma um das leibliche Wohl und auch um alle anderen Belange der Gäste, während mein Opa den noch anfallenden Rest erledigte. Das taten sie so lange, bis der Nachwuchs die Geschäfte übereignet bekam.

Standesgemäß hatte Hans Trojan, der im Gegensatz zu mir seit der Kindheit im Betrieb helfen musste, im Einzugsbereich Kulmbach die Tochter einer anderen Gastronomensippe geheiratet. So war das eben, Großlandwirt zu Großlandwirt, Bauunternehmer zu Bauunternehmer, Kaufmannsfamilie zu Kaufmannsfamilie etc. Alles hatte seine soziale, gesellschaftliche, ortsgebundene Ordnung, und die wurde beibehalten. Es zu hinterfragen galt als inakzeptabel.

Die selbstverständliche Konzentration auf die 24 Stunden umspannende Arbeit ließ so etwas wie Familienleben völlig überflüssig erscheinen. Mit Mama, Papa, Oma, Opa spielen, Blödsinn treiben, auf dem Schoß sitzen oder gar knuddeln? Fehlanzeige. Sie hatten es nie kennengelernt, und somit fehlte ihnen für derlei Beschäftigungen jegliches Verständnis. Selbst Weihnachten, das ich in früher Kindheit noch als Fest der Liebe und Freude mit Geschenken und Christbaum erleben durfte, wurde immer mehr zum Horror, je mehr meine Eltern dem Suff verfielen.

Obwohl ich meinen Vater verabscheute, muss ich zugeben, einiges von ihm geerbt zu haben. In bestimmten Punkten brachte es mir sogar Vorteile. Seine Gene bescherten mir ein imposantes Erscheinungsbild mit großem, kräftigem Körperbau, ein gutes Aussehen mit schwarzem Haar genauso wie ein gerüttelt Maß an Intelligenz und ausgeprägte Musikalität.

Seine Attraktivität setzte mein Vater in zahlreiche sexuelle Liebesabenteuer um. Er reagierte allerdings äußerst ungehalten, wenn es ihm seine Frau, die als großgewachsene, feierfreudige Schönheit genauso zu überzeugen wusste, gleichtat. Hans Trojan spielte sehr gut Klavier und sang auch gut, gelangte mit dieser Fähigkeit jedoch nie über die Schwelle des Wirtshauses hinaus. Die Spezialität der autodidaktisch angeeigneten Wiener Kaffeehaus- und G'schrammelmusik blieb stets in den eigenen vier Wänden.

Im Gegensatz zu ihrem Mann, der Schnaps und Bier bis zur Besinnungslosigkeit in sich hineinkippte, verlor meine Mutter, auch wenn sie über den Tag verteilt viel trank, nicht komplett den Blick für das Maßhalten.

Warum mein Vater dem Alkohol ungezügelt zusprach, hatte viele Gründe. Sicherlich lag es unter anderem daran, dass in der Kneipe alles an Spirituosen im Überfluss vorhanden war: Wein, Bier, Schnaps. Da hieß es nur: Eingießen, Kopf in den Nacken und trinken. Ebbe war nie in Sicht. Außerdem trug das Trauma des verlorenen Zweiten Weltkriegs, in dem er gedient hatte, zur Hingabe an die »geistigen Getränke« bei. Zeitlebens waren mein Vater und auch mein Opa glühende, stramme Nazi-Anhänger, die ihre Huldigung keineswegs versteckten. Die Wände unserer Wohnung strotzten vor Orden, Bildern und Fotos von Freunden, Verwandten und Kadergrößen der NS-Zeit. Zu jedem Nazi-Wandbehang wussten sie begeistert Geschichten zu erzählen, was mich ankotzte. In meiner späteren Jugendzeit kam es immer zu Streit, wenn mein Vater und ich uns über die Hitler-Vergangenheit unterhielten. »Vergiss die Nazi-Scheiße!«, herrschte ich ihn zum Schluss einer jeden Konfrontation an, woraufhin von der Gegenseite nur noch unverständliches Gelalle zu hören war.

Vielleicht spielte für die Trunksucht auch die Enttäuschung darüber eine Rolle, dass mein Vater das Tiermedizinstudium, das er wegen des Krieges hatte unterbrechen müssen, nicht wieder aufnehmen konnte. Stattdessen war er in der Kulmbacher Provinz angehalten, den Schankwirt zu mimen.

Letztendlich kümmerte sich also keiner aus der Familie um meine sechs Schwestern, zwei über und vier unter mir, und mich, als wir heranwuchsen. Unter dem geballten femininen Einfluss der Weiberbande hätte ich eigentlich schwul werden müssen.

Ich kann mich nicht daran erinnern, dass meine Mutter einmal für uns gekocht hätte. Wir bekamen das Gleiche wie die Gäste, was keineswegs schlimm war. Es machte aber eben deutlich, dass meine Schwestern und ich im allgemeinen Trott mitliefen. Auf Hilfe bei den Hausaufgaben brauchte erst recht keiner von uns zu spekulieren.

Ein Jahr vor der Einschulung, also im Alter von sechs Jahren, plagten mich unaufhörlich Schmerzen unterhalb des rechten Rippenbereichs. Die waren so heftig, dass selbst meine ansonsten leidenschaftslose Mutter sich irgendwann bequemte, mich zum Kinderarzt zu bringen. Bei der Untersuchung wurde eine Rippenfellentzündung festgestellt. Bei der weiteren Behandlung diagnostizierte man zusätzlich einen schwerwiegenden Lungenfehler. Drei Monate musste ich mich daraufhin einem Krankenhaus in Bayreuth anvertrauen, im Bett liegend mit aufgezogener Sauerstoffmaske. Anschließend wurde ich für sieben Monate in ein von Nonnen geleitetes Bergsanatorium nach Ruhpolding geschickt, das von den Alpen umrahmt war und ausgiebig Höhenluft bot.

Während der ganzen Zeit besuchte mich meine Mutter nur ein einziges Mal. Den Rest des Aufenthalts fühlte ich mich oft allein gelassen. Das war für ein junges Kind grausam, brutal. Meine Psyche überforderte es, das zu verarbeiten, und brachte mich dazu, zu schlafwandeln. Dabei stieß ich mir einmal derart heftig den Kopf, dass ich wie eine Sau blutete. Die Freundschaft zu den anderen Jungs, die ebenfalls einsam und krank waren, half mir, das Heimweh auszuhalten. Letzten Endes waren meiner Mutter ihre Kinder wurscht. Nichtsdestotrotz liebte ich sie.

In späterer Zeit, ich hatte inzwischen Familie, trieb es mich auf dem Rückweg von einem Venedig-Urlaub noch einmal an die Pforte des Sanatoriums. Was soll ich sagen? Es befand sich unverändert unter der Leitung von Ordensschwestern. Meine Akte, inklusive Fotos von mir, hatte überdauert und gilbte vor sich hin.

2

STUNDENPLAN

Erste bis sechste Stunde Schlagzeug

Ab dem Sommer 1963 besuchte ich vier Jahre lang die Pestalozzi-Grundschule in Kulmbach, gerade einmal drei Minuten Fußweg von zu Hause entfernt. Vom Alltag in dem schönen alten, historiebehafteten Gebäude grub sich mir nicht viel in die Erinnerung ein, außer einem Lehrer, der die Kinder immer an den Ohren zog, wenn sie sich seiner Ansicht nach eines Vergehens schuldig gemacht hatten.

Innerhalb der gewissermaßen schulischen Grundausbildung stellte ich mich wohl nicht ganz dumm an, denn die nächste Bildungsetappe war das Markgraf-Georg-Friedrich-Gymnasium im selben Ort. Damit war mir die höchste Form der weiterführenden Schule vorbehalten. Das war etwas, was – im Gegensatz zu heute – keineswegs zur Normalität gehörte. Zwei Klassen über mir drückte ein gewisser Thomas Gottschalk die Schulbank, schon damals ein Sonnyboy erster Güte und viel strebsamer als ich. In den Ferien jobbte Thomas als Briefträger und brachte meinen Eltern die Post. Mit seinem heiteren Gemüt luchste er meiner Mutter, ohne dass er darum bitten musste, stets eine Cola ab, was er mit großer Freude und einem breiten, vereinnahmenden Grinsen quittierte.

Auf dem Gymnasium hielt ich es nicht lange aus, vielleicht zwei Jahre, und musste es vorzeitig verlassen. Das dortige Geschehen lag zum größten Teil einfach zu weit weg von den Dingen, die mich bewegten. Von zu Hause hatte ich nichts zu befürchten, weil dort meine Entwicklung keinen interessierte. Grund dafür war der zunehmende Alkoholmissbrauch meiner Eltern, der sich bis hin zum kompletten Fernbleiben von Nüchternheit auswuchs. In ihrem Dauerdelirium kamen Leni und Hans ihren Pflichten kaum noch nach. Der ursprünglich schmucke Herbergsbetrieb mit seinen 20 gemütlichen Gästezimmern versiffte zusehends, weil keiner mehr für Sauberkeit sorgte. Das war meinen Eltern aber egal. Ihnen war einfach alles schnuppe.

Mir war es vergönnt, eine faule Sau zu sein und das Motto »Dolce far niente«, zu Deutsch »das süße Nichtstun«, reichlich mit Leben zu füllen. Außer auf Musik – mit 14 Jahren leitete ich den Schulchor – konnte ich mich zu keiner anderen Disziplin aufraffen. Woher diese Vorliebe für die Musik kam, ist mir entfallen, ich schließe jedoch die Schule oder das Elternhaus als Ursache aus. Mag sein, dass mein Umfeld verantwortlich war. Ich kann mich an den Konditorsohn Holger Stamm erinnern, der später bei The Vampires spielte, einer lokal sehr bekannten Band. Mir schwirrte immerzu durch den Kopf, wie geil es sein muss, sich per Instrument oder Gesang einer Schar von Leuten mitzuteilen. Aber ob Holger nun der Auslöser war …? Ich glaube, letztendlich schlummerte die Neigung in mir selbst.

Eines der wenigen Dinge, denen ich mich ansonsten mit Hingabe widmete, war das Reiten. Seit Beginn meiner Kindheit begeisterte mich dieser Sport. Hier entwickelte ich einen Ehrgeiz, der mich anspornte, viele Prüfungen für Kinder und Jugendliche abzulegen, die mich mit allerlei Abzeichen dekorierten. Weder der Dressur noch dem Springen räumte ich dabei Vorrang ein. Mir sagte alles zu, und täglich fand man mich im Reitverein. Ich war richtig süchtig danach, obwohl die Gäule im Grunde genommen ganz dumme Viecher waren. Heutzutage würde mir ein ausgewachsenes Pferd Respekt – vielleicht sogar Angst – einflößen, und ich bezweifle, dass ich immer noch reiten könnte. Um einmal einen schlechten Scherz zu machen: Dem Reiten blieb ich zeitlebens treu, nur wurden die Pferde gegen Frauen eingetauscht.

Im Abgangszeugnis des Gymnasiums stand: »Der Schüler Franz Trojan konnte nicht benotet werden, weil er zu oft gefehlt hat«, aber auch: »Seine musikalischen Fähigkeiten sind hervorzuheben.« Unerwähnt – aber sicherlich mitentscheidend für den Rausschmiss: Ich hatte einen Mitschüler brutal verprügelt, wobei mir der Grund dafür entfallen ist. Vielleicht hatte aber auch gar keine konkrete Ursache vorgelegen. Neben dem ererbten Hang zum Cholerischen, Aggressiven fehlte mir die erzieherische Bremse, beziehungsweise meinen Vormündern war das schlagfreudige, aufbrausende Naturell ihres Sohnes egal. Selbst als nach einer anderen Schlägerei der Vater meines Kontrahenten in unserem Wirtshaus erschien, um sich zu beschweren, blieb das ohne Reaktion. Man nahm es zur Kenntnis und quittierte es mit Gleichmut. Der unwürdige Abgang von der höheren Schule brockte mir die Ablehnung an der Realschule ein, weshalb mir nur noch das große Auffangbecken der Volksschule blieb. Mir war es allerdings schlichtweg schnuppe, wo ich faulenzte.

Trotz aller Gleichgültigkeit hätten es meine Großeltern und Eltern gerne gesehen, wenn ich Arzt geworden wäre. Irgendwie war ihre Vorliebe für diesen Beruf nachvollziehbar. Schließlich leisteten sie doch mehr oder weniger freiwillig bei ihren Gästen tagsüber und nächtens medizinischen Beistand, wenn diese über persönliche Sorgen und Nöte klagten. Bestimmt haben sie so manchem Kunden auf diesem Wege aus einer Liebes- oder gar Lebenskrise herausgeholfen.

Dank des Gymnasiums – etwas Gutes konnte ich dem sporadischen Besuch also doch abgewinnen – hatte ich im Alter von elf Jahren Gefallen an der Posaune gefunden. Um diese spielen zu können, ging ich zum Musikverein Kulmbach-Weiher. Tatsächlich machte ich dort Bekanntschaft mit dem kräftigen Besitzer eines riesigen Kulmbacher Modehauses, der dort das Blasinstrument spielte. Freundlicherweise lieh er mir ein Exemplar. Das klemmte ich mir begeistert unter den Arm und stampfte voller Vorfreude zum Leiter, um den richtigen Umgang zu erlernen. Doch der Dirigent – schon ein betagterer Mann – bremste meine Euphorie mit den Worten: »Posaunen brauchen ma net. Mir brauchens an Schlagzeuger. Du spuist Schlagzeug!« Auf diese Weise wurde ich Marschtrommler.

Ein älterer Herr nahm sich meiner an und brachte mir zunächst das Grundrüstzeug bei. Dazu zählten verschiedene Spielvarianten wie etwa der »Feldschritt«, eine Trommelbewegung, die es in 20

Variationen gab und welche beim Marsch zur Untermalung des Gleichschritts benutzt wurde. Die »Locke«, ein weiteres Schlagmuster, das in der erfolgreichen Kinofilmreihe *Police Academy* oft zu hören war, meistere ich heute noch. Natürlich gehörte es auch dazu, die Noten schlafwandlerisch zu können, um die Märsche zu beherrschen ... Ich musste eben alles erlernen, was ein Musikvereinszug benötigte. Das alles gefiel mir so gut, dass ich wie ein Wahnsinniger übte. Allein schon deshalb blieb für die Schule keine Minute übrig. Von der ersten bis zur sechsten Schulstunde war ich – wenn überhaupt anwesend – gedanklich beim heiß geliebten Instrument. Für mich stand kristallklar fest: Ich werde mit dem Schlagzeugspiel richtig berühmt werden und davon leben können! Keine zehn Pferde brachten mich von dieser Vision ab. Nach vier oder fünf Wochen übernahm ich den Part meines Mentors, weil er aufhörte. Ich hatte ihn einfach »weggetrommelt«, war wohl so etwas wie ein Naturtalent.

Innerhalb des Musikvereins Kulmbach-Weiher verstand ich mich mit den Kollegen gut, obwohl ich mich weigerte, die Vereinstracht zu tragen. Auch wenn es für mich bedeutete, an Umzügen nicht teilnehmen zu dürfen, brachte mich keiner von der Einstellung ab. Die Auseinandersetzung mit dem politisch braun gefärbten, widerlichen Hintergrund meines Elternhauses verbot es mir, mich in textile Gleichmacherei zu begeben.

Bei Platzkonzerten hingegen durfte ich in meinen eigenen Klamotten auftreten. Dabei spielten auch meine langen Haare keine Rolle. Die waren damals bei männlichen Jugendlichen, und in dieses Alter wuchs ich ja nun hinein, üblich. Gewillt, der Truppe ein bisschen entgegenzukommen, stieg ich allerdings fränkisch traditionell in die gute, alte Lederhose. Bis heute mag ich Marschmusik und trainiere gerne deren Rhythmus. Die besten Marschtrommler sind die amerikanischen. Der Wahnsinn, was die den Fellen entlocken! Ich bewundere sie. Mit der Zeit suchte ich jedoch neue musikalische Herausforderungen. Die waren eng verknüpft mit Bands aus der Richtung Beat oder Rock. Ganz allmählich lösten sich so die Bande zur Marschrichtung.

3

ERSTES GELD, ERSTE DROGEN, ERSTE MÄDCHEN ...

Das Rock-'n'-Roll-Leben beginnt

Zwar war die Marschmusik die Initialzündung, bedeutete meinen Einstieg in die Welt des Rhythmus, und ich konnte ihr auch einiges abgewinnen, aber sie forderte mich auf Dauer zu wenig. Der Musikverein Kulmbach-Weiher bot nur einen Bruchteil des möglichen Instrumentenspektrums. Deshalb eignete ich mir darüber hinaus autodidaktisch noch einiges mehr an mit dem Ziel, alles mir Erreichbare umzusetzen. Privat hörte ich mehr und mehr Hardrock und war fasziniert von Ian Paice, dem Drummer von Deep Purple. Er klang immer gut, verfügte über eine begnadete Technik. Spätestens beim Anblick dieses Ausnahmekönners sah ich mich in meinen Träumen als Antriebsmotor einer geilen Band. In diesem Kreis würden alle meine Leistung anerkennen und mich respektvoll als Star behandeln.

Allein durch diese Vorstellung sammelte ich genug Motivation, um im Alter von 13 oder 14 Jahren den Ferienjob in einer Kulmbacher Mälzerei durchzustehen. Mit dem Verdienst kaufte ich mir ein 1.000 DM teures »Pearl«-Schlagzeug, erworben im ortsansässigen Musikgeschäft. Die erste Aktion bestand darin, den Namenszug »Pearl« durch »Ludwig« zu ersetzen. Für Ersteres schämte man sich wegen der vergleichsweise billigen Ausführung, wohingegen Letzteres die teuerste Marke war, die zudem vom Beatles-Schlagzeuger Ringo Starr genutzt wurde.

Natürlich hätte ich versuchen können, mir das nötige Geld zu Hause zu verdienen. Meine Eltern wären aber niemals auf den Gedanken gekommen, mir etwas zu zahlen, geschweige denn, mir den materialisierten Traum zu besorgen.

Nun ging es erst richtig los. Ich legte Platten auf und malträtierte die Felle so lange, bis es mir gelang, den Schlagzeugpart des jeweiligen Stücks nachzuspielen. Die erste LP, die ich mir im Plattenladen besorgte, war geklaut. Rotzfrech schnappte ich sie mir und verließ ohne zu zahlen das Geschäft. Sie stammte vom Schweizer Jazzschlagzeuger Charly Antolini, den ich später persönlich kennenlernen durfte. Er ist seit mittlerweile 30 Jahren mein Freund, und mit inzwischen 76 Jahren weist er immer noch keine Abnutzungserscheinungen auf. Zwar habe ich kein Schlagzeugervorbild, ich gebe jedoch unumwunden zu, mir von Charly so manches abgehört zu haben.

Neben Antolini und Ian Paice faszinierte mich vor allem Buddy Rich, einer der weltbesten, versiertesten Drummer aller Zeiten. Der stanzte vor allem im Jazz tiefe Spuren. Nicht zu vergessen auch Jim Keltner, auf dessen geniale Fertigkeiten viele Businessgrößen wie Eric Clapton, John Lennon, Joe Cocker, die Rolling Stones oder Bob Dylan zurückgriffen. Der Mann trommelt auch heute im hohen Alter noch wie ein junger Gott.

Mit dem Reiten, dem ich mich lange Jahre so intensiv gewidmet hatte, war es nun endgültig vorbei, denn meine zunehmenden Drummer-Fähigkeiten blieben nicht im Verborgenen. Die Nachfrage, meine Künste in diversen Musikprojekten einzubringen, zog zu meinem Stolz mehr und mehr an. Das streichelte mein Ego wohltuend, eine Wertschätzung, die ich bis dahin, wenn überhaupt, nur selten bekommen hatte.

Verschiedene Bands nahmen mich, der ich ja gerade einmal wenige Lenze zählte, unter ihre Fittiche. Eine davon war die Tanzformation Das Kulmbacher Tanzquintett, spezialisiert zum Beispiel auf Glenn-Miller-Klassiker. Mit einer Bierzeltkapelle-Kurorchester-Mischung ging ich im Alter von 13 Jahren sogar auf eine Deutschlandtournee. Der Bandleader des Orchesters hatte mich haben wollen, weil ihm positiv aufgefallen war, dass ich neben all meinen handwerklichen Fähigkeiten sehr laut trommeln konnte. Das bereitete mir keine Probleme, bei meiner körperlichen Statur. In Zeiten des Mangels an Mikrofonen und entsprechender Technik wie PA-Anlagen war das wichtig. Während der Tour bereisten wir Städte wie Hamburg, Berlin, Hannover und mehrere kleinere Städte. Ich kann mich noch erinnern, dass ich in Aschaffenburg besoffen hinter meinem Schlagzeug rücklings umkippte und die Trompeterin ganz scharf auf mich war. Damit frühstückte ich gewissermaßen den Einstieg in meine Drogenkarriere und den Start mit Frauengeschichten in einem Rutsch ab. Allerdings lief mit der Blechbläserin nichts.

Wer nun glaubte, meine Eltern hätten gegen den Lauf der Dinge etwas unternommen, sah sich getäuscht. Wie sollten sie auch? Schließlich verdiente ich richtig Kohle, durchaus stapelweise. Das war ein unschlagbares Argument in jenen Tagen. Bildung besaß gerade in der Provinz bei Weitem nicht den Rang, den sie heutzutage einnimmt. Das erklärte auch, warum meine Mutter mir das notwendige Schwänzen in der Schule ermöglichte, indem sie mir die entsprechenden Entschuldigungen schrieb.

Bald befand ich mich fest im Getriebe der Kulmbacher Musikszene, zog um die Häuser und kreuzte dabei häufiger sonntagnachmittags in der Disco Old Castle den Weg von Sonnyboy und Mädchenschwarm Tommy Gottschalk. Der mimte dort bereits mit 16 Jahren den DJ, während ich in verschiedenen Gruppen die Charts rauf und runter spielte, alles, was eben »in« war.

Im traditionsbehafteten Veranstaltungsort Vereinshaus, einem der größten Säle Kulmbachs, gleich neben dem Rathaus gelegen, spielte ich in so mancher Band geile Konzerte. Hauptattraktion und Publikumsmagnet waren bei derartigen Großveranstaltungen häufig The Vampires, deren Bandmitglieder bereits Mercedes fuhren und reihenweise die Weiber abschleppten. So etwas schwebte mir auch vor.

Auf dem Gebiet des Erfahrungensammelns mit dem anderen Geschlecht fiel meine Wahl zu Beginn wenig zimperlich aus. 14-jährig griff ich mir das erste Mal ein Mädel, ein recht hässliches Exemplar der weiblichen Gattung. Binnen 30 Sekunden schlossen wir schon wieder unsere Hosen, bereit, getrennte Wege zu gehen. Tags darauf ging ich zum Tätowierer German – seines

Zeichens Gangster und ein ganz schlimmer Finger –, der mir mein erstes Piece stach. »Komm, ich mach dir ein Tattoo«, hatte er mir angeboten, und ich hatte bereitwillig zugesagt. Als Ergebnis ziert seitdem das Abbild eines Schwertes meinen Unterarm, das in einem Äskulapstab steckt – meines Wissens ein Rockersymbol.

Beim nächsten Sexabenteuer während eines Schüleraustauschs erwischte es mich richtig. Ich verfiel regelrecht einer Französin, was mir aufgrund der weibischen Emotionalität peinlich war. Deswegen traf ich sie nur heimlich, und mangels Alternativen schlief ich mit ihr auf dem Friedhof, gebettet auf einer Grabplatte. Romantik sah anders aus. Wenig erquicklich waren auch die Konsequenzen des Schäferstündchens, das wir unwissentlich, von blinden Trieben geleitet, auf einem Ameisenhaufen hielten. Noch Tage später legten die Bissspuren unangenehm Zeugnis von unserem Techtelmechtel ab.

Meine Musikpassion bewirkte, dass ich viele Freunde in der Kulmbacher Szene hatte. Gleichzeitig hatte ich aber auch zahlreiche Bekannte in Jugendgangs, in denen einige Kleinkriminelle ihr Unwesen trieben. Unter anderem knackten sie Automaten. Irgendwie zogen sich das zwielichtige Milieu jedweder Färbung und der Rock 'n' Roll an. Dazu zählten auch die Drogen, welche sich bei mir zu Beginn vornehmlich auf Alkohol in Form von Bier kombiniert mit Schnaps und Zigaretten beschränkten. Das entsprach den Gewohnheiten von eigentlich allen Heranwachsenden. Sicherlich verstärkte die soziale und lokale Prägung des Elternhauses meine bedenkliche Entwicklung in diese Richtung. Dieses war aber nicht allein dafür verantwortlich, und ich musste mir in diesem Zusammenhang auch an die eigene Nase fassen. Die auf Alkoholmissbrauch basierenden Abstürze akzeptierte ich als notwendiges Übel. Den stimmungshebenden Rauschzustand sah ich stets als willkommenen Freund, den ich auf jeden Fall behalten wollte … wenn nur nicht immer die widerlichen Folgen einer durchzechten Nacht gewesen wären. Auf Übelkeit und Brummschädel hätte ich gerne verzichtet.

Außerdem bereicherte in der Hippiebewegung Haschisch wie selbstverständlich den Gabentisch der Drogen. Es war also leicht erhältlich. Erschwinglicher Sinnestaumel ohne nachfolgenden schweren Kopf … Was wollte man mehr? Also her mit den Joints, möglichst pommestütendick! Mehrmals zogen meine Kumpel und ich die Aufmerksamkeit der Kulmbacher Polizei auf uns. Einmal nahm sie uns sogar mit auf das Revier, nachdem wir wie die Ketzer gekifft hatten. Unsere unbegründete Partylaune in der Öffentlichkeit trug derart penetrante Züge, dass es Grund genug war, uns einzukassieren. Auf der Wache kicherten wir ununterbrochen. Aber bereits kurze Zeit später setzte man uns wieder auf freien Fuß. Was wollte man uns auch vorwerfen? Ausgelassene, friedliche Stimmung stand schließlich nicht unter Strafe, da konnten die Paragrafen noch so hin und her gedreht werden.

Das durch Schlagzeugspielen verdiente Geld versoff ich ab dem Jugendalter regelmäßig zusammen mit Freunden und solchen, die sich diesen Deckmantel überwarfen. Wenn man im Mittelpunkt des Interesses und im Safte finanzieller Potenz steht, wimmelt es nur so von falschen Weggefährten. Mir ging das jedoch am Allerwertesten vorbei. Prassend schmiss ich wiederholt Lokalrunden, denn 400 bis 500 DM, die mir zur freien Verfügung standen, füllten stets meine Hosentasche. Schließlich wohnte und aß ich unentgeltlich zu Hause oder zog trommelnd durch die Lande.

Einmal uferte der gedankenlose Umgang mit dem flüssigen Hochprozentigen nach dem Auftritt bei einer Kirchweih (in manchen Gegenden heißt es auch Kirmes) dermaßen aus, dass mir jemand ein Bierglas voller Schnaps in die Hand drückte. Das leerte ich umgehend, ohne abzusetzen. Danach: mentaler Filmriss und Aufwachen im Krankenhaus. Ich hatte eine Alkoholvergiftung erlitten und fühlte mich zur Strafe tagelang hundeelend.

Dass man seinen Lebensunterhalt in Kulmbach und Umgebung in Grenznähe zur DDR während der 70er-Jahre allein mit Musik bestreiten könnte, stand außerhalb jeder Diskussion. Ganz abgesehen davon bot die Region viel zu wenig, um nennenswert Karriere zu machen. Also bewegte man sich im Allgemeinen ohne Aussicht auf Besserung auf dem Amateurlevel. Das genügte mir aber nicht. Ich wollte mehr.

Die Atmosphäre in der Stadt und das verkrustete gesellschaftliche Umfeld nervten mich dermaßen, dass ich mich in völlig unsinnige, idiotische, lediglich destruktive Schlägereien flüchtete. Alles hier machte mich aggressiv. Ich brauchte ein Ventil zum Frustabbau, und meine beschränkte Fantasie gab als Lösungsmöglichkeit nur die handfeste Auseinandersetzung vor.

Meinen Geschwistern war es nicht möglich, beruhigend auf mich einzuwirken. Bisher war die Kindheit und Jugendzeit mit ihnen angenehm, cool, lässig gewesen. Wir sieben hatten uns lange Zeit gegenseitig umeinander gekümmert, uns unterstützt und geschützt. Wir wuchsen ja quasi ohne Eltern auf. Die Solidarität verlief sich aber in jener Phase meines Heranwachsens zunehmend. Daran trug kein Zerwürfnis Schuld. Es ging einfach zu Ende, da jeder seinen eigenen Weg suchte.

Meine ohnehin schon üble und dunkle Stimmung verstärkte sich zusätzlich, als die elendige, ungezügelte Sauferei meinen Vater in eine geschlossene Psychiatrie brachte. Er war nicht mehr Herr seiner Sinne, mutierte zu einem tobsüchtigen, völlig abgedrehten, aufgedunsenen Schläger ohne Differenzierungsvermögen. Er war somit gemeingefährlich. Kurz darauf, mit gerade einmal Anfang 40, verstarb er. Ursache des Ablebens aus meiner Sicht: zu Tode gesoffen.

Vom Ehrgeiz zerfressen, es zu schaffen, und vom unbedingten Willen angeleitet, Kulmbach zu verlassen, übte ich fortwährend. Möglichst jeden Tag drosch ich in meinem Zimmer, welches im obersten Stockwerk lag, bei offenem Fenster auf das Schlagzeug ein. Sehr zum Leidwesen der schimpfenden Nachbarin konnte sich die Beschallung durchaus bis zu acht Stunden hinziehen. Mir war der Ärger jedoch egal. Hauptsache, es waren Fortschritte erkennbar, dann war ich zufrieden.

Anfangs verständlicherweise stark an dem Muster der LP-Vorgabe orientiert, rückte ich zunehmend davon ab und spielte mich frei. Zum Schluss fehlte mir nur noch, die akribisch abgelauschten

Feinheiten in mein Repertoire aufzunehmen, aber auch das gelang.

Mit dem Plan, der tristen, öden, kopfsteingepflasterten Bierbrauerstadt den Rücken zu kehren, wälzte ich als 16-Jähriger regelmäßig *Riebes Fachblatt*. Mithilfe der dort enthaltenen Angebote versuchte ich zu vermeiden, dass sich die engen Gassen Kulmbachs prägend auf meinen geistigen Horizont niederschlugen. *Riebes Fachblatt* lag zu der Zeit überall in Cafés, Diskotheken etc. herum. Mein hoffnungsvolles Augenmerk galt den Rubriken »MuSuGru« und »GruSuMu«, wohinter sich »Musiker sucht Gruppe« beziehungsweise »Gruppe sucht Musiker« verbargen. Die Inserate stammten weitgehend aus Regionen jenseits der Stadtgrenzen.

Tatsächlich fand ich irgendwann 1973 in einer Ausgabe – ich befand mich gerade im Backstagebereich der Nürnberger Krautrockgruppe Ihre Kinder … oder war es bei der Kölner Politrockgruppe Floh de Cologne? – die Anzeige: »Münchener Rockgruppe sucht Schlagzeuger«. »Trojan, da rufst du jetzt an«, spornte ich mich an und – gesagt, getan – hatte direkt den späteren Spider-Murphy-Gang-Sänger Günther Sigl am anderen Ende der Leitung. »Woast was? Komm nach München, wir moachens a Session, und dann schau' mer halt amoi«, waren seine Worte am Ende des Gesprächs. Ein paar Tage später saß ich im Zug und rollte einer neuen Ära entgegen.

4

SCHERBENVIERTEL, AMICLUBS, STUMMICK …

Steiniger Weg zum Erfolg

Man kann kaum Worte dafür finden, wie dankbar ich der Musik und dem Trommeln gerade zur damaligen Zeit war. In einem Bild gesprochen glichen sie Rettungsankern. Hätte ich beide – und die Option, in Bands zu spielen, um aus der deprimierenden Welt meiner Eltern zu entkommen – nicht gehabt, wäre mir wahrscheinlich das Schicksal eines nichtsnutzigen, desillusionierten Tagediebes beschieden gewesen.

München war für mich im Vergleich zu Kulmbach in den sich bietenden Möglichkeiten und der Größe eine Offenbarung. Natürlich wäre auch der Sprung in das pulsierende Berlin oder das hanseatische »Tor zur Welt« Hamburg denkbar gewesen, wenn denn ein entsprechendes Angebot vorgelegen hätte. So hielt es mich eben in der bayerischen Heimat, was meinem Wesen durchaus entgegenkam. Schließlich kannte ich hier die Gepflogenheiten und fühlte mich wohl.

Am Münchener Hauptbahnhof holte mich der Gitarrist Fritz Haberstumpf in einem grün-weißen VW-Bus ab. Er brachte mich nach Harlaching zu einem amerikanischen AYA-Jugendclub (Adolescents & Young Adults), ehemals von den Nazis für die Gestapo gebaut. In dessen Keller befand sich ein Übungsraum mit schweren Stahltüren. Hier wartete Günther Sigl. In Trio-Besetzung jammten wir ohne großes Vorgeplänkel los und näherten uns peu à peu meiner Reifeprüfung zur Bandaufnahme. Das geschah allerdings ganz unaufgeregt, sodass mir die Hinführung gar nicht auffiel: *Suzie Q* nannte sich unausgesprochen das Bewährungsstück, das 1957 erstmals von Dale Hawkins veröffentlicht und 1968 von Creedence Clearwater Revival chartskompatibel wiederaufgelegt worden war. Die Version von CCR hatte einen völlig schrägen Groove – immer mit den Offs auf der Bassdrum –, was es für einen Schlagzeuger anspruchsvoll machte. Ich erledigte den Job aber souverän, weshalb Sigl abschließend in Übereinstimmung mit Haberstumpf meinte: »Du bist ein toller Drummer, du bist engagiert.« Förderlich für die Aufnahme dürfte auch mein Idealismus gewesen sein. Mich trieben weder die Frage nach dem Verdienst noch irgendwelche anderen, elitären Ansprüche um.

Nun war ich also in der Band. Ein klasse Gefühl! Das erste Ziel erreicht! Raus aus Kulmbach!

In der Heimatstadt packte ich lediglich noch meine Habseligkeiten inklusive Drumset ein und wartete darauf, dass mich Günther Sigl mit dem VW-Bus abholte. Ich ließ mich von ihm in die Alte Heide kutschieren – eine Siedlung im Norden des Münchener Stadtteils Schwabing – und zog beim Gitarristen Haberstumpf ein. Vom ersten Tag an war Party angesagt. Frauen. Schmusen. Ein Leben, wie ich es mir erträumte. Das war München. So musste es sein. Als Band verpassten wir uns den Namen »Stummick«, eine Anlehnung an die englischen Bezeichnungen »stomach« für »Magen« oder »Bauch«. Schließlich, so war unser Gedanke, bringt Musik positiv oder negativ eine emotionale Seite des Menschen zum Schwingen, eben das Bauchgefühl. Dabei konnte im Grunde genommen nicht rational erklärt werden, warum das Phänomen auftrat.

Als Top-40-Band mit dem Schwerpunkt auf Rock 'n' Roll bis hin zu ZZ Top bediente Stummick deutschlandweit vornehmlich militärisch geprägte amerikanische Clubs wie die ACO (Airspace Coordination Order) Clubs und Officer Clubs.

In dem klapprigen grün-weißen VW-Bus – Andenken an einen gerissenen Autohändler – gondelten wir von einem Auftritt zum nächsten. Stuttgart, Nürnberg oder manchmal donnerstags die Münchener Diskothek Crash, in der alle Münchener Bands wie Amon Düül auftraten, umfassten unser Einzugsgebiet. Vor allem trieben wir uns aber in Augsburg herum, da unser damaliger Manager aus der im Südwesten Bayerns gelegenen Stadt stammte. In den großen Reese-Kasernen, die direkt am Fluss Lech lagen, sorgte er für verschiedene Auftritte. Dort wohnten 25.000 Amerikaner samt Familie, womit innerhalb von Augsburg ein eigenständiger, abgeschlossener Bezirk gewachsen war, der ein Zehntel der Gesamtstadtbevölkerung ausmachte. Innerhalb dieses Bereiches gab es US-Schulen, US-Einkaufszentren, US-Krankenhäuser. Davon profitierten die Deutschen, boten diese doch Arbeitsplätze.

Eine Zeit lang gaben wir nahezu wöchentlich ein Gastspiel in dem GI-Bezirk, immer im Wechsel mit sechs anderen Bands. Einmal engagierte uns das Kasino der Reese-Kaserne sogar für einen kompletten Monat. Täglich standen wir dann auf der Bühne, egal ob vor wenigen Leuten – fünf bis zehn an der Bar stehende Menschen waren keine Seltenheit – oder in einem gefüllten Laden.

Insgesamt gesehen war es hart verdientes Brot und irgendwie ein scheiß Job, der gerade zu Beginn mit 50 DM pro Nase auch noch schlecht bezahlt wurde. Zu allem Überfluss wussten Günther, Fritz und ich vor einem Auftritt nie, ob unser Repertoire zum Geschmack des Publikums passte. Es konnte durchaus passieren, dass wir mit der Auswahl der Titel völlig danebenlagen oder als Rock-'n'-Roll-Truppe in einem Country-Schuppen spielten. Das alles passierte. In letzterem Fall stampfte einmal der Manager des Ladens in der Pause wütend auf Günther, Fritz und mich zu. »I don't want to hear that Bavarian bullshit«, posaunte er uns entgegen, wobei die Zuschauer die wenig freundliche Aufforderung durch »Country, Country«-Rufe frenetisch unterstützten, vielleicht noch garniert durch gellendes Pfeifen und dem ein oder anderen Flaschenwurf. Manchmal begegneten wir den »Das is' scheiße!«-Rufen aus dem Publikum mit »Recht habt's!«. Getreu dem Motto »Was uns nicht umbringt, macht uns nur härter« standen wir es trotz fehlender Gaudi und ausbleibendem Applaus durch. Gleichwohl frustrierte das Gefühl der Isolation, dem sich dann auch noch die nüchterne Erkenntnis anschloss, vergeblich wie die Irren von acht Uhr bis ein Uhr nachts um die Gunst des Publikums gespielt zu haben. Damit nicht genug, wurde uns nur in Ausnahmefällen freie Kost zugestanden. In aller Regel mussten

Günther, Fritz und ich in barer Münze zahlen, allerdings wenigstens zu Sonderkonditionen.

Wollte man dem Stahlbad der Anfangsjahre etwas Positives abgewinnen, dann die Tatsache, abgehärtet worden und als Band zusammengewachsen zu sein. Das half sehr, Krisenzeiten zu überstehen. Darüber hinaus sammelten wir unschätzbar wertvolle Spielerfahrungen. Nichtsdestotrotz oder gerade aufgrund der widrigen Umstände hat es Spaß gemacht, allein schon wegen der Unabhängigkeit, die ich im Alter von gerade einmal 16 Jahren in vollen Zügen genießen durfte. Zwar kamen Günther, Fritz und ich mehr schlecht als recht finanziell über die Runden, aber das akzeptierten wir achselzuckend. Für den gelebten Traum, Profimusiker zu sein, nahmen wir das in Kauf. Günther gab sogar die sichere, aber eben auch langweilige Anstellung als Bankkaufmann bei der Volksbank am Sendlinger Tor auf.

Manchmal steigerte der Gewinn eines Musikwettbewerbs unser Selbstvertrauen, bei dem wir auch eigene Songs zum Besten gaben. Ansonsten sprang, wenn überhaupt, wenig Lukratives heraus. Ich erinnere mich an einen ersten Preis in Augsburg, der ein Copycat-Hallgerät für uns bereithielt. Lächerlich. Trotzdem nährte die Anerkennung meine Überzeugung, die mir seit Anfangstagen als Schlagzeuger treuer Begleiter war. Wiederholt tat ich den beiden anderen kund: »Du, passts auf, ich werde ein Rockstar.« – »Trojan, du spinnst«, schallte es mir von der anderen Seite entgegen. Das beeindruckte mich aber nicht im Geringsten, und ich antwortete: »Na, na, stopp – ich werde echt ein Rockstar, das weiß ich schon jetzt. Ich werd richtig berühmt werden als Schlagzeuger.« Dabei verband ich mit der Popularität weniger die Statussymbole Geld und schöne Frauen als vielmehr die Möglichkeit, in großen Hallen vor zahlreichen Zuschauern richtig geile Konzerte abzuliefern ... Die Frauen würden dann schon von selbst anklopfen. Das war eine Sache, über die man sich meiner Meinung nach keine Sorgen zu machen brauchte.

1973, als ich dort wohnte, war die Alte Heide in Schwabing ein heruntergekommener, schäbiger Bezirk, ein sogenanntes

»Scherbenviertel«. Dort hielten sich nur Gangster, Rocker, Schläger, Zuhälter, Musiker und andere schräge Typen auf, sprich es war eine ganz üble, verruchte Gegend. In der konntest du aber Durchsetzungsvermögen lernen. Demgemäß gefiel es mir, und ich kannte viele Leute aus dem Milieu. Zum Teil schloss ich sogar Freundschaften. Wie man sich denken kann, geriet diese Ballung krimineller Energie dauerhaft in den Blick des polizeilichen Auges. Die handgreiflichen Auswüchse der staatlichen Ordnungshüter bekamen manchmal auch völlig Unbeteiligte zu spüren.

Einmal zum Beispiel kehrte die Stummick-Besatzung nach einer Probe in die Gaststätte Alte Heide ein, um nach dem Tagespensum etwas zu essen und zu trinken. Nach einiger Zeit des Beisammenseins kamen zwei Polizisten herein und sahen uns drei an. Einer von ihnen zog sich dann ganz langsam, wie in einer extrem geschwindigkeitsreduzierten Slow Motion, schwarze Handschuhe über. Auf jegliche Vorwarnung verzichtend, packte er mich an den Haaren, die damals noch greifbar waren. Das gab dem anderen Kollegen die Gelegenheit, mir gezielt mit voller Wucht ins Gesicht zu treten. Meine Zähne flogen in hohem Bogen durch den Raum. Damit nicht genug, öffnete sich kurz nach der ersten Gewaltwelle erneut die Tür, eine Kohorte von schätzungsweise acht Polizisten stürmte herein und verprügelte uns nach allen Regeln der Kunst. Und all das ohne ersichtlichen Grund. Blutüberströmt fragte ich benommen: »Was 'n los?«, bekam aber keine Antwort. Die ergab sich jedoch von selbst, wenn man den Vorfall im Zusammenhang mit den Rahmenbedingungen betrachtete.

Das Scherbenviertel war dafür bekannt, dass es dort ständig Ärger gab, zum Beispiel durch Gangs, die Krawall provozierten. Deshalb musste die Polizei oft ausrücken, was sie manchmal auch in aggressiver Form präventiv tat, einfach um einschüchternde Präsenz zu zeigen. Sie statuierten verschiedentlich Exempel, wobei es ihnen egal war, an wen sie gerieten – auch wenn es sich dabei nur um drei harmlose Musiker beim Essen handelte. Ein leichteres Opfer gab es ja gar nicht, gleich wie wenig dieses ins Täterprofil passte.

Wer nun glaubte, der Irrtum, Günther, Fritz und mich als Kriminelle anzusehen, hätte sich umgehend geklärt, verbunden mit einer Entschuldigung des »Freundes und Helfers«, sah sich schwer getäuscht. Im Gegenteil, wir wurden verhaftet, in Handschellen abgeführt und eingesperrt. Ich hing die ganze Nacht mit einer Hand an eine Heizung gekettet auf der Polizeiwache in der Situlistraße. Am nächsten Tag schmiss man uns hinaus, zweifelhaft dekoriert mit einer Anzeige wegen Widerstandes gegen die Staatsgewalt. Schon komisch, wie man überrumpelte Untätigkeit als Widerstand bezeichnen konnte.

Zum Verhandlungstermin im Münchener Justizpalast standen Günther, Fritz und ich wartend vor dem Sitzungssaal, den beteiligten Polizisten vis-à-vis in die Augen schauend. Plötzlich marschierten so um die 30 finster dreinschauende 2-Meter-Hünen – manche würden von schrankgroßen Pressbären sprechen – stampfend herein. Das waren alles Mitglieder der Valleys, einer Rockerbande, berüchtigt für ihre gnadenlose Brutalität. Ursprünglich hatte denen der Polizeieinsatz gegolten. Leider war es dem Schicksal aber eingefallen, die Stummick-Mitglieder dem Zugriff auszusetzen.

Einer der Rocker in schwarzer Lederkutte, wahrscheinlich der Wortführer, löste sich nach einigen Momenten aus dem Pulk. Er steuerte zielgenau einen Polizisten an, der als Zeuge einbestellt war, und sprach ihn mit gelassenem, aber bestimmtem Ton an: »Ich woas genau, wo du wohnst, und du hast a hübsche Tochter und ich besuch dich.«

Zur Betonung tippte er den Ansprechpartner mit seinem gewaltigen Zeigefinger mit Nachdruck auf das Brustbein. Und siehe da: Eine halbe Stunde später war das Verfahren eingestellt, sprich wir wurden freigesprochen. Die Polizisten hatten alles zurückgenommen. Was blieb ihnen auch anderes übrig? Denen ging schlicht und ergreifend die Muffe. Die Valleys waren 1973/74 eine harte Gang, alles skrupellose Schläger. Ganz übel! Ich hätte wahrscheinlich auch sämtliche Behauptungen zurückgezogen.

Es sei noch der Vollständigkeit halber angefügt, dass ich die Wiederherstellung meines Gebisses in Höhe von 25.000 DM aus eigener Tasche bezahlen musste, denn der Schadensersatzanspruch wurde abgelehnt. Die anderen davongetragenen Blessuren hallten ebenfalls noch wochenlang nach.

Die Wohngemeinschaft mit Fritz Haberstumpf besaß für mich bei aller wohltuenden Freiheit durchgehend einen beklemmenden, hitzigen, stressigen Unterton. Wir kamen nur leidlich miteinander aus, da mein Wohnpartner in meinen Augen zur Gattung »seltsamer Typ« gehörte. Fritz zählte zu den aufbrausendsten Schlägern, die mir je unter die Augen gekommen waren. Ganze Clubs zerlegte er in Eigenregie. Dabei verhieß sein äußeres Erscheinungsbild Harmlosigkeit. Zugegeben, Fritz war von drahtiger Statur, aber das allein erklärte nicht sein Vermögen, mit großer Brutalität zahlreiche Gegner zu verprügeln, um mal das Wort »niederzumetzeln« zu vermeiden. Legte er erst einmal los, kannte Fritz keine Grenzen und schlug bis zur Erschöpfung weiter.

Ein Beispiel für seine Kaltblütigkeit: Bei einem Stummick-Auftritt auf einem Truppenübungsplatz im oberpfälzischen Grafenwöhr kehrten Günther, Fritz und ich nach getaner Arbeit in der örtlichen Kneipe namens Die schwarze Katze oder so ähnlich ein. Im Gegensatz zu den im Manöver befindlichen Amis störten sich einige Einheimische daran, dass wir lange Haare trugen. Sie fingen uns auf der Straße ab mit der Absicht, uns feige zwölf gegen drei zu überfallen. Plötzlich zog Haberstumpf ein großes Messer, welches er zuvor, in dunkler Ahnung, aus dem Auto mitgenommen hatte. Skrupellos stach er damit auf einen Angreifer ein, der schwer verletzt zu Boden sank. Zum Glück überlebte der Attackierte, weshalb die erhobene Anklage lediglich »versuchter Mord« oder »versuchter Totschlag« hieß. Rechtlich gesehen war es nichtig, denn Haberstumpf kam sowieso frei, weil das Urteil »Notwehr« lautete.

Gnadenlosigkeit nutzte einem in der von Rockern, Gangstern und Zuhältern bestimmten Gegend der Alten Heide sehr, war vielleicht sogar zwingend notwendig. Nur in einer WG zu wohnen, in der jederzeit das Faustrecht über die Geschicke entscheiden konnte, vernichtete jede Form der Entspannung. Die wiederum brauchte ich aber zeitweise, um Abstand vom Probe- und Touralltag zu bekommen. Nun hätte man sagen können: Mensch, hau doch ab aus den Verhältnissen. Such dir eine eigene Bleibe! Der Haken an der Sache war nur, dass mir das meine finanziellen Möglichkeiten verboten.

Je länger die Bandtingelei dauerte, desto mehr verflachte der Elan von Stummick. Die Luft entwich zunehmend, sicherlich auch wegen des ausbleibenden Erfolgs. Im Endeffekt kamen wir überein, Schluss zu machen. Für mich bedeutete das aufgrund der Perspektivlosigkeit in München, mich ins eigentlich hinter mir geglaubte Kulmbach zurückzuziehen. Das war für mich eine sehr enttäuschende Wendung im Lebenslauf.

Haberstumpf starb übrigens 2002 während eines Fußballspiels im Alter von gerade einmal 52 Jahren als vierfacher Vater. Ein Herzinfarkt infolge einer verschleppten, nicht ausgeheilten Erkältung raffte ihn dahin. Zeitlebens hatte er das Rauchen und Saufen gemieden, nur um als Dank für die löbliche Einstellung beim gesunden Sport tot umzufallen. Das Leben schlägt manchmal wirklich komische Kapriolen.

5

RETTUNGSANKER SPIDER MURPHY GANG

Kulmbach ade

Trotz aller Erleichterung über das Ende meines Aufenthaltes in der Alten Heide – immerhin verließ ich die ungeliebte Wohngemeinschaft – fiel es mir schwer, mich wieder in den Trott der Heimatstadt einzureihen. Ich gestand damit letztlich mein Scheitern ein. Entsprechend mies verlief die Rückkehr.

Zum Glück hatte die Bundeswehr inzwischen die Finger von mir gelassen, ansonsten wäre ich spätestens jetzt dort gelandet. Im Ansinnen, die 15 ansonsten verschenkten Monate zur eigenen Verfügung zu haben, hatte ich nach dem Musterungsbescheid beim ersten Termin erklärt: »Vor Kurzem bin ich in der U-Bahn mit einem Penner in eine Schlägerei geraten. Seitdem habe ich Probleme mit dem Ohr.« Daraufhin war ein Hörtest durchgeführt worden, den ich manipuliert hatte. Wie soll man auch ein zufriedenstellendes Ergebnis abliefern, wenn der Kopfhörer verschoben auf der Ohrmuschel sitzt?

»Das muss operiert werden«, erklärte mir der zuständige Arzt mit betrübtem Gesicht und stellte mich zurück. Bei der nächsten Untersuchung gab ich Armbeschwerden vor ... So ging es weiter, bis die Tarnfarbenuniformierten irgendwann aufgaben. Der Bund wäre bei meinem rebellisch-aufbrausenden Charakter sowieso an mir verzweifelt. Einer Einberufung hätte ich nur unter der Bedingung, im Musikkorps trommeln zu dürfen, widerstandslos zugestimmt. Allerdings war das der Wunsch vieler.

Widerwillig bezog ich nach der Rückkehr aus München wieder mein altes Zimmer unter dem Dach meiner Mutter. Nach dem Tod meines Vaters hatte sie den Hotelbetrieb aufgegeben und führte nur noch die Kneipe, die total verdreckt und kaputt vor sich hin lotterte. Lediglich die Stammgäste hielten die Stellung am Tresen.

Keine von meinen Schwestern hegte Ambitionen, Initiative zu zeigen und den Laden auf Vordermann zu bringen. Sie wohnten zwar noch unter demselben Dach, sollten aber bald den vertrauten Platz verlassen, da sie die Verhältnisse nicht mehr ertrugen. Simone und Petra waren die Ersten, die den Weg in eine andere, vielversprechendere Zukunft beschritten. Verständlicherweise brannte das Interesse meiner Schwestern an meinen Musikerambitionen auf Sparflamme. Schließlich konnte ich nichts Erwähnenswertes vorweisen, und zudem hatten sie genug mit sich selbst zu tun.

In meinem Rückkehrgepäck aus München befanden sich neben dem Schlagzeug keine berufliche Ausbildung und kein Job. Auch die Beschäftigung in Bands dümpelte nur vor sich hin, obwohl ich weiterhin wie ein Berserker übte. Es lief einfach nichts zusammen, weshalb ständig der Pleitegeier über meinem Kopf kreiste. Zu allem Übel drehte mir meine Mutter ebenfalls den Geldhahn zu, sodass ich nach knapp eineinhalb Jahren vergeblichen Versuchens, im heimatlichen Musikgeschäft Fuß zu fassen, gezwungenermaßen als Hilfsarbeiter auf dem Bau anheuerte. Am ersten Tag ging es früh um sieben Uhr los, und ich schaufelte mir die Seele aus dem Leib. Abends daheim war ich so fertig und müde, dass mir ein erneutes handwerkliches Abrackern am darauffolgenden Tag völlig undenkbar schien. Kaum noch in der Lage, mich zu regen, kostete es mich eine enorme Kraftanstrengung, zum Hörer zu greifen, als plötzlich das Telefon klingelte. Am anderen Ende meldete sich Günther Sigl mit den Worten: »Du, Franz, i hob doa a neue Band und du sollst trommeln. Kannst bei mir einziehen in die Kapuzinerstraße, mitten in der Stadt, fußläufig vom Oktoberfest entfernt. Du brauchst also net mehr zum Haberstumpf Fritz.«

Was für eine Erleichterung! Eine mir wie eine Ewigkeit vorkommende Zeit nach dem Aus von Stummick, ein mir wie Jahrzehnte vorkommendes, elendiges Dahinvegetieren in der Provinz neigte sich dem Ende zu. Nun leuchtete 1977 die Hoffnung auf Besserung erneut am Horizont auf.

Es sollte in meinem Leben tatsächlich bei diesem einen vermaledeiten Tag bleiben, an dem ich auf der Baustelle mit dem Werkzeug in der Hand geschuftet hatte. Wie besprochen, quartierte ich mich in die Wohnung von Günther ein, was bedeutete, jedes Mal fünf Stockwerke steigen zu müssen, denn es gab keinen Aufzug. Aber die Hauptsache war: Es ging wieder los!

Eine Aufnahmeprüfung wie bei Stummick musste ich dieses Mal nicht absolvieren, da ich mit Günther einen gewichtigen Fürsprecher besaß, der meine Fähigkeiten kannte und zu schätzen wusste. Überhaupt verstanden wir beide uns blendend, um nicht zu sagen, wir haben uns geliebt, obwohl unsere Charaktere sehr unterschiedlich waren. Hier der Forsche, Genussliebende, Abenteuerlustige, nämlich ich, und dort der Rationale, Vorsichtige, Planende, nämlich Sigl. Die Weisheit »Gegensätze ziehen sich an« kam hier vollends zum Tragen.

Neben dem Sänger und Bassisten Günther und mir als Schlagzeuger komplettierten Gerhard Gmell alias »Barny Murphy« an der Gitarre und Michael Busse am Keyboard die Band. Barny verdankte den ersten Teil des Spitznamens seiner Ähnlichkeit zum Familie-Feuerstein-Freund Barney Geröllheimer. Über die Zwischenstation »Barny Gmellheimer« gelangte der Spitzname schließlich zur Endversion.

Zwischenmenschlich kamen Gmell und ich nie auf einen Nenner. Bei uns nutzten zwei Charaktere permanent unterschiedliche Wellenlängen zur Verständigung. Deshalb grätschte der eine dem anderen in die Quere, wo es nur möglich erschien, auch bei Frauenbekanntschaften. Auf diese Weise kam es zum Beispiel zum Kontakt mit einem bildhübschen Fotomodell, das für Wella-Haarpflegeprodukte Werbung machte. Die Kampagne war dermaßen verbreitet, dass sich mir der Eindruck aufdrängte, in jeder Garderobe würde ihr Bild hängen. Ich fühlte mich regelrecht verfolgt von ihrem Gesicht.

Leibhaftig kreuzten sich unsere Wege erstmals in der Münchener Disco Crash, als Barny durch intensives Herumschrauben probierte, den Hasen aufzureißen. Im Sinne unserer Konkurrenz missgönnte ich es ihm, sein Ziel zu erreichen, und funkte dazwischen … und zwar erfolgreich.

Noch am gleichen Abend besiegelten das Objekt der Begierde und ich bei ihr zu Hause die zukünftige Zweisamkeit, indem wir das komplette Programm partnerschaftlicher Körperspiele abspulten. Demnach war ich bald nur noch selten in der Kapuzinerstraße, sondern eher in der Schmellerstraße anzutreffen. Nach ungefähr einem Jahr zogen wir endgültig zusammen.

Die weitere Entwicklung der Beziehung passte zwar überhaupt nicht zu meinen Lebensplanungen, aber die Entscheidung darüber nahm mir meine Partnerin ab. Ich wollte nie heiraten ... 1979 sollte ich vor dem Traualtar stehen. Ich wollte nie eine Familie gründen ... bald nach der Ehelichung sollte meine Frau schwanger werden und die erste Tochter gebären. Ich wollte nie sesshaft sein ... Anfang der 80er sollten wir von einer kleinen 2-Zimmer-Wohnung in München in eine oberbayerische Kleinstadt an der Isar umziehen. Familie Trojan würde dort im Neubaugebiet ein Haus kaufen und zur Abrundung der bürgerlichen Idylle jedes freie Wochenende bei den Schwiegereltern in Niederbayern verbringen.

Doch zurück zum Jahr 1977: Schnell stellte sich beim Jammen heraus, dass wir beim guten, alten 50er-Jahre-Rock-'n'-Roll auf einer Welle surften. Das Zusammenspiel bei den Grooves und Shuffles harmonierte prächtig, machte viel Spaß, und so entwickelten wir uns zunächst zu einer reinen Rock-'n'-Roll- und Rockabilly-Coverband, die sich vor allem Chuck-Berry-Songs, aber auch solcher von Elvis annahm. Besonders Barny huldigte dem farbigen Pionier Berry, indem er die Gitarre genauso bediente.

Unsere musikalische Neigung stand dann auch Pate für die Namensgebung der Band. Aus dem Presley-Song *Jailhouse Rock* puzzelten wir die Bestandteile der Textzeilen »Spider Murphy played the tenor saxophone« und »the whole rhythm section was a purple gang« so zusammen, dass schlussendlich nur noch die Kurzform »Spider Murphy Gang« übrig blieb.

Die Befürchtung Außenstehender, die alten Rock-'n'-Roll-Kamellen würden niemanden hinter dem Ofen hervorlocken, täuschte. Den Leuten gefiel es. Schon zu Beginn unserer Karriere, als wir zum Fasching 1978 in den Fußgängerzonen bei klirrender Kälte und mit steif werdenden Fingern spielten, tobten die Menschen vor Begeisterung. Das sprach sich unter anderem bis zum Manager des 1976 in der Siegesstraße eröffneten Schwabinger Musikclubs Memoland, Hanspeter »Memo« Rhein, herum. Der engagierte uns kurzerhand, wir stellten ihn zufrieden, und zur Belohnung berieselte er uns mit den Worten: »Ihr dürft jetzt jeden Sonntag bei mir spielen.« Man kann sich nicht ausmalen, wie glücklich diese feste Anstellung uns machte, auch wenn die Bezahlung zunächst spärlich ausfiel. Egal!

Schon drei Wochen später platzte der Saal aus allen Nähten, wenn Günther, Barny, Michael und ich auftraten. Wir hatten einfach auf das richtige Pferd gesetzt, denn die Oldie-Schiene entpuppte sich – im Jahre 1978 – als angesagter Trend. Shakin' Stevens *(This Ole House; You Drive Me Crazy; Oh Julie)* mag dem einen oder anderen noch etwas sagen. Ebenjener stand damals auch in den Startlöchern einer äußerst erfolgreichen Zukunft. Das Ende vom Lied bestand darin, dass wir auch den Montagabend übernahmen mit dem Ergebnis eines ebenfalls regelmäßig ausverkauften, bumsvollen Schuppens.

Zu Hause in Kulmbach schaute ich nur noch sehr selten vorbei, eigentlich nur noch zu Weihnachten. Aber einer dieser Besuche traf mich bis ins Mark.

Die Geschäfte des Kneipenbetriebes liefen immer schlechter. Parallel dazu entwickelte sich das Erscheinungsbild meiner Mutter. Sie, die doch einmal so hübsch und schlank gewesen war, wurde immer fetter und fetter und legte keinen Wert mehr darauf, daran etwas zu ändern. Der Alkohol ließ sie gleichgültig werden und schirmte sie mehr und mehr von der Realität ab. Der Verfall ging so weit, dass ihr sogar der Selbstmord meiner 15 Jahre alten Schwester Christel keine wahrnehmbare Regung der Trauer entlockte. Ungerührt, stoisch, ohne Tränen in den Augen, ging Leni Trojan weiter mehr schlecht als recht ihrer Arbeit hinter der heiß geliebten Theke im Dreckskasten Hotel Egerland nach, als man die schockierende Nachricht überbrachte.

Christel, die Ärmste, hatte sich einen tödlichen Cocktail aus Schlaftabletten und Schnaps einverleibt – aus Liebeskummer, bei dem ihr keiner beigestanden hatte, weder meine Mutter noch wir noch sonst irgendjemand aus dem Ort.

Wie vom Donner gerührt stand ich da, als ich bei meiner Ankunft von ihrem Selbstmord erfuhr, der sich just am selben Tag ereignet hatte. Erst allmählich, dann aber umso heftiger stieg Wut auf den Jungen, der ihr das Herz gebrochen hatte, in mir hoch. Ich kannte ihn, er war etwas jünger als ich und lebte in Kulmbach. Meine Raserei trieb mich durch die Straßen, zu seinem Haus, durch die Kneipen, in der ganzen Stadt herum mit dem Plan, ihn zu finden und zur Rede zu stellen. Meine Suche blieb erfolglos – zum Glück, denn leider hatte ich die Neigung meines Vaters zu cholerischen, aggressiven Ausfällen geerbt. In der damaligen Verfassung hätte ich erbarmungslos auf den Jungen eingeschlagen, anders hätte ich meine taube Hilflosigkeit nicht zu bekämpfen gewusst.

Als die Beerdigung stattfand, war ich nicht dabei. Ich hielt es nicht mehr aus, verachtete mein Zuhause inklusive der dortigen tristen, zukunftslosen Verhältnisse.

Das Umfeld in Kulmbach war einfach scheiße. Jeder war nur auf seine eigene kleine, spießige, heile Welt bedacht, und wenn man sich um andere kümmerte, dann nur, um hinter vorgehaltener Hand über deren Missstände zu lästern.

Meine Mutter verkaufte kurz nach der Beisetzung Christels das stark heruntergekommene Hotel Egerland und bezog zunächst eine Sozialwohnung in Kulmbach. Danach siedelte sie zu ihrer Mutter nach Ludwigschorgast, ein kleines Dorf bei Kulmbach, in eine geräumige sechs bis sieben Zimmer große Wohnung über. Ihre Mutter besaß ebenfalls ein Wirtshaus, und dort arbeitete Leni als Bedienung und Küchenhilfe.

Zurück in München, verflog meine bleischwere, negative Stimmung sofort. Zu sehen, wie die Leute zunehmend auf den Spider-Murphy-Gang-Zug aufsprangen und juchzend mitfuhren, war herrlich. Das emsige, tägliche Üben in einem Bunker, die stete Bühnenpräsenz in Jugendfreizeitheimen oder Amiclubs trugen endlich erste Früchte.

Ein Jahr lang sorgten wir als Hausband im Memoland erfolgreich für Stimmung und eine volle Hütte, was Kreise bis hin zum Bayerischen Rundfunk BR zog. Dort drang es an die Ohren des bayernweit sehr bekannten Radiomoderators Georg Kostya. Der machte zu der Zeit gerade die Sendung *Rockhouse* und suchte eine versierte Hausband, die seine Gäste begleitete, wenn sie musikalische Kostproben ihres Könnens zum Besten geben wollten.

Zusätzlich zu der Mundpropaganda war ihm unsere Erstlings-LP *Rock 'n' Roll* in die Hände gefallen, die wir in Eigenfinanzierung in einer Auflage von 3.000 Stück hatten produzieren lassen. Auf der Scheibe befanden sich ausschließlich englischsprachige Coverversionen solcher Helden wie Chuck Berry, Fats Domino oder Jerry Lee Lewis. Hinter dem Mischpult hatte als Tonmeister die Popgröße Stefan Zauner Platz genommen, der später als Sänger der Münchener Freiheit viele Hits *(Ohne Dich; Tausendmal Du; So lang' man Träume noch leben kann)* verbuchen konnte. Ich empfand das Produkt als furchtbar schlecht, grausam produziert – obwohl sie 2010 noch einmal, auf CD ediert, in den Läden erschien. Wir gaben damit aber, Vorbehalte hin oder her, immerhin eine hörbare Visitenkarte unseres musikalischen Vermögens ab.

Nach einer live erlebten Bühnenshow bekundete Rollstuhlfahrer Kostya: »Ihr seid a tolle Band. Euch will ich haben.« Allerdings verlangte er zunächst: »Ihr müsst einen Titelsong zur Sendung machen … auf Bairisch.«

»Woas will der?«, fragten Günther, Barny, Michael und ich uns irritiert. Bisher gesanglich ausschließlich in englischer Sprache geschult, fehlte es vor allem Sigl am Glauben, davon abrücken zu können. Der zwar lieb gewonnene, aber völlig Rock-'n'-Roll-ungeeignet scheinende Heimatdialekt kam ihm als unüberwindliche Hürde vor. Ein Radiointerview überzeugte Günther jedoch davon, die Bedenken beiseitezuschieben. Darin wurde ein engagierter österreichischer Liedermacher vorgestellt, der von den

Problemen Jugendlicher sang, und zwar in Englisch. In dem Moment ging Sigl ein Licht auf, wie schizophren das war: »Erst wird ein Text mühsam ins Englische übersetzt, um ihn anschließend zwecks Interpretation zurück ins Deutsche zu schreiben. Das ist doch Wahnsinn! Was soll denn der Blödsinn? Dann probiere ich es doch gleich, in verständliche Form zu setzen.« Nach anfänglichen Schwierigkeiten wuchs zunehmend Günthers Erkenntnis: »Hey, des is a geile Sprache für Rock 'n' Roll, des Bairische.« Mit etwas Abstand betrachtet, erscheint die Feststellung plausibel. Der Spider-Frontmann meinte dazu: »Das Bairische hantiert mit einer Menge an Zisch- und Umlauten, verschluckt Silben und lässt Wörter aus. Dadurch entwickelt sich eine schräge Phrasierung, die für den Rock 'n' Roll absolut wichtig ist. Die mundfaule Eigenart des Dialekts schindet mit einem Minimum an Worten einen Rieseneindruck.«

Spider Murphy Gang: Einsatz für die Radiosendung »Rockhouse« des Bayerischen Rundfunks am 3.2.1980

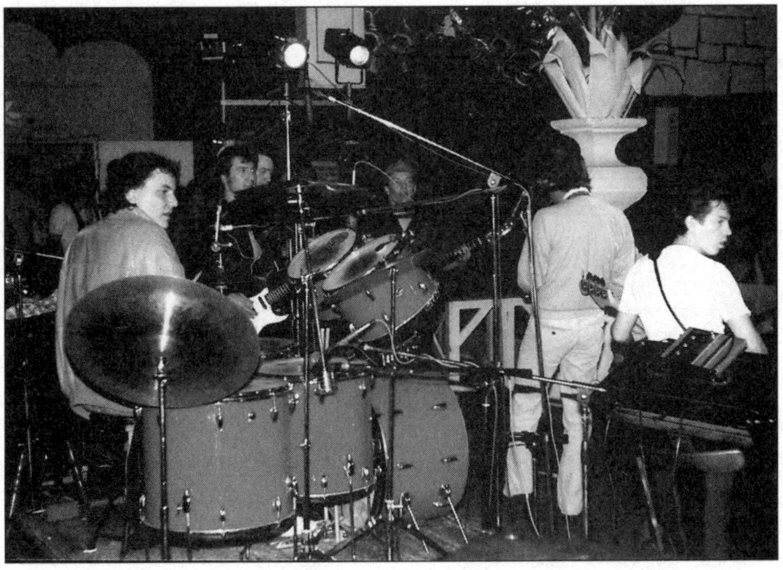

I ziag's net aus, meine Rock'n Roll-Schnah

Günther Sigl, Barny „Murphy" Gmell, Michael Busse und Franz Trojan heißen die vier Jungs, die den bayerischen Dialekt auf breiter Ebene, sprich über die Grenzen Bayerns hinaus, Rock'n'Roll - fähig gemacht haben.

Die gelegentlichen Abstecher eines Willy Michl im Rahmen seines Blues-orientierten Programms in Richtung Rock'n'Roll waren stets in der Heimat geblieben. Als die Spider Murphy Gang in den Jahren 1977 und 1978 in einer kleinen Musikkneipe im Münchener Amusement - Viertel Schwabing allmählich zum Geheimtip wurde, hatte die Band noch keinerlei Ambitionen, bayerisch zu singen.

Damals, als noch niemand an die Rock'n'Roll und Rock - A - Billy Wiedergeburt dachte, spielten sie sich jedes Wochenende mit den bekannten Standards von Chuck Berry, Fats Domino usw. die Rock'n'Roll Seele aus dem Leib.

Wer einmal dabei war, wurde Spider Murphy Fan, ob er wollte oder nicht. Es lag wohl an der Ehrlichkeit und am Witz ihrer Spielweise. Wenn man mal wieder Nase und Ohren voll hatte von textlich bedeutungsschwangeren und musikalisch gigantomanischen Rock-Konzerten, brauchte man nur in's (leider heute dahingeschiedene) „Memoland" zu gehen (vorausgesetzt, man hatte rechtzeitig seinen Platz reservieren lassen), und schon hatte man vom ersten Ton an die Frische und vor allem Spielfreude hautnah vor der Nase, die viele Supergruppen allmählich unterm Geldhaufen verschüttet hatten. Dann verstand man plötzlich die Leute, die den 50er Jahren immer noch musikalisch nachtrauern. Die Spider Murphy Gang ritt auf keiner Modewelle, sie spielte nur das, was ihnen auch Spaß machte.

Die in jenen Jahren entstandene Fangemeinde war dann das Startkapital, als Georg Kostya, ein Moderator des Bayerischen Rundfunks auf die Band aufmerksam wurde, als er gerade einen „Hausband" für seine gerade in Planung befindliche Sendung „Rock House" suchte. Er engagierte die Jungs vom Fleck weg, und von da an war der Aufstieg nicht mehr aufzuhalten. Es war ein „Rock House e.V." gegründet worden, der vor allem ein Hauptziel hatte: Die Schaffung eines Veranstaltungsortes, in dem auch Behinderte (Kostya ist selbst seit jungen Jahren an den Rollstuhl gefesselt), durch entsprechenden Ausbau integriert, Freude an Rock, Jazz, Blues, Kabarett usw. haben können und gleichzeitig neben Konzertveranstaltungen mit bekannten Künstlern die Schaffung von Auftritts - und Übungsmöglichkeiten für Nachwuchsbands und - künstler. Ein mehr als lobenswertes Unterfangen.

Leider ging das alles aber nicht so schnell, wie geplant, über die Bühne. Die diversen baupolizeilichen Auflagen, Spekulationen, fehlende Beteiligung des städtischen Finanzsäckels usw. legten immer wieder dicke Felsbrocken in den Weg. Allmählich ging der anfängliche

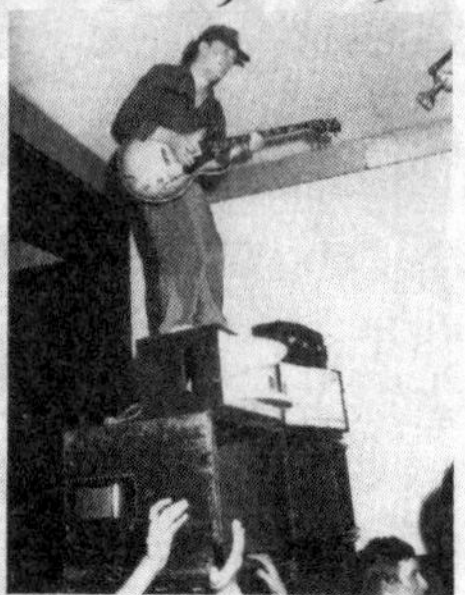

Schwung verloren. So sind die vier bisher die einzigen, für die der „Rockhouse e.V." das endgültige Sprungbrett zum überregionalen Erfolg wurde.

Achtzehnmal hatten sie jeden ersten Sonntag im Monat, nachmittags zwischen 14.00 und 16.00 Uhr, den Fans im Radio die Ohren heiß gerockt. Schon kurz nach Beginn der Sendereihe meinte Georg Kostya, für eine bayerische Sendung müßte doch auch ein bayerischer Titelsong gemacht werden. So kam Günther Sigl dazu, Rock'n'Roll in seiner Heimatsprache zu singen.

Ohne die Beständigkeit und Konsequenz, die ihren Weg bis dahin bestimmt hatte, hätten aber Günther (voc, bass), Barny (git, voc), Michael (keyb) und Franz (drums) wohl nie die Chance nützen können. Als sie kürzlich im Rahmen ihrer bisher größten Deutschland Tour in den überfüllten Bonner Rheinterassen bei extremer Schwüle die Rheinländer zum Kochen brachten, hatte ich vorher Gelegenheit, 1 1/2 Jahre, nachdem ich sie zuletzt in München gesehen hatte, mit Günther und Franz ein gemütliches Interview zu machen, wobei ich mir unter den Bäumen der Rheinterassen beinahe vorkam wie in einem Münchner Biergarten (lechz, lechz!).......

SPIDER MURPHY GANG

FACHBLATT: Kommt Ihr von irgendeiner musikalischen Ausbildung her, oder habt Ihr Euch alles selber beigebracht?

FRANZ: Also, ich mache schon unheimlich lange Musik. Ich hab noch nie etwas anderes gemacht. Seit ich 15 bin, bin ich mit Günther zusammen. Angefangen habe ich mit 11 Jahren. Ich bin gebürtiger Oberfranke.

GÜNTHER: Soll ich Dir mal erzählen, wie ich den Franz kennengelernt habe? Durch eine Annonce im Riebe's Fachblatt. Damals kam er daher, kaum 16 Jahre alt. Er hat erst mal gerührt und gerührt (auf der Snare). Wir mußten ihm einiges abgewöhnen.

FACHBLATT: Hattet Ihr denn bereits eine feste Band?

GÜNTHER: Ja, wir waren eine Hard-Rock-Truppe. Wir haben halt all das gespielt, was damals gerade in war, Creedence Clearwater, Rock, Hendrix, aber auch Rock'n'Roll wie Johnny B. Good usw.

FACHBLATT: Wie alt seid Ihr denn eigentlich?

FRANZ: Ich bin 24 und der jüngste der Band, der Günther ist 34, der Michael ist auch 24 und der Barny ist 26.

FACHBLATT: Wie ist es denn bei Euch dann Richtung Rock'n'Roll weitergegangen?

GÜNTHER: Wir hießen damals Stummick. Wir hatten einen südafrikanischen Bassisten, wir waren zu viert. Er hat uns den Namen aufgehängt, wir waren einverstanden, weil wir dachten, wenn er aus Südafrika kommt, dann weiß er Bescheid. Dann war er plötzlich von einem auf den anderen Tag verschwunden. Meine Gitarre hat er mitgenommen. Ich hatte noch Gitarre gespielt und bin dann auf den Bass übergewechselt. Seither waren wir ein Trio, Gitarre, Baß und Schlagzeug. Der Schlagzeuger begann dann Tonmeister oder so etwas ähnliches zu studieren, und wir haben die erwähnte Anzeige aufgegeben. Wir haben hundert Drummer ausprobiert, bis er dann endlich kam und wir haben es mit ihm probiert. Damals haben wir sehr viel geübt, wir waren oft 8 bis 10 Stunden im Keller.

FACHBLATT: Wo war das denn?

FRANZ: In München - Harlaching.

GÜNTHER: In einem amerikanischen Jugendclub hatten wir einen Übungsraum. So sind wir wahrscheinlich auch irgendwie auf die Amis gekommen. Über eine Agentur haben wir für die dann gespielt, erst für junge Leute, dann auch immer mehr in den NCO-Clubs. Da mußten wir uns natürlich ein wenig umstellen, weil wir praktisch alles spielen mußten. Wir liefen als Varieteband, und wir haben von Country&Western bis zu den Top Fourty alles gespielt. Wir haben halt AFN gehört und dann die Titel einstudiert. Es war schon ein gewisser Zwang dahinter, wir

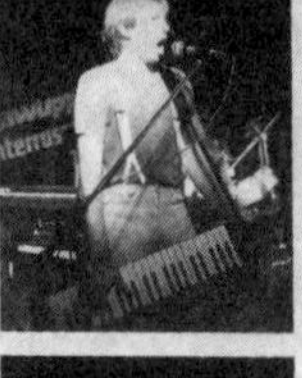

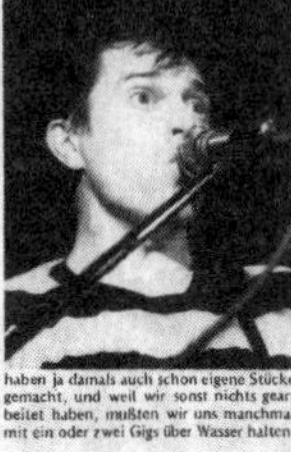

haben ja damals auch schon eigene Stücke gemacht, und weil wir sonst nichts gearbeitet haben, mußten wir uns manchmal mit ein oder zwei Gigs über Wasser halten.

FACHBLATT: Das heißt also, eine herkömmliche Musik-Ausbildung hat keiner von Euch genossen?

GÜNTHER: Genau, bis auf den Michael, der eine zeitlang Klavierunterricht hatte. Er hat übrigens Physik studiert, aber dann hat er aufgehört. Der Barny hat es auch selber gelernt. Er ist der einzige Münchner in unserer Band. Ich bin aus Schongau und der Michael ist aus Ansbach, Franz ist aus Kulmbach.

FACHBLATT: Aber Ihr habt Euch in München kennengelernt?

GÜNTHER: Ja, im Oktober 1977. Damals ist unser Trio auseinandergegangen, der Dollar war immer weniger wert, wir haben immer weniger verdient, und so hat alles nicht mehr so richtig hingehauen. Zusammen mit Barny, er hatte vorher auch schon mal mit uns gespielt, haben wir dann eine neue Band gegründet. Wir

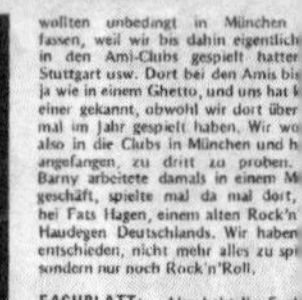

wollten unbedingt in München ... fassen, weil wir bis dahin eigentlich ... in den Ami-Clubs gespielt hatten ... Stuttgart usw. Dort bei den Amis bi... ja wie in einem Ghetto, und uns hat k... einer gekannt, obwohl wir dort über... mal im Jahr gespielt haben. Wir wo... also in die Clubs in München und h... angefangen, zu dritt zu proben. ... Barny arbeitete damals in einem M... geschäft, spielte mal da mal dort, ... bei Fats Hagen, einem alten Rock'n'... Haudegen Deutschlands. Wir haben ... entschieden, nicht mehr alles zu spi... sondern nur noch Rock'n'Roll.

FACHBLATT: Also habt Ihr Euch ... Liebe zum Rock'n'Roll dazu entschl... und nicht, weil Ihr einen neuen T... gesehen habt?

GÜNTHER: Genau. Rock'n'Roll ha... wir schon immer gerne gespielt. C... Berry ist für mich ja sowas wie eine e... Liebe, ich hab so eine Art Seelenverw... schaft mit ihm, mit seinen Texten un...

FACHBLATT: Auf Eurer ersten (in... ziellen) LP habt Ihr ja noch in Eng... die bekannten Standards wie Blue M... usw. gespielt. Kannst Du mir darübe... was erzählen, wie habt Ihr die P... finanziert, und wieviel habt Ihr d... an den Mann gebracht?

GÜNTHER: Wir haben damals mit ... Memo Rhein, dem Wirt einer Schw... ger Musik-Kneipe, zusammengearb... Wir haben dort ziemlich lange regelm... gespielt, und dann hat der Memo ged... er müßte etwas daraus machen. Er ... uns alles mögliche erzählt, und wir ... ten, ist ja toll, haben gleich einen Ve... gemacht, eine GmbH gegründet, da za... wir heute noch dran. Dann haben wi... Platte gemacht, es war einfach überh...

FRANZ: Wir haben die Platte in e... ganz kleinen Studio gemacht, im ... mann 8-Spur-Studio. In einer Woche ... ten wir alles eingespielt, insgesam... Titel. Das ging ganz primitiv vor sich ... erst Schlagzeug und Bass zusam... dann Gitarre dazu usw. Je mehr

draufgespielt haben, umso schneller ist es immer geworden, daher kommt dieser Mickey Mouse Effekt auf der Platte. Insgesamt haben wir 3.000 Stück pressen lassen, davon haben wir noch ca. 1.000 Stück. Inzwischen könnten wir diese Platte natürlich ganz gut verkaufen, wir wollen aber versuchen, einen zu finden, der uns einen größeren Posten auf einmal abnimmt. Jedenfalls, als wir die Platte gemacht hatten, dachten wir, jetzt sind wir eine bessere Band und haben immer auf den großen Airplay gehofft, aber der kam nicht.

FACHBLATT: Zu dieser Zeit kam dann ja die Sache mit dem Rockhouse-Projekt vom Bayerischen Rundfunk. Wie ist es denn dazu gekommen, daß Ihr in den einzelnen Sendungen stets dabei wart?

FRANZ: Der Georg Kostya, ein Moderator vom Bayerischen Rundfunk, hat von uns erfahren und ist zu uns ins „Memoland" gekommen. Es hat ihm unheimlich gefallen, und er hat uns erzählt, daß er diese Sendung „Rockhouse" machen will und noch eine sogenannte Hausband sucht. Er hat uns engagiert, und wir haben dann 18mal hintereinander dort gespielt.

GÜNTHER: Am Anfang war es eigentlich unheimlich schön, als wir z.B. noch beim Bayerischen Rundfunk im Studio 3 waren, da war immer ganz schön was los. Inzwischen ist dieser Schwung weg, obwohl es immer noch eine gute Sache ist. Jetzt läuft ja alles in der Alabama-Halle ab. Es ist alles Behindertengerecht ausgebaut, aber es gab finanzielle Schwierigkeiten. Die Stadt wollte keine Zuschüsse geben. Jetzt dürfen die Veranstaltungen des Rockhouse e.V. wenigstens ohne Saalmiete ablaufen. Der Rockhouse e.V. braucht aber Geld, es muß ja jemand eingestellt werden, der die Übungsräume betreut, die zur Verfügung gestellt werden sollen usw. Denn es ist eine sehr gute Sache, mit Auftrittsmöglichkeiten für junge Gruppen usw.

FRANZ: Wir haben natürlich durch diese dauernden Radio-Auftritte viele Leute erreicht, und das hat sich auch rumgesprochen.

FACHBLATT: Damals seid Ihr ja auch darauf gekommen, bayerische Texte zu machen.

GÜNTHER: Ja, der Georg Kostya hat gesagt, wenn wir schon eine bayerische Rock-Sendung machen, dann müssen wir auch einen bayerischen Song machen. Als erstes, hat er gesagt, brauchen wir einen Titelsong. Damals habe ich zum ersten Mal probiert, einen bayerischen Text zu machen. Ich kann mich noch gut daran erinnern. Am Tag vor der Sendung waren wir in Göppingen zu einem Gig, und auf dem Heimweg habe ich im Auto den Text fertiggemacht. Es war dann ein Riesenerfolg, und so haben wir weitergemacht.

FACHBLATT: Ich nehme an, Ihr habt kein außergewöhnliches Anliegen, was z.B. Eure Ideologie usw. anbetrifft.

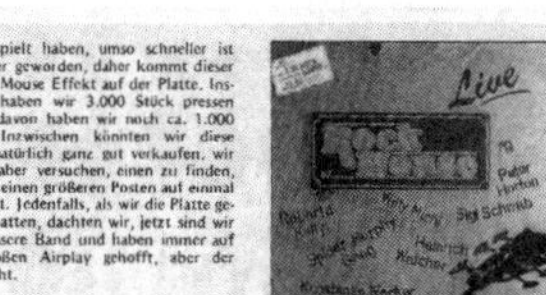

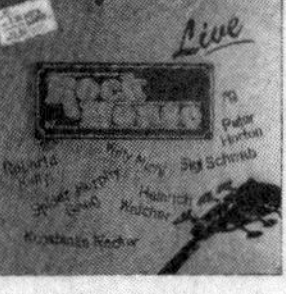

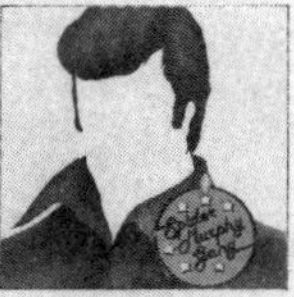

GÜNTHER: Dazu möchte ich sagen, daß ich mich schon beeinflussen lasse oder besser gesagt, inspirieren lasse von dem, was so alles passiert in der neuen Musik, z.B. New Wave usw. finde ich schon gut. Aber der Unterschied zu uns ist, daß dort irgendwelche Parolen und Ideologien im Vordergrund stehen und die Musik dabei vernachlässigt wird. Musik ist für mich Gefühl, Bewegung und Unterhaltung. Also mit dem Motto „No Future" und das Gesicht hängen lassen, haben wir nichts zu tun. Diese ganze Negativ-Welle wird sich auch nicht lange halten. Man braucht ja irgendwie eine Perspektive.

FACHBLATT: Schreibst Du eigentlich die Titel alleine?

GÜNTHER: Ich schreibe die Titel und spiele sie den anderen vor, d.h. ich mache halt den Text. Die Sprache hat für mich alleine schon eine gewisse Melodie, deshalb ist es für mich leichter, darauf eine Musik zu machen. Dann machen wir zusammen die Musik, das geht natürlich nicht ohne Kämpfe ab.

FACHBLATT: Beim Bayerischen ist das ja eigentlich noch wesentlich mehr der Fall als beim Hochdeutschen, das doch manchmal ziemlich holprig und hölzern ist, oder siehst Du das anders?

GÜNTHER: Das stimmt schon, vor allem für den Rock'n'Roll ist bayerisch sehr geeignet. Z.B. beim Skandal-Song auf der neuen LP dachte ich, den muß ich auf hochdeutsch machen, sonst paßt er nicht zum Rhythmus.

FACHBLATT: Habt Ihr freie Hand bei der Auswahl Eurer Titel für eine LP?

GÜNTHER: Bei der letzten LP waren wir ziemlich in Druck. Die erste war fertig, dann war erst einmal ein Loch. Und auf einmal hieß es wieder ins Studio, wir hatten uns wenig Zeit zur Vorbereitung genommen. So sind eigentlich alle Titel, die wir für diese LP gemacht haben, auch veröffentlicht worden. Wir hatten keinen Titel mehr übrig sozusagen. Es gab keine Auswahl mehr, wir mußten nur noch die Reihenfolge festlegen. Bei der ersten EMI LP war das nicht so, damals hatten wir noch welche übrig, z.B. den Chuck Berry Song „Schooldays", den hatten wir im Rockhouse schon immer gemacht, aber dann wieder vergessen. Dann habe ich

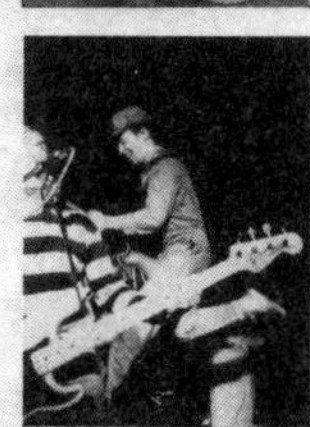

den Text überarbeitet, und wir haben den Song wieder ausgegraben, auch „Oa moi oans" ist einer dieser Songs, die wir neu arrangiert haben.

FACHBLATT: Wie ist die erste EMI-LP denn gelaufen?

FRANZ: Wir haben 50.000 verkauft.

GÜNTHER: Damit haben wir natürlich einen guten Stand bei der Plattenfirma.

FRANZ: Wahrscheinlich hatten wir auch Glück, daß wir mit den bayerischen Texten in eine gewisse Marktlücke gestoßen sind.

FACHBLATT: Könnt Ihr denn aus Eurer Sicht jungen Bands einen Tip geben oder etwas aus Eurer Erfahrung weitergeben? Wie ist das z.B. vor solch einer großen Tour?

GÜNTHER: Es ist ja nicht die erste Tournee. Im Dezember waren wir schon einmal für 15 Gigs unterwegs.

FRANZ: Im Grunde ist ja solch eine Tournee nichts außergewöhnliched für uns, weil wir ja dauernd spielen. Der Unterschied ist nur, daß wir halt eine Zeitlang sozusagen im „Ausland" spielen, aber am Wochenende spielen wir stets in München.

GÜNTHER: Es kommt halt nur die Organisation dazu, Promotion, Werbung,

alles an einem Stück usw.

FACHBLATT: Wie ergeht es Euch denn da bei den „Preußen" im „Ausland"? Werdet Ihr da auch akzeptiert trotz der Sprachschwierigkeiten?

GÜNTHER: Wir hatten noch nie Schwierigkeiten. Sicher, wenn wir in Bayern z.B. 1.000 Leute haben, dann haben wir in Saarbrücken z.B. 200, die kennen uns halt kaum und wissen nicht, was wir live bringen.

FRANZ: Letzten Sonntag hatten wir z.B. in Wuppertal einen Riesen-Gig. Es waren nur 200 Leute, aber von der ersten Nummer an eine Riesenstimmung. Es war eben auch ein kleiner Saal. Lieber ein kleinerer Saal und große Stimmung, als Riesensäle und gähnende Leere.
In Bayern ist das natürlich ganz anders. Am letzten Samstag waren wir in Landshut, da ist es das erste Mal passiert, daß beinahe ein Konzert abgesagt worden wäre, weil zuviel Karten verkauft waren.

FACHBLATT: Habt Ihr eigentlich auch in Österreich schon gespielt?

FRANZ: Das wollen wir im Herbst nachholen. Österreich und Schweiz.

GÜNTHER: Bei uns ist der Vorteil, daß wir richtig gewachsen sind mit der Zeit. Angefangen haben wir mit einer Gesangsanlage, unser Roadie bzw. gleichzeitig Mischer ist schon lange bei uns. Viele Gruppen meinen, wenn sie anfangen auf Tour zu gehen, dann müßten sie in größeren Hallen spielen und eine riesige PA haben, das kostet dann Unmengen Geld. Wir haben uns nach und nach vergrößert und uns alles selbst angeschafft, so sind wir unabhängig und brauchen nichts zu leihen. Wir können mit unserer Anlage auch in kleineren Clubs spielen.

FRANZ: In der ganzen New Wave-Welle ist ja auch wieder festzustellen, daß Jungs auf die Bühne gehen, ihre kleinen Verstärker hinstellen und loslegen.

GÜNTHER: Es gibt ja viele, die haben kaum 20 oder 30 Gigs gemacht und wollen dann in die großen Hallen. Denen bleibt ja nichts mehr übrig. Nimm mal so Gruppen wie „Abwärts", die haben eine riesige Presse, überall wurde in Zeitschriften wie Sounds usw. eine Menge drüber geschrieben, es wundert mich immer, wieviel die immer zu schreiben wissen, und dann stellt sich heraus, die haben nicht mehr als runde 20 gigs gemacht, gehen dann auf die Bühne und spielen eine halbe Stunde, weil sie nicht mehr Repertoire haben.

FACHBLATT: Franz, Du spielst ein merkwürdiges Schlagzeug, das ich noch nie gesehen habe.

FRANZ: Vor drei Jahren schon hatte ein Typ in München vom „Musik-Eck" in der Corneliusstr. die Idee, dieses Schlagzeug zu bauen. Er hat sich im Keller eine Werkstatt eingerichtet und baut dort nun diese Schlagzeuge. Das Kit ist aus 20 Jahre altem Eichenholz in Faßbau-

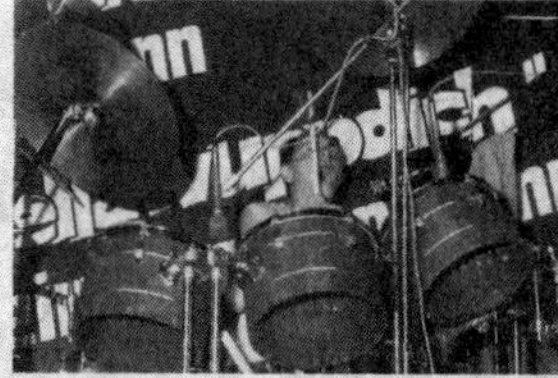

weise hergestellt. Es ist also nicht geschichtet. Ich bin immer wieder hingekommen, hab gesehen, was er macht und meine Tips gegeben. Auf einmal hat das Ding geklungen. Es soll jetzt in kleinem Rahmen gebaut werden, jeder Drummer kann bestimmen, welche Größe er haben will. Ich bin natürlich stolz darauf, daß das Schlagzeug Troyan heißt. Seit vier Wochen spiele ich das Kit auf Tour und ich bin sehr zufrieden. Der Sound ist für mich optimal.

FACHBLATT: Entsprechen die Maße den normalen Drum-Größen?

FRANZ: Bisher gibt es die Bassdrum mit 22" und Tom-Toms mit 12", 13" und 16". Übrigens der Curt Cress hat es auch schon gesehen und ganz gut gefunden.

FACHBLATT: Wie seid Ihr eigentlich an den Vertrag mit der EMI gekommen?

GÜNTHER: Unser Produzent, der Harald Steinhauer, hat uns damals in München gesehen, und wir sind ins Gespräch gekommen. Zu jener Zeit hatte er gerade einen Riesenerfolg als Produzent mit dem Titel „It's A Real Good Feeling" von Peter Kent. Das hat ihm natürlich zu einer guten Ausgangsposition bei der EMI verholfen. Dann waren einmal EMI-Leute in München bei einer Faschingsfete im Schwabingerbräu, u.a. haben dort Matchbox gespielt, und wir haben sozusagen per Handschlag einen Vertrag gemacht. Auch der Musikverlag hat tief in die Tasche gegriffen, der hat sogar ein Songbook von uns rausgebracht.

FRANZ: Als der Günther die Noten in dem Songbook gesehen hat, hat er gesagt, das soll ich geschrieben haben?

FACHBLATT: Heißt das, daß Du nicht nach Noten komponierst?

GÜNTHER: Nein, man kann es eigentlich auch nicht komponieren nennen, eher schreiben oder so.

FACHBLATT: Was für einen Vertrag habt Ihr denn bekommen? Wie lange läuft der denn?

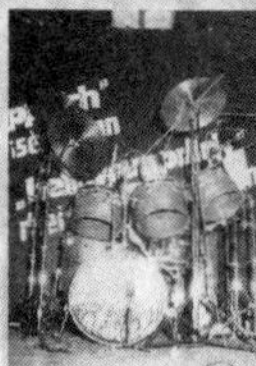

GÜNTHER: Der erste Vertrag wa... über die erste LP und zwei Opti... Nachdem diese aber gut gelaufen is... ben wir einen neuen Vertrag gemach... haben jetzt die doppelten Prozente, ... also nicht schlecht für uns. Dieser ... Vertrag läuft über zwei LP's und w... zwei Optionen. Dies ist auch an T... junge Bands, sie sollen niemals la... stige Verträge machen, das System ... Optionen ist immer am Besten.

FACHBLATT: Das war ja noch ein ... licher Tip zum Abschluß. Vielen Dan... das Gespräch.

Georg M. Karls...

Die Melodie ist bei der bairischen und der englischen Sprache schön rund, und die Klangfarbe bei vielen Begriffen ist ähnlich. Zum Beispiel steht das englische »always« in lautmalerischer Nachbarschaft zum bairischen »oiwei«.

Das erste bajuwarische Rock-'n'-Roll-Kind war der von Kostya eingeforderte *Rockhouse Song*, dem sich zunehmend weiteres Material anschloss, alles bayerische Eigenkompositionen. Das nahmen wir in unser Bühnenprogramm auf, und es passte hundertprozentig.

Im Memoland ging das Publikum tierisch auf unser neues Repertoire ab, denn es war sensationell, dass eine einheimische Gruppe im hiesigen Dialekt in die Fußstapfen von Chuck Berry oder Elvis trat. So etwas hatte es zuvor noch nicht gegeben, daher sorgte es für Gesprächsstoff und, sehr zu unserer Freude, für Lob und Aufmerksamkeit in anerkannten Musikerkreisen.

Jeden ersten Sonntag im Monat erschienen die Spiders nun »on air«, um Interpreten wie Peter Kraus *(Sugar Baby)*, Konstantin Wecker *(Genug ist nicht genug)*, die rotzfrechen Biermösl Blosn oder auch internationale Acts wie Luther Allison *(The Thrill Is Gone)* oder Matchbox (*Midnite Dynamos*; in Deutsch gesungen von der Gruppe Leinemann als *Volldampf Radio*) zu unterstützen. Somit stieg auch der Bekanntheitsgrad …

Das erste große Interview im legendären »Fachblatt«

6

DER ERFOLG KLOPFT AN …

… zunächst ganz leise

Nach dem *Rockhaus Song* wurden wir zwar verstärkt wahrgenommen, befeuert auch durch die Auftritte im Memoland, aber das Angebot weiterer Anfragen blieb aus. Ein Plattendeal wäre klasse gewesen, doch dazu reichte die Wertschätzung in der Münchener Szene nicht aus. Die dortigen Verantwortlichen trugen ihre Nase sehr hoch. Das machte uns zwar ein wenig traurig – aber nicht mutlos.

Fasching 1980 besuchte dann tatsächlich auf Vermittlung des Produzenten Harald Steinhauer ein gewisser Holger Müller eines der Konzerte von Günther, Barny, Michael und mir im Schwabingerbräu. Steinhauer war bereits damals einer der deutschlandweit Besten in seinem Metier und schürte zu der Zeit mit Peter Kent (Nummer-1-Hit *It's A Really Good Feeling*) ein richtig heißes Eisen im Feuer. Zuvor hatte er schon viel mit Howard Carpendale gemeinsame Sache gemacht, und in späterer Zeit arbeitete er zum Beispiel mit Juliane Werding, Nicki, Marianne Rosenberg, Geier Sturzflug und Nino de Angelo zusammen.

Nicht genug damit, dass Müller eigens den weiten Weg von Köln nach München gefahren war, um uns zu sehen, sprach er uns nach dem Gig mit »Ihr seid eine tolle Band« auch noch ein dickes Lob aus. Außerdem bat er uns, ihm ein Demoband zu schicken. Das taten wir natürlich liebend gern, und es überzeugte sowohl ihn als auch Steinhauer als auch die Bosse von EMI Electrola Köln, für welche die beiden tätig waren.

Die Plattenfirmen im engeren Umkreis von München wie Ariola oder Virgin waren von einer Verpflichtung abgerückt. »Bairisch? Das kann nicht funktionieren« oder »Nee, Bairisch und Rockmusik ist scheiße, da geht nichts« waren deren Aussagen. Demgegenüber reagierte die EMI Electrola interessiert. »Ah, Bairisch is' doch schön. Mal was Neues. Bairischen Rock 'n' Roll hatten wir noch nicht.« Vielleicht prägten die erfolgreichen BAP oder De Black Föös, die das Singen in Mundart hoffähig gemacht hatten, die offenere Haltung. Auf jeden Fall bekamen wir vier als bayerische Urgesteine mit entsprechendem Dialekt ausgerechnet in der Domstadt den ersten Plattenvertrag. Damit erreichte ich in einem Alter von gerade einmal knapp über 20 den Traum eines jeden Musikers. Wahnsinn!

Köln besaß schon Ende der 70er- und Anfang der 80er-Jahre des vorigen Jahrhunderts eine blühende Musikszene, um die ich die dortigen Künstler beneidete. Hier ging musikalisch die Post ab. Vergleichbares existierte in München nicht.

1980 machten Günther, Barny, Michael und ich uns auf die Socken in die Rheinmetropole, und zwar in den Maarweg. Die Aufnahmestudios waren allererster Güte, die waren richtig geil.

Die Songs für die erste LP *Rock 'n' Roll Schuah* befanden sich bereits fertig in der Schublade, bevor wir überhaupt den ersten Ton einspielten. Es kam uns dabei zugute, dass wir uns einig darüber gewesen waren, keinesfalls nur die Charts nachspielen zu wollen. Unsere Zusammenarbeit sollte etwas Eigenes, Unverwechselbares hervorbringen. Konsequent und ehrgeizig hatten wir in langen kreativen Nächten am selben Ziel gefeilt und unsere Linie durchgezogen. Wir waren beseelt gewesen von der Hoffnung, den Durchbruch zu schaffen, und hatten wie die Irren getestet, arrangiert, variiert.

Klar gab es untereinander auch Streit, das gehörte dazu. Wie sollte es auch anders sein, wenn vier sehr verschiedene Charaktere aufeinanderprallen? Hier der nüchterne, abgeklärte, souveräne Sänger und Bassist Günther Sigl, dort der aufschneiderische, oberflächliche, dauerplappernde Gitarrist Barny Murphy. Auf der einen Seite der stille, melancholische, verträumte Keyboarder Michael Busse und auf der anderen mit mir der draufgängerische, impulsive, angeberische, etwas prollige Schlagzeuger. Jeder von uns verbrachte mehr Zeit mit den Bandkollegen als mit der eigenen Frau. Unter diesem Gesichtspunkt war die Männergemeinschaft quasi ein Eheersatz, und auch dort ist ab und zu eine heiß geführte Debatte nötig, um individuelle Positionen abzustecken. Die Musik führte uns aber immer wieder zusammen. Anders ausgedrückt, waren wir waschechte Rock-'n'-Roll-Schlampen, nur eben in maskuliner Form.

Die Entwicklung eines Songs, überhaupt die Arbeit im Proberaum oder im Studio, war ursprünglich komplett demokratisch geprägt. Erst nach und nach sollte Günther Sigl in die Rolle des Leaders hineinwachsen. Gerade nach dem gelungenen Start, Songs in bairischer Mundart zu singen, forderte er: »Lasst uns mehr davon machen. Des kommt guat.« Häufig war Günther die Initialzündung, indem er den Raum betrat, die Tasche gefüllt mit einer neuen Komposition.

Mein Spezialgebiet war die Einflussnahme auf die Begleitmusik und das Arrangement: hier mal mehr Power oder Dynamik; dort ein wenig lauter oder leiser; eine Schippe mehr Moll beziehungsweise Dur oder eine Prise Gitarrenschlag. Alternativ schob ich auch mal einen Harmoniegedanken ein; erinnerte daran, an Minor respektive Major zu denken; arrangierte Chöre oder forderte eine Portion »Die Post geht ab!« ein. Mein Einfluss ragte aber auch entscheidend in Sigls Part hinein. Genau genommen müsste bei den Spider-Liedern viel häufiger mein Name als Komponist vermerkt sein.

Michael Busse wartete die Entwicklungen zumeist zurückhaltend ab. Es hatte manchmal sogar den Anschein, dass er gar nicht bei der Sache war. Passend zu der Gedankenverlorenheit studierte Busse zunächst parallel zur Karriere Physik, was er späterhin jedoch ruhen ließ. Seine große Stärke kam dann, wenn es um die Feinjustierung, um den Schliff ging, oder wenn es galt, Keyboard- beziehungsweise Pianoakzente zu setzen.

Beim Lied *Rosmarie* wollte Michael Busse im Studio unbedingt Streicher einbinden, die uns tatsächlich bewilligt wurden. So saß zur Unterstützung des Stücks ein Streichquartett oder -quintett der Kölner Philharmonie im Aufnahmeraum und rundete das musikalische Gesamtbild ab. Heutzutage gäbe man die Töne per Band in Perfektion hinzu. Damals überforderte das die Technik noch.

Neben den bereits Genannten gab es noch den ausgebildeten Fernmeldemonteur Barny Murphy. Wie schon erwähnt, funkten wir beide auf verschiedenen Wellenlängen, ausgenommen – Gott sei Dank – auf dem Sender Musik. Er hielt sich für den besten Gitarristen der Welt. Ich dachte mir hingegen: Eigentlich is er a schlechter Gitarrist. Nicht von ungefähr schmiss ich ihm des Öfteren die Schlagzeugstöcke an den Kopf, wenn er sich verspielte. Verständlicherweise trieb ihn das mitunter zur Weißglut, und wir stritten uns zum Teil so heftig, dass wir mit Fäusten aufeinander losgingen.

Während der Aufnahmewoche der LP *Rock 'n' Roll Schuah* hingen wir abends oft im Chlodwig Eck oder dem Peppermint in der Altstadt ab, wo wir die ganze Muckerszene Kölns kennenlernten, ob nun Wolfgang Niedecken, Klaus »Major« Heuser, Tommy Engel, Can, Arno Steffen *(Supergut)*, den tollen Musiker Günter Lammers (ein Teil des Duos Bogart, welches 1980 unter anderem den Titel *Primaballerina* herausgebracht hatte) oder Jürgen Zeltinger alias »de Plaat« (die Platte / Glatze). Letzterer gehörte zur Gruppe der ausgewiesenen Schläger, und so schwul er war, so punkig, unangepasst geriet sein Verhalten. Vor einem Auftritt soff Jürgen sich erst einmal in den billigsten Kneipen die Hucke voll. Er enterte nie nüchtern die Bühne. Dort angekommen, vermied »de Plaat« es, unnötig Zeit zu vergeuden, sofern der Harndrang nach Entleerung schrie. Er pinkelte kurzerhand ins Publikum. Es lebte die Anarchie.

Für uns war es in Köln eine völlig neue Erfahrung, dass Künstler sich untereinander bei Projekten halfen, indem sie beispielsweise auf der Scheibe des Konkurrenten einen Instrumentpart einspielten. Hier war es selbstverständlich, fernab von Berührungsängsten oder Eifersüchteleien.

Ich liebte es, ungezwungen biertrinkend, rauchend und launig mit Kollegen quatschend sommers auf der Straße herumzuhängen. Dabei durfte ich auch viele Journalisten und Redakteure kennenlernen.

Zum Glück trug die Starrköpfigkeit, unser Ding durchzuziehen, letztlich Früchte. Die LP *Rock 'n' Roll Schuah* funktionierte und war innerhalb einer Woche im Kasten. Das sah ich mit einem lachenden und einem weinenden Auge. Es bedeutete zwar, den ersten hochprofessionellen Tonträger erstellt zu haben, aber auch die Stadt verlassen zu müssen.

Immer wenn es sich anbahnte, dass wir einige Zeit in Köln beschäftigt sein würden, was Anfang der 80er während der Plattenaufnahmen oft vorkam, freuten Günther, Barny, Michael und ich uns ein Loch in den Bauch. Es bedeutete, das Münchener Musikkulissenbrachland gegen den rheinischen, frohnaturumrahmten Klüngel eintauschen zu dürfen. Ich wurde zu einem absoluten Köln-Fan.

Die erste Single, die wir aus dem Album auskoppelten, hieß *Rock 'n'Roll Rendezvous* und wurde auch sofort in den Radiosendern rauf und runter gespielt. Kurz darauf trudelte die Ein-

Die Nachfrage steigt. Die Spider Murphy Gang glänzt in vielen Medien.

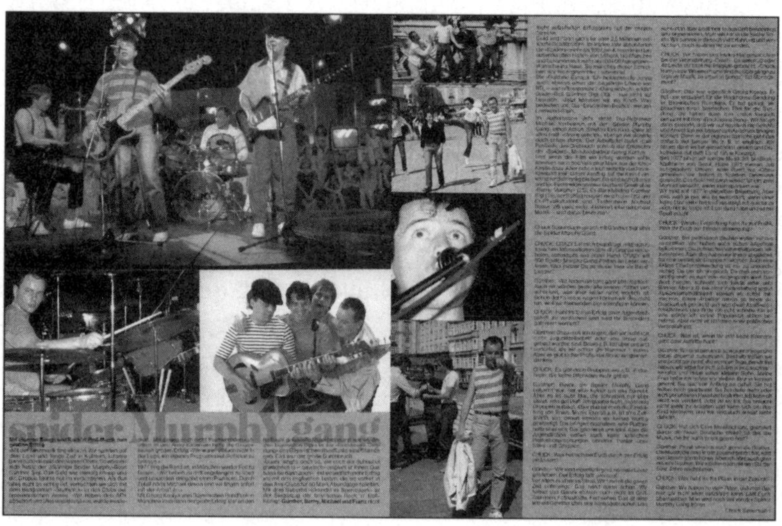

ladung in die Sendung *Musikladen* bei Radio Bremen ein, an die ich mich noch besonders gut erinnern kann. In der von Manfred Sexauer moderierten Sendung sah sich der bekannte Regisseur Mike Leckebusch genötigt, unsere Darbietung mit hochdeutschen Untertiteln zu versehen. Leckebusch war ebenfalls Urheber der legendären Musiksendung *Beat-Club* und mitverantwortlich für die 1974 aus der Taufe gehobene Talksendung *3 nach 9*.

Nach dem *Musikladen* folgte Auftritt auf Auftritt, von Bioleks *Bio's Bahnhof* über diverse andere Formate bis hin zum mir sehr lieb gewordenen Kölner *WWF Club*. Die Spiders wurden bundesweit telegen und audioaktiv herumgereicht, wie eine bisher unbekannte Packung bunter Überraschungen. Dadurch wuchs der Bekanntheitsgrad der Gruppe stetig, ohne dass wir eigentlich einen Hit geliefert hatten. Das Neue machte es halt.

Die Zurschaustellung zahlte sich in barer Münze aus, denn die LP *Rock 'n' Roll Schuah* ging unglaubliche 50.000 Mal über die Ladentheke. Das war ein sagenhafter Absatz für ein Debütalbum, und das zu einer Zeit, in der mit dem Verkauf von Vinylscheiben noch richtig Kohle verdient wurde. Die EMI fiel vor Verzückung aus allen Wolken. Damit hatte sie, bei allem Glauben an uns, nicht gerechnet.

Zwangsläufig stieg die Nachfrage nach Konzerten der Spider Murphy Gang, die nun anstelle von kleinen Clubs in mittelgroßen Hallen stattfinden mussten, um des Andrangs der Fans Herr zu werden. Anstelle des bisherigen, ausgedienten VW-Vehikels bekamen wir nun einen Mercedes-Bus. Endlich rollte merklich der Rubel, und ich verdiente im Monat mehrere Tausend Mark, ein bis dahin völlig abstruser Gedanke. Viel wichtiger war mir aber der Stolz, eine LP bei einem Major Label veröffentlicht zu haben und die Songs im Radio zu hören mit dem Wissen, dass Hunderttausende das mit mir gemeinsam machten. Ich genoss das Gefühl, auf dem richtigen Weg zu sein, denn viele Menschen standen auf unsere Musik. Es war unheimlich erhebend zu merken: Es tut sich was! Unheimlich spannend zu beobachten: Was kommt noch? Und unheimlich aufregend abzuwarten: In welche Richtung geht es?

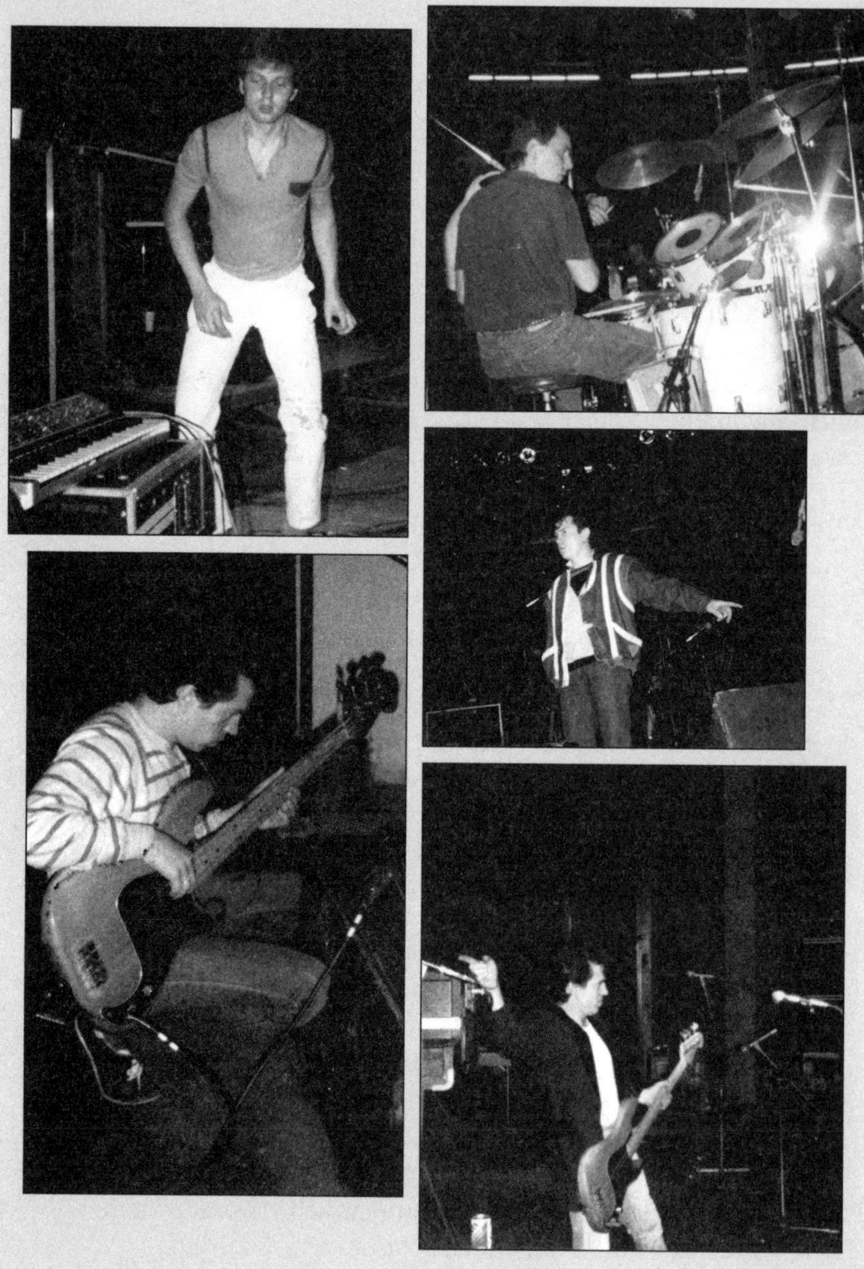

Nach der ersten Fernsehpräsenz hieß es für die Spider Murphy Gang: Konzerte, Konzerte, Konzerte.

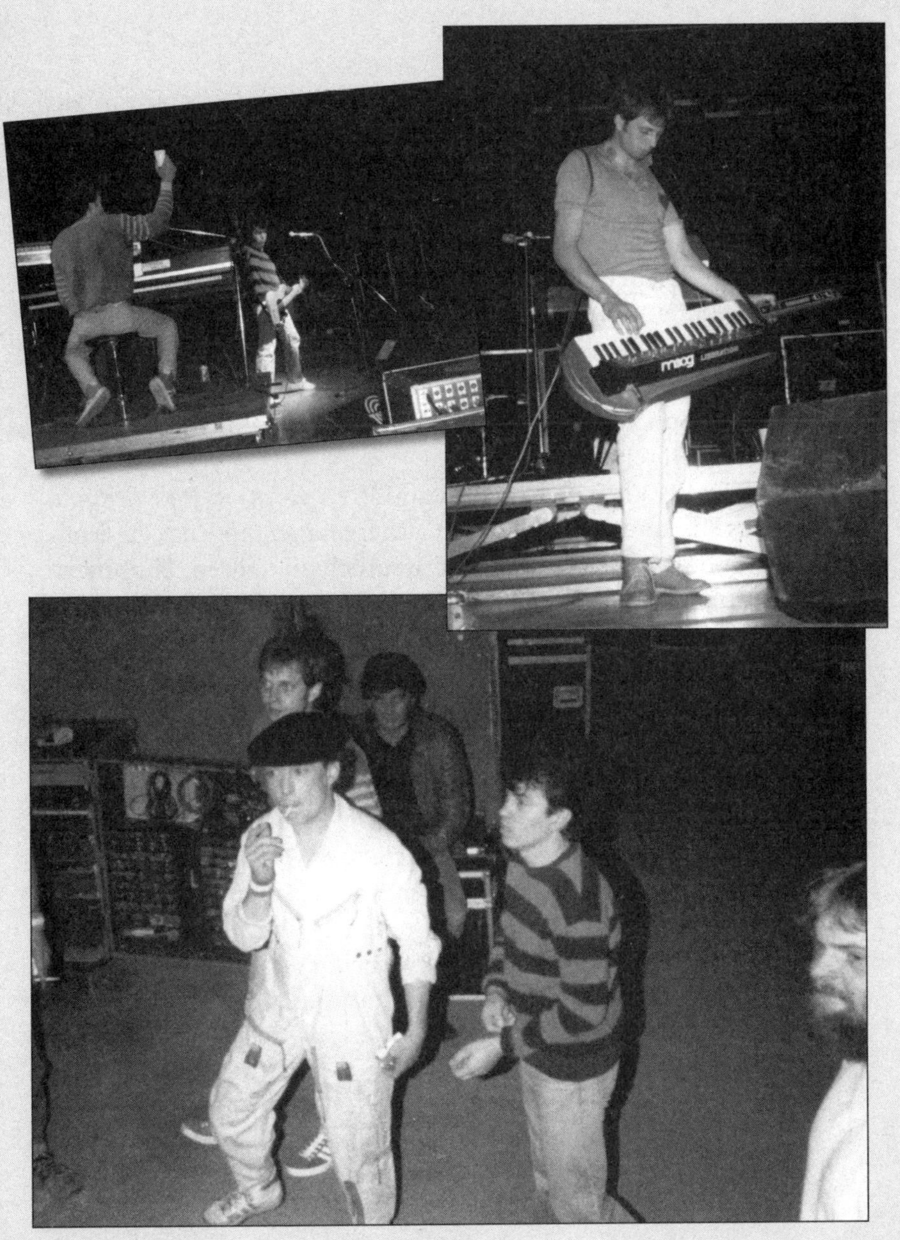

Damals der allerletzte Schrei und von Michael Busse heiß geliebt: Sein Keytar (Bild oben rechts).

und ich die Entwicklung von einer reinen Coverband hin zur eigenständigen Schiene voran, ohne es weiter explizit darauf anzulegen. Diese Richtung ergab sich parallel zur Benutzung des bairischen Dialekts ganz von selbst in der täglichen Arbeit. Als musikalisches Grundschema blieb der Groove des Rock 'n' Roll allerdings erhalten, auch wenn mehr und mehr andere Harmonien und Melodien Einzug hielten. Damit unterschied sich die Spider Murphy Gang deutlich vom damals gängigen Punk oder den üblichen Mustern der angesagten Neuen Deutschen Welle, wobei aber mit Ideal, Spliff, Rheingold oder Grauzone wirklich tolle Bands unterwegs waren.

Auf *Dolce Vita*, der Nachfolge-LP zu *Rock 'n' Roll Schuah*, war das stärkere Abrücken vom althergebrachten Rock-'n'-Roll-Schema im Vergleich zu vorher deutlich zu spüren. Nummern wie *Wer wird denn woana, Schickeria, Dolce-Vita-Rita* oder natürlich *Skandal im Sperrbezirk* zeugten davon.

Die Rollenverteilung bei der Songentwicklung blieb unverändert. Günther war der anschiebende Ideengeber, ich beteiligte mich stark an der Ausgestaltung des Einfalls, Michael setzte prägnante Tastensounds hinzu, und Barny kreierte so manches Gitarrensolo in Eigenregie.

Michael leistete seine Beiträge weiterhin weniger impulsiv, dafür cooler, fast zärtlich. Die anderen waren immer ganz Ohr, weil es Hand und Fuß hatte, was er sagte. Busse überzeugte durch die Charakteristik, die er den Songs verlieh. Gerade bei *Dolce Vita* fiel mir das besonders auf. Beispielhaft seien die Intros zu den Liedern *Schickeria* und *Skandal im Sperrbezirk* genannt, die für einen hohen Wiedererkennungswert sorgten. Beide stammten einzig aus seiner Feder und warteten jeweils mit einer Finesse auf. Ersteres spielte der Tastengott mit der Technik des Vorhaltes, was bedeutete, die Tasten kurz und flüssig wie ein wogender Schwall anzusetzen. Zweites entsprang seiner Idee, im Übergang zum neuen Akkord den sechsten Klang zu betonen. Diese spezielle Figur traf man ansonsten nur selten in der Musiklandschaft an. Mit diesem Einfall führte Michael gleichzeitig seinen gerade erstandenen umhängbaren Moog-Synthesizer (Fachbegriff: Keytar) – Version »Liberation« – ein, damals der letzte Schrei.

Aufgenommen wurde *Dolce Vita* im Münchener Rainbow Studio und im ebenfalls dort gelegenen großen Union Studio, in dem keine Geringeren als Deep Purple, Queen, Supertramp, Tears for Fears oder Spandau Ballet gearbeitet hatten oder arbeiteten.

Harald Steinhauer holte sich als Koproduzenten den bis dahin kaum in Erscheinung getretenen, aber sicherlich schon damals zur Weltklasse gehörenden Schweizer Tonmeister Armand Volker hinzu. Der lieferte innovative Soundkreationen und -arrangements, die uns umgehauen haben. Es dürfte vielleicht seinen Enthusiasmus etwas gedämpft haben, dass wir bereits um unseren eigenen Sound wussten, also genau im Blick hatten, wie wir uns anhören wollten. Diesbezüglich verweigerten Günther, Barny, Michael und ich uns auch jeder Bevormundung. Durch die Kombination des kreativen Geists Volkers mit genauer Soundvorstellung meinerseits klangen meine Drums und die Grooves unverschämt gut. So etwas hatte es deutschlandweit zuvor noch nicht gegeben. Später machte sich Armand noch einen Namen als Produzent der Münchener Freiheit, von Hubert Kah, Geier Sturzflug, aber auch international erfolgreichen Interpreten wie Gianna Nannini, Michael Cretu oder Sandra.

Wenn es mir eine beschäftigungslose Phase im Studio gestattete, schaute ich dem Team Steinhauer / Volker gerne interessiert über die Schulter, um zu erfahren, was die beiden machten. Auf diese Weise lernte ich viel von dem, was mir später von großem Nutzen sein würde. Manchmal halfen mir meine Studiopausen, neue Erfahrungen zu sammeln, indem mich andere Künstler vor Ort anfragten. So kam es dazu, dass ich die Percussions – Bongos, Kongos und so weiter – bei diversen Peter-Kent-Songs bediente. Das Geld für die Dienste erhielt ich bar auf die Hand und versoff es umgehend.

Die Idee zu *Skandal im Sperrbezirk* entstand während eines Soundchecks im Freisinger Lindenkeller. Wie so oft standen oder saßen wir vier da und warteten darauf, vom Technikpersonal die Anweisung zu bekommen, diesem oder jenem Instrument den einen oder anderen Ton zu entlocken oder wahlweise einige stimmliche Laute abzusondern. Alternativ rockten wir gemeinsam etwas herum. Das übliche öde Silbenprogramm à la »mi mi mi«, »la la la«, »mo mo mo« oder »Test Test Test« beiseitelassend, fing Sigl plötzlich an, herumzuspinnen. Total schrill und meschugge schrie er unmotiviert »Skandal! Skandal! Skandal um Rosie!« ins Mikrofon und konnte sich der irritierten Blicke seiner Umgebung sicher sein. Entlehnt war diese Zeile aus der Schnulze *Skandal um Rosie,* die 1970 vom Schlagersänger Erik Silvester unter dem Produzenten Michael Holm *(Tränen lügen nicht)* 1970 ins Mikrofon geschmachtet worden war. Nachdem der Rest der Band den Anfangsschock überwunden hatte, stiegen wir in den schaurigen Singsang mit ein, wobei ich dem spleenigen Soundchecksong das Schlagzeug hinzufügte. Kontinuierlich bauten wir in den folgenden Proberaumsitzungen die Nummer aus. Wir fügten zu Beginn Michaels prägnanten Keyboardpart ein, behielten Sigls debilen Schreigesang als besonderen Gag am Ende des Liedes bei, tauschten die Heile-Welt-Attitüde des ursprünglichen Schlagertextes gegen ein Milieu-Feeling aus und verliehen dem Song eine dramatisch ansteigende, tempogetriebene Note. Und fertig war *Skandal im Sperrbezirk.*

Wie aufwendig es aber auch sein konnte, eine Liedidee voranzutreiben, machte mir Günther Sigl an der Textentwicklung zu *Schickeria* plausibel. Er brauchte ein Jahr dafür, weil es ihm schwerfiel, die richtigen Worte und Zeilen zu finden. Das Texten stellte eine ganz eigene Kunst dar, vor allem, wenn man – wie Günther – einen aussagekräftigen Inhalt mit einer massenverträglichen Sprache kombinierte. Meines Erachtens lohnte sich die Mühe, denn das Ergebnis war hervorragend.

Sowieso glich die Ausgestaltung von *Schickeria* dem Umgang mit einem renitenten, zickigen Kind, welches es mühsam zu bändigen galt. Wir mussten die Nummer im Aufnahmestudio fast in Endlosschleife spielen, bevor jedes Detail saß. Ich wollte unbedingt eine von mir neu entwickelte Trommeltechnik zum Einsatz bringen, deren Einspielen wegen der unzähligen Wiederholungen sehr lange dauerte. Auch Barny brauchte für sein Gitarrensolo drei oder vier Tage, ebenfalls ungewöhnlich für eine LP-Produktion. Er bekam es einfach nicht auf die Reihe, das richtige Timing zu treffen.

Zum Teil kamen Songideen ganz unvorhergesehen während des gezielten Probens im Übungsraum oder wenn man verträumt auf der Wandergitarre schrammelte und zupfte. Manchmal sprang der Funke aber auch urplötzlich beim Soundcheck über wie bei *Skandal im Sperrbezirk*. Beim Lied *Rock 'n' Roll Schuah* vom gleichnamigen Album, in dem unter anderem die Passage »Hu-Ha. Geh, loss mer mei Ruah!« vorkam, war privater Ärger verantwortlich für die Entstehung. Günther Sigls Frau hatte ihn zu der Zeit so lange mit Vorwürfen genervt, dass unser Frontmann seinem Ärger Luft machen musste. Da bot es sich an, die Absicht in Noten zu gießen.

Schallplattenaufnahmen waren für mich immer sowohl aufregend als auch komfortabel. Du betratest das Studio, die Atmosphäre knisterte ein wenig vor Spannung, und das aufgebaute Schlagzeug wartete nur darauf, Haue zu bekommen. Auf der anderen Seite der Scheibe zwischen Musik- und Aussteuerungsbereich hockte der Tonmeister zusammen mit seinem Assistenten in den Startlöchern, bereit, das Bestmögliche herauszuholen. Der Aufnahmeablauf variierte stark. Manches brauchte Zeit wie *Schickeria* oder das erst später entstandene elendige *Sch-Bum ('s Leben is wiar a Traum)*, bei dessen Performance wir mit unserer glitzernden Kluft daherkamen wie Spelunkenzauberer. Es kostete uns einiges an Nerven, den grausamen Chor einzusingen.

Andere Stücke, zum Beispiel *Wo bist du?* oder *Rock 'n' Roll Schuah*, hämmerten wir im »first take« in die Rillen, weil sie makellos gelangen und von der kraftvollen Spontanität des Erstversuchs lebten. Eigentlich hätte das der Regelfall sein können, weil wir die neuen Stücke immer bereits intensiv geprobt, im besten Falle sogar live vor Publikum ausprobiert und somit automatisiert hatten. Ich glaube jedoch, dass es die Produzenten eher gezielt darauf anlegten, mehrere Anläufe aufzuzeichnen, damit eine Auswahl für eine eventuelle Optimierung zur Verfügung stand.

Herzklopfen, letztes Lied der Langspielplatte *Dolce Vita*, überzeugte noch mit einem anderen Clou: Während Günther, Barny, Michael und ich in Vorbereitung für das Einspielen des eigentlich ernst gemeinten Liedes redeten, probierten, improvisierten und lachten, drückte der Tonmeister Armand Volker ohne unser Wissen die Taste »record«. Genau diese unbearbeitete Version fand dann den Weg auf die LP, inklusive Gekicher und Gelaber (»Du musst ruhig sein, Barny, des geht doch über dein Gitarrenmikro!«). Die Leute liebten den Song, er wurde live der Abräumer. Vor allem jener Teil erfreute sich großer Beliebtheit, in dem sich Barny in einen Lachflash verabschiedete, nachdem Günther nach der vor Schmalz triefenden Zeile »Ich hab' so Herzschmerzen« mit den Worten »Des ist zu viel, des halt i net aus!« kapitulierte. Bei *Herzklopfen* erkannte ich auch neidlos die Leistung unseres Gitarristen an, der in der zweiten Stimme als Opernsänger brillierte.

Skandal im Sperrbezirk wurde die erste Singleauskopplung aus *Dolce Vita*, brachte aber zunächst nicht den erhofften Erfolg. Deshalb legte die Plattenfirma den Song *Schickeria* nach.

Unbeabsichtigt erwies uns kurz darauf der Bayerische Rundfunk den großen Gefallen, *Skandal im Sperrbezirk* auf den Index zu setzen. Angeblich sexistische Formulierungen oder Begriffe wie beispielsweise »Nutten« sorgten für ein Radioverbot südlich des Weißwurstäquators. Das ist aus heutiger Sicht – und für uns war es schon damals so – lächerlich. Aber eine größere Werbung hätte für das Lied gar nicht betrieben werden können, denn nun wollte natürlich jeder wissen, wovon es handelte. Dementsprechend fand die Platte plötzlich reißenden Absatz. Das Lied katapultierte sich dank intensiver Werbehilfe vieler norddeutscher und mitteldeutscher Radiostationen in den deutschen Charts auf Platz 1, wo es sieben Wochen lang blieb (22. Februar 1982 bis 11. April 1982). 18 Wochen lang bewegte es sich in den Top Ten, war vom 7. Dezember 1981 bis 9. August 1982 insgesamt 35

Wochen lang platziert und erlangte Goldstatus (250.000 verkaufte Exemplare). Laut der *Ultimativen RTL Chart Show* aus dem Jahre 2007 lieferte die Spider Murphy Gang damit den größten Hit der Neuen Deutschen Welle.

Kurioserweise rutschten die Ereignisse zunächst komplett an uns vorbei. Zum einen lag es daran, dass die Charts für die Spiders ein Fremdgebiet waren. Zum anderen lagen unsere Maßstäbe bis dahin ganz woanders, und zwar einzig bei der Qualität der Musik. Außerdem suchten sich die Dinge ohne unser Zutun oder das der Plattenfirma ihren eigenen Weg. Ein Paradebeispiel für einen Selbstläufer. Kein Wunder also, dass wir total überrascht waren, als wir plötzlich vor vollendete Tatsachen gestellt wurden. Eben noch sah ich mich mit Harald Steinhauer unsere Scheiben in Plattenläden wie Sauerbier anbieten, gerne mit der Reaktion versorgt »Packts des wieder ein. Des verkaufen ma net«, da besorgten sich rasend schnell zigtausendfach Menschen *Skandal im Sperrbezirk*.

Über 750.000 Singles wurden verkauft, und in diesem Sog zogen die Verkaufszahlen des Longplayers *Dolce Vita* noch einmal bis über die Millionengrenze an. Das bedeutete Gold- und Platinstatus. In Zahlen: acht Wochen Platz 1 der LP Charts, 28 Wochen Top Ten und von 29. Juni 1981 bis 28. März 1983 91 Wochen platziert. Unfassbar!

Damit nicht genug, feierte *Rock 'n' Roll Schuah* einen Wiedereintritt in die Bestsel-

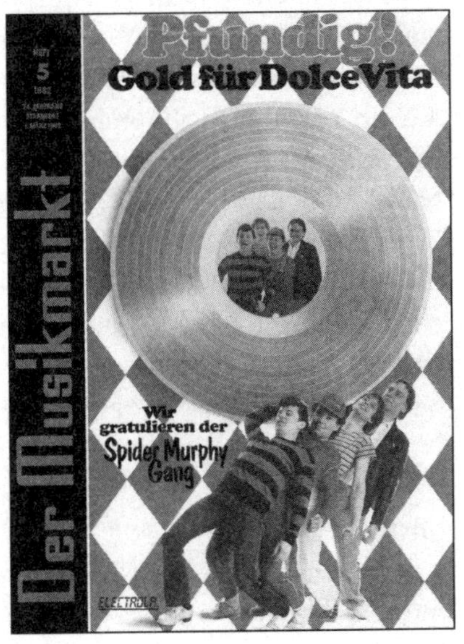

Der Reigen der Goldenen Schallplatten beginnt ... 250.000 verkaufte Exemplare von »Dolce Vita«!

lerliste und drehte von Februar bis November 1982 seine Kreise (eine Goldene Schallplatte). Tatkräftig unterstützt wurden die Erfolgsmeldungen von der Single *Schickeria*, die in der Verweildauer von März bis September 1982 in 28 Wochen als höchste Position Platz 12 erreichte.

Wie man an dieser Auflistung erkennen kann, ging es Schlag auf Schlag. Günther, Barny und ich bekamen eigentlich keine Gelegenheit, das auf uns Einprasselnde auch nur ansatzweise zu begreifen, geschweige denn zu verarbeiten. Ich gewöhnte es mir gleich einem Junkie auf Entzug an, mich bei jeder sich bietenden Gelegenheit zu erkundigen, ob wir immer noch irgendwo Platz 1 waren. Dabei schwebten die Daten für mich völlig im Abstrakten und entzogen sich somit einer gedanklichen Verarbeitung. In kurzer Zeit hatte ich mühelos die Strecke von der untersten Stufe – kein Interesse an irgendwelchen Platzierungen – bis auf die höchste Stufe – permanente Nachfrage nach den Positionen unserer Singles und LPs – zurückgelegt. Wäre der Spider Murphy Gang die riesige Aufmerksamkeit erspart geblieben, dann hätten wir mit der Telefonnummer 32168 – von 32 beginnend gelangt man zur nächsten Zahl immer durch Halbierung – keine Schwierigkeiten bekommen. Warum Schwierigkeiten? Nun ja, sie diente im Megaseller *Skandal im Sperrbezirk* als Kontaktmöglichkeit zur im Text beschriebenen Prostituierten Rosie: »*Ja, Rosie hat ein Telefon / Auch ich hab' ihre Nummer schon / Unter zwounddreißig sechzehn acht / Herrscht Konjunktur die ganze Nacht*«.

Selbst in unseren kühnsten Träumen hatten wir nicht daran gedacht, dass viele sich durch den Song bemüßigt fühlen könnten, zum Telefonhörer zu greifen, um tatsächlich die Nummer anzurufen. Deshalb hatten wir bei der Wahl der Zahlenfolge lediglich berücksichtigt, dass es keinen solchen Anschluss in München gab. Nun gibt und gab es aber auch eine Welt jenseits der bayerischen Landeshauptstadt und den ein oder anderen, der nicht genau hinhörte …

Zwei Sachen fielen zusammen: Zum einen hob tatsächlich in manch deutscher Stadt jemand den Hörer ab, wenn 32168 gewählt wurde, zum anderen verstanden manche die Zahl 132168. In jedem Fall sorgte der riesige Erfolg des Songs dafür, dass Abertausende den gleichen Einfall hatten und den Telefonanschluss ausprobierten. Nicht auszudenken die Ausmaße, wenn es damals schon Handys gegeben hätte.

Eine bemitleidenswerte ältere Dame war völlig überfordert und dem Wahnsinn nahe. Sie konnte weder mit dem Song und demnach verständlicherweise noch weniger mit den angetragenen zweifelhaften Angeboten beziehungsweise Aufforderungen via Telefon etwas anfangen. Völlig entnervt meldete sie sich schließlich bei unserer Plattenfirma, und wir glätteten die Wogen, indem sie die Kosten erstattet bekam, welche durch die Änderung der Fernsprechverbindungen entstanden … Das machten wir übrigens bei allen anderen Betroffenen auch. Darüber hinaus überreichte Günther der älteren Dame persönlich einen großen Blumenstrauß als Entschädigung für die anzüglichen Unannehmlichkeiten. In einem anderen Fall erhielt eine renommierte Firma in Ingolstadt ebenfalls verwirrende Anrufe. Die nahmen derart überhand, dass man dort glaubte, eine Mitarbeiterin böte unter der Hand entsprechende Dienste an. Glücklicherweise klärte sich auch dort der Sachverhalt schnell.

Bis heute ist 32168 in München nie vergeben worden.

Unser Karriereflug behielt den Kurs Richtung Spitze bei. Wir konnten ihn gar nicht mehr aufhalten, wollten das aber auch gar nicht. Es passierte halt. So einfach war das.

7

ROTLICHT UND ROCK 'N' ROLL

Ein untrennbares Paar

»Rock 'n' Roll und Rotlichtmilieu gehören zusammen.« Das war ein Statement, dem ich mich durchgehend anschloss … und nicht nur ich. Meiner Meinung nach vereinte die beiden Gebiete das Euphorische, die Lust am Leben. Beides wurde von einem pulsierenden, harmonischen Takt angetrieben. Egal ob Musik oder Sex: Stimmte der Rhythmus, dann war alles wie aus einem Guss und machte enormen Spaß.

Nicht von ungefähr rankten sich viele der Spider-Songtexte um das Thema käufliche Liebe und alles, was damit zusammenhing. Erotik, käuflicher Sex und dessen Ansehen samt Umgang damit in der Gesellschaft übten eine große Faszination auf uns aus.

In *Skandal im Sperrbezirk* ging es um eine fiktive Prostituierte namens Rosie, die ihren Konkurrentinnen außerhalb des Sperrbezirks die Freier wegschnappte. Politische Züge bekam der Song dadurch, dass zur damaligen Zeit die Neugestaltung des Münchener Sperrbezirks unter der Verantwortung des ehemaligen stellvertretenden CSU-Vorsitzenden Peter Gauweiler zur Diskussion stand. Damit sollte das Horizontalgewerbe aus der Münchener Innenstadt verbannt werden. Im Song klingt das so: *»In München steht ein Hofbräuhaus / Doch Freudenhäuser müssen raus, / Damit in dieser schönen Stadt / Das Laster keine Chance hat!«*

Eine der Nachfolgesingles, *Ich schau' dich an (Peep Peep)*, behandelte die gute, alte Peep-Show, bei der man gegen Geld in einer Einzelkabine einer Schönheit beim Entblättern zuschauen konnte … allerdings nur für kurze Zeit. Wollte man weiterhin in den Genuss kommen, hieß es erneut: Münze einwerfen – denn *»viel zu kurz ist das Minutenglück, / Und ich muß wieder auf die Straße zurück«*. Auch unbekanntere Nummern zielten auf schlüpfrige Inhalte ab. In *Dolce-Vita-Rita* zum Beispiel nimmt ein verzweifelter Liebessuchender mit einer Gummipuppe, der Dolce-Vita-Rita, vorlieb, doch »*Kaum woit i was mit ihr o'fanga is d'Luft rausganga / und 's Dolce Vita war vorbei!*«.

Und im Lied *A nackerte Prinzessin* nahmen wir die Doppelmoral der potenziell sexlüsternen Faschingsoberen aufs Korn: »*A nackerte Prinzessin / Das geht auf keinen Fall / Wir sind ein sauberer Verein / Und schaun auf die Moral*«. Die Spider Murphy Gang fühlte sich im Rotlichtmilieu wohl und war dort Stammgast. Umgekehrt zeigten sich die Bordsteinschwalben und Luden gerne auf unseren Konzerten. Ich kann mit Fug und Recht behaupten, dass ein stressloses, freundschaftliches Miteinander herrschte.

Während der Aufnahmen zu *Dolce Vita* in den Rainbow Studios in München Harlaching verschlug es die Spider-Truppe nach erledigtem Tagespensum regelmäßig in den circa einen Kilometer entfernt gelegenen Stadtteil Solln. Dort bot der schwer angesagte, mittlerweile allerdings schon lang geschlossene Puff Sudfass seine Dienste an. Die nahmen wir zur Zerstreuung gerne in Anspruch. Die Bar entwickelte sich fast zu einem zweiten Wohnzimmer für uns.

Ich habe die Huren geliebt und sie mich. Jede Menge von ihnen lernte ich im Sudfass kennen und schätzen. Alles hübsche, ehrliche, aufrichtige, treue, nette, hilfsbereite Damen, die einem auf ganz ungezwungene Art und Weise nicht nur unterhalb der Gürtellinie das Leben versüßten. Genau wie ich genossen sie es, unterwegs zu sein, Abwechslung zu haben und Gaudi zu erleben. Mochten die Huren dich, konntest du alles von ihnen bekommen, seien es ungewöhnliche Liebespraktiken, Geld oder Drogen. In Nürnberg, Karlsruhe und vielen anderen Städten kannte ich Zugehweiber, bei denen ich übernachten konnte, wenn die Spider Murphy Gang unterwegs war. Tolle Zeit, damals!

Im Allgemeinen haben die Menschen ein völlig falsches Bild von den Damen des horizontalen Gewerbes, die genauso ihrem Job nachgehen wie jeder andere auch. Mit meiner Einstellung hätte ich einen prima Zuhälter abgegeben, wenn der Kelch der

Musik an mir vorübergegangen wäre. Bei all der ungezwungenen Stimmung mussten aber gewisse Spielregeln im Milieu eingehalten werden. Übertrat jemand die Grenze des Zulässigen, wurde es sehr brenzlig für ihn. Das bedeutete Gewaltandrohung bis hin zur -anwendung, und die hatte es in sich bei den vorherrschenden Gepflogenheiten in der Szene. Barny wäre fast einmal in die Mühle dieser Gewalt geraten: Harry und seine Frau Tini, ebenfalls eine Hure und leider später an einer Überdosis Heroin gestorben, waren die Bosse des Sudfass. Wir verstanden uns prächtig mit den beiden sehr netten Zeitgenossen. Tini schloss uns sogar derart innig in ihr Herz, dass wir für nichts zahlen mussten, alles war gratis: »Kommt's rein, sauft, kegelt, macht's, was wollt!«, beschied sie Günther, Barny, Michael und mir regelmäßig. Darüber hinaus begleitete Tini uns auf der *Dolce Vita*-Tournee von Stadt zu Stadt. Sie saß im selben Daimler wie ich auf dem Beifahrersitz.

Alles verlief ganz harmonisch, nur Barny setzte die gute Laune aufs Spiel, indem er ein Verhältnis mit Tini anfing. Das machte er auch noch zu allem Überfluss derart ungeschickt, dass Harry davon Wind bekam. Nun musste man wissen, dass der Gehörnte dem Frankfurter Zuhältermilieu entstammte, was nichts Geringeres bedeutete, als dass er eine ganz harte Nummer war. Harry gehörte zu den schrankartigen Schlägern der übelsten Sorte, auch Totschläger genannt. Mochte er jemanden, zeigte Harry sich sehr lieb und zuvorkommend, aber wehe, jemand stieß ihm übel auf … wie eben Barny.

»Trojan, wenn ich den Barny erwisch', dem breche ich alle Finger! Der spielt nie wieder Gitarre! Des schwör ich dir«, ließ Harry mich fluchend und todernst unserem Gitarristen ausrichten. Dem entwich in Sekundenbruchteilen sämtliche Farbe aus dem Gesicht und seine Mimik entglitt ihm ebenso vollends, als ich ihm Bericht erstattete. Ich glaube, schneller ist keine Liaison beendet worden als jene zwischen Barny und Tini nach der überbrachten Drohung.

Bei einer anderen Geschichte, die ebenfalls Zeugnis vom rüden Umgang im Zuhältermilieu ablegte, saß die versammelte Band am Frühstückstisch in einem Wolfsburger Hotel. Am Abend zuvor hatten wir in der Stadt einen Auftritt absolviert. Als letzter Morgenmahlteilnehmer gesellte sich einer unserer Manager mit protzender Miene und stolzgeschwellter Brust dazu und verkündete: »Hey Leute, heute Nacht habe ich echt geil gevögelt! Eine Spitzenhure – und sie wollte noch nicht einmal Geld!« Ja ja, des kleinen Mannes Sonnenschein, der Traum eines jeden Spießers: eine Hure befriedigen, dachte ich im Stillen. Plötzlich schnellte die Tür des Essenssaals auf, eine veilchenverzierte, leicht bekleidete Frau stolperte in den Raum, gefolgt von einem finster dreinschauenden Typen. Der voltigierte seine Hure mit schraubstockfestem Armgriff durch den Raum und raunte ihr wenig lieblich zu: »Und? Wer war's!?« Auf Zunicken seines Rotlichtpferdchens stampfte der Zuhälter in Richtung unseres Managers, packte ihn am Kragen und giftete: »Du zahlst jetzt 1.000 Mark!« Der so unsanft Traktierte und vom eigenen Podest Heruntergeholte bemühte sich sofort um Deeskalation. Umrahmt vom Gelächter der Bandmitglieder, versuchte er hektisch, den Preis herunterzuhandeln. Das blieb jedoch ohne Erfolg.

Das Sexgewerbe stand immer auch eng in Zusammenhang mit dem Handel illegaler Substanzen wie Aufputsch- oder Rauschmittel. Aus dem Grund gingen Zuhälter in der Regel gleichzeitig der Tätigkeit als Drogendealer nach. Manchmal trug das solch skurrile Früchte, dass auf Partys ein Klo extra für den Konsum von Koks reserviert war. Damit nicht genug, stand ein Typ eigens dafür parat, ständig Kokainlinien zu legen, im Fachjargon nur »Lines« genannt. Damit wurde den Gästen die lästige Vorarbeit abgenommen. Unglaublich.

Bei solchen Veranstaltungen erschienen wir natürlich erst auf der Gästeliste, als wir bereits in den Olymp der Arrivierten aufgerückt waren. Beispielsweise sah man die Spider Murphy Gang in der elitären Münchener Kneipe *Die Klappe* erst gerne, als unser Treiben gesellschaftlich-finanziell gehörigen Auftrieb bekam. Fortan durften sich die Bandmitglieder in der begüterten, nur auf Äußerlichkeiten bedachten Schickimicki-Szene tummeln. Neben

Günther, Barny, Michael und mir schmückten der Filmemacher Rainer Werner Fassbinder, die Sex-Ikone Dolly Dollar und die Schauspielerinnen Cleo Kretschmer und Barbara Valentin die Gästeschar. Bis zur Aufnahme in die Kreise der *Klappe*-Gesellschaft war uns stets lapidar gesagt worden: »Ihr nicht!«, bevor der Sicherheitsdienst die Türklappe – auf Bairisch auch Guckerl genannt – wieder geschlossen hatte.

In dem Song *Schickeria* nahmen wir die enthobene, weltfremde Bussi-Bussi-Gesellschaft aufs Korn. Dabei boten die herrschenden Verhältnisse im erlesenen Schuppen in der Fendstraße eine glänzende Vorlage, und wir sangen: »*Ja in Schwabing gibts a Kneipn / de muaß ganz wos bsonders sei! / Do laßns soiche Leit wia di und mi erst garnet nei. (…) Jeder spuit an Superstar und sauft an Schampus an da Bar / In da Schickeria!*«

Die Klappe stand ständig in dem Ruf, ein Mekka der illegalen Drogen zu sein. Gründe dafür gab es sicherlich genug, denn nicht umsonst war es im Mai 1981 zu einem spektakulären Prozess gekommen, in dem Koksdealerei und -missbrauch im Mittelpunkt gestanden hatten. Zunächst war die Anklage gegen den Lokalbesitzer »Klappen-Micha« – so der Szenename – erfolglos geblieben. Irgendwann aber fand der Arm des Gesetzes einen Ansatzpunkt, den Inhaber mit hieb- und stichfesten Beweisen aus dem Verkehr zu ziehen. Michi musste in Stadlheim eine mehrjährige Gefängnisstrafe absitzen. Später erzählte er mir, dass ihm die Tränen gekommen seien, als in seiner Zelle *Schickeria* durch das Radio gekommen war. So eindringlich hatte ihn der Song an seine einstige Edelkneipe erinnert. Kein Wunder, dass er sich in der Zeile »*Ja gestern hamma ghascht doch heiztog schnupf ma Kokain / und morgn sitz ma in Stadlheim aber Hauptsach mir san in!*« wiedererkannt hatte.

8

HIT AUF HIT ... ES GEHT ZUR SACHE

Wir läuten angeblich den NDW-Hype ein

Bumm, Bumm, Bumm ... unaufhörlich schlug ich vehement und laut den Groove zu *Wer wird denn woana* – einem der besten, wenn nicht sogar dem besten Spider-Song. Unterstützt wurde ich nur durch den Fangesang, der mir aus 1.000 Kehlen entgegenhallte. Ein unglaubliches Gefühl!

Kurz zuvor hatte sich die Stromversorgung der Instrumente von Günther, Barny und Michael im Züricher Volkshaus verabschiedet, und ich war gezwungen, die ungeplante Klangarmut zu überbrücken. Dieser Herausforderung stellte ich mich gerne, erlaubten mir meine Statur und Kraft doch, diese zu bewältigen. Das brachte mir beim Publikum gehörigen Respekt ein. Als der Rest der Band wieder mit gewohntem Einsatz einsteigen konnte, spielten wir den Gig dann souverän zu Ende. Das war am 6. Februar 1982, und die LP *Dolce Vita* gewann gerade zunehmend an Zuspruch.

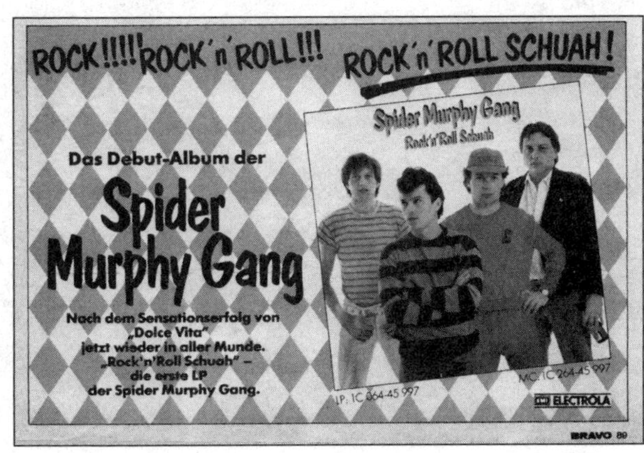

Der Erfolg von »Dolce Vita« holte selbst unsere erste LP wieder in die Charts.

Dem Prinzip folgend, »aus der Not eine Tugend zu machen«, entstand aus dem Vorfall die Idee, mir als festem Programmpunkt während der Konzerte Raum zu geben, in dem ich mit einem Drumsolo glänzen konnte. Was sich daraus entwickelte, war ein sagenhaftes circa siebenminütiges Schlag- und Rhythmusfeuerwerk, wofür ich bis heute bewunderndes Lob ernte. Man kann meine Leistung sowohl auf dem *Live!*-Album aus dem Jahre 1983 als auch auf dem Videoportal YouTube hören.

Fünf Jahre später, am 22 Juni 1987, passierte das gleiche Missgeschick noch mal. Im Laufe einer Ausgabe von *Live aus dem Alabama* des Bayerischen Rundfunks, einer insgesamt bemer-

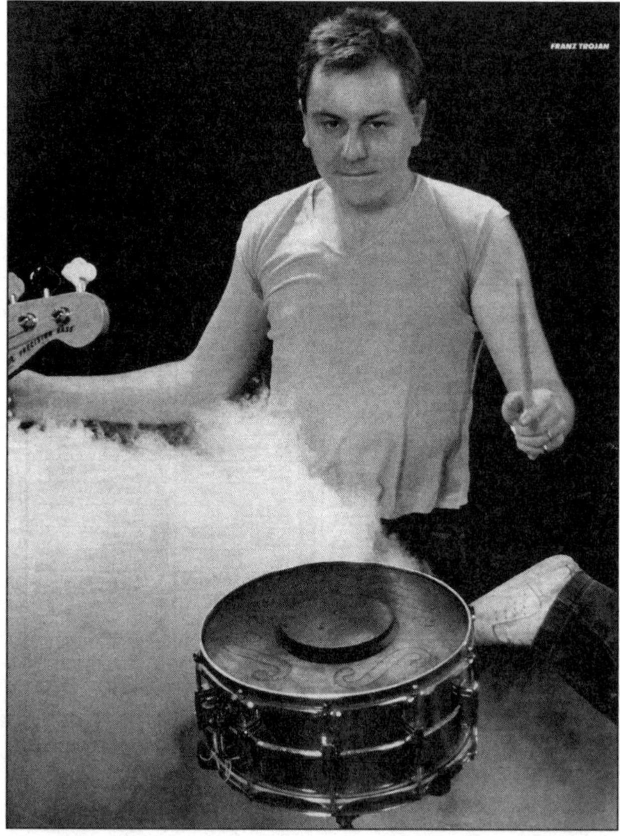

Ich strotzte nur so vor Kraft. Für mich war es kein Problem, große Teile eines Konzertes allein zu überbrücken. Poster in der »Bravo«

kenswert guten Sendereihe, legte ein Stromausfall nahezu die gesamte Ausstattung lahm. Die Lautsprecheranlage versagte. Michael drückte hilflos die Tasten, Günther zupfte unhörbar den Bass, nur ein Gitarrenverstärker direkt auf der Bühne schräbbelte verloren vor sich hin. Auch dort prügelte ich unverdrossen weiter auf die Felle ein, als sei nichts geschehen. Ich haute rein, dass es so klang, als wären mindestens vier Arme gleichzeitig am Werk. Man konnte glauben, mich würde es nur ein müdes Lächeln kosten, ein Konzert allein zu spielen.

Neben der Fähigkeit, beharrlich laut eindreschen zu können, war es mir auch möglich, ganz schnelle Sachen abzuliefern, eben einen Mordswirbel zu veranstalten. Gelernt ist gelernt. Günther Sigl, sonst eigentlich eher der Vertreter nüchterner Statements, attestierte mir die Fähigkeit, es zu schaffen, meine Persönlichkeit und eine eigene Note in mein Spiel einzubringen. Er bezeichnete mich zum Beispiel als »Shuffle King« – das ist ein Groovemuster auf der Snare, das ich unter anderem bei *Schickeria* verwendete, aber auch noch später beim Song *Cadillac* gebrauchen sollte.

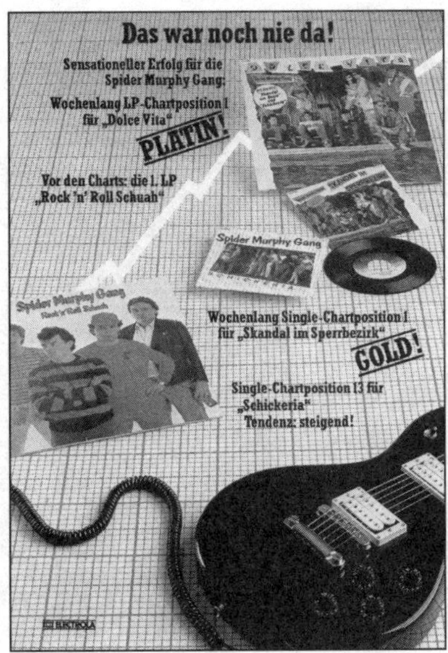

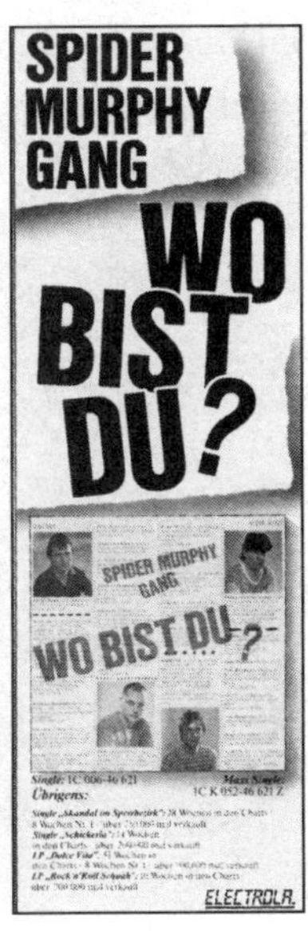

96 Wochen in den Charts platziert. Wahnsinn! (Anzeigen aus dem »Musikmarkt«)

Wie bereits angedeutet, überschlugen sich 1982 für uns die Ereignisse. Nachdem wir in diesem Jahr das dritte Album *Tutti Frutti,* von dem wieder einmal über 250.000 Exemplare abgesetzt wurden, samt der Auskopplung *Wo bist du?* veröffentlicht hatten, kam es zu einem unglaublichen Phänomen. Es platzierten sich zum Teil drei Titel *(Skandal im Sperrbezirk, Schickeria, Wo bist du?)* gleichzeitig oben in den Singlecharts. Parallel dazu machten es sich die LPs *Rock 'n' Roll Schuah, Dolce Vita* und *Tutti Frutti* in den Albumhitlisten gemütlich. Sage und schreibe 96 Wochen am Stück belegte irgendein Werk von uns einen Platz in den Notierungen. Kein Wunder also, dass die Tournee im Anschluss an die Veröffentlichung von *Tutti Frutti* bombastische Zahlen verzeichnete.

Die Stücke auf dem dritten Album trugen immer noch deutlich unsere Handschrift, und die Einflussnahme der einzelnen Bandmitglieder blieb in ihrer unterschiedlichen Gewichtung unverändert. Man merkte jedoch den vermehrten Zugriff von

Mit zunehmendem Erfolg wuchsen die Ansprüche und die Größe der Konzerte, Artikel in der »Popcorn«.

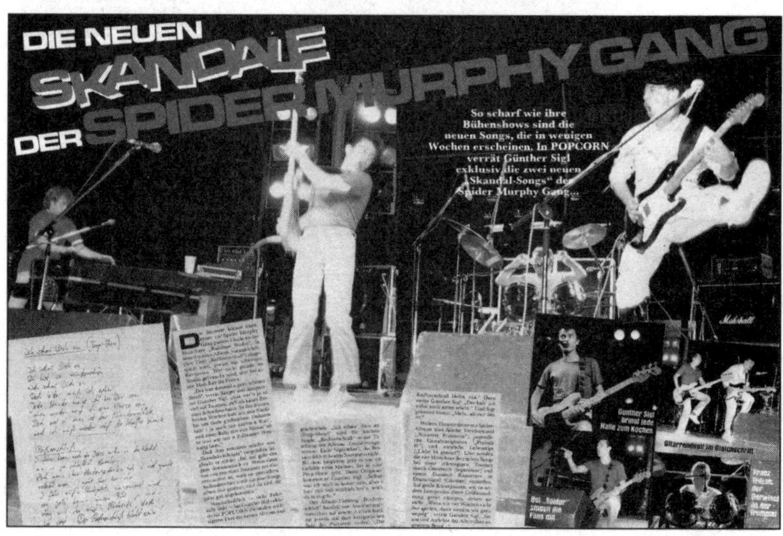

DIE NEUEN SKANDALE DER SPIDER MURPHY GANG

So scharf wie ihre Bühenshows sind die neuen Songs, die in wenigen Wochen erscheinen. In POPCORN verrät Günther Sigl exklusiv die zwei neuen „Skandal-Songs“ der Spider Murphy Gang…

Produzenten- und Plattenfirmaseite. Die Sounds klangen fetter, die technischen Spielereien nahmen zu. Diesbezüglich akzeptierten wir zu Lasten unserer eigentlich ungeschliffeneren, spontanen Herangehensweise deren Vorschlag, uns dem allgemeinen Trend maschineller Perfektion anzunähern.

Der technische Fortschritt bereitete uns Schwierigkeiten, da die Spider Murphy Gang keine Studioband waren, sondern lieber drauflosspielten. Aber allein schon die Einführung, dass ich mich als Schlagzeuger nach einem elektrischen Klickgerät richten sollte, welches unerschütterlich den Takt hielt, beraubte uns einer lieb gewonnenen Dynamik. Das behagte uns allen nicht. Dennoch

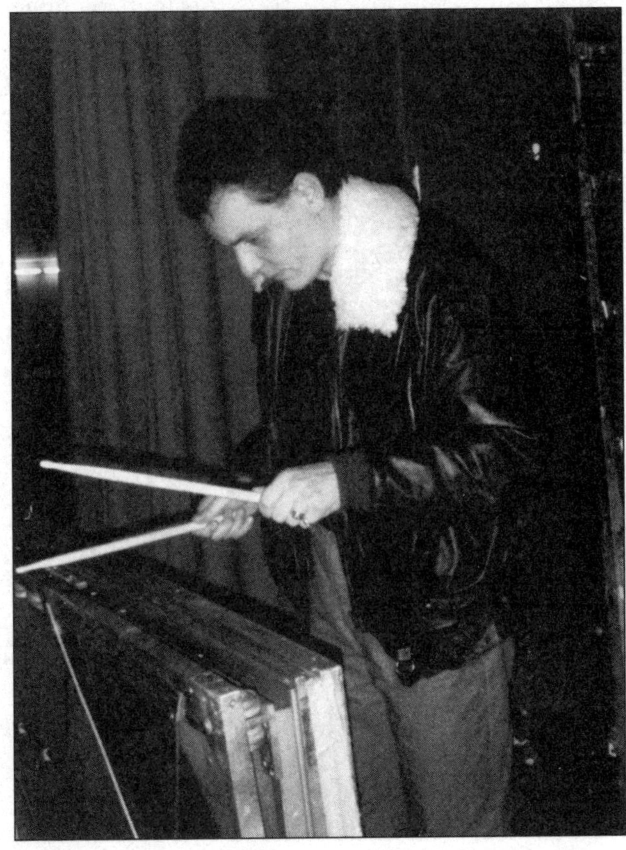

Ich habe alles genutzt, nur um trommeln zu können.

leisteten wir keinen Widerstand. Günther bemerkte dazu einmal ganz passend: »Wir waren die Straßenfußballer, und der Trainer hatte das Sagen. Da wurde nichts infrage gestellt.«

Ich liebte es, auf Rundreise zu sein, bedeutete es doch drei bis vier Wochen oder auch etwas länger einen Rock-'n'-Roll-Kreuzzug quer durch ganz Deutschland. Jeden Tag nach dem Hotelfrühstück brachen wir auf in eine andere Stadt: Von München nach Hof, von dort nach Dortmund, weiter nach Essen, dann Bremen, danach Hamburg … bis hoch nach Flensburg. Anschließend schlängelte sich das Team nach Österreich, in die Schweiz und die Beneluxstaaten. Die Highlife-Flagge war gehisst und das Publikum begeistert. Du trafst permanent neue, zumeist sehr nette Leute, spieltest geile Musik und gabst ebensolche Konzerte. Euphorie pur, aber auch anstrengend. Denn trotz eng getakteten Terminplans unter entsprechender Hetze mussten wir abends Leistung abliefern, und zwar mit voller Power! Wegen so etwas Profanem wie einer Krankheit den Laufplan zu unterbrechen, war undenkbar. Stattdessen spritzte mich in der jeweiligen Stadt ein dort ansässiger Arzt für zwei Stunden konzertfit, als mich die Grippe erwischte. Anschließend, nachdem ich gewohnt klasse getrommelt hatte, konnten mich die Kollegen halb tot ins Bett schleppen. Tags darauf wiederholte sich die Prozedur.

Einem Zirkus ähnlich zog der gesamte Tross – ungefähr zwölf Leute – umher. Dabei steuerte die Band als Einheit die Konzerte an, während die Aufbauhelfer nebst Tech-

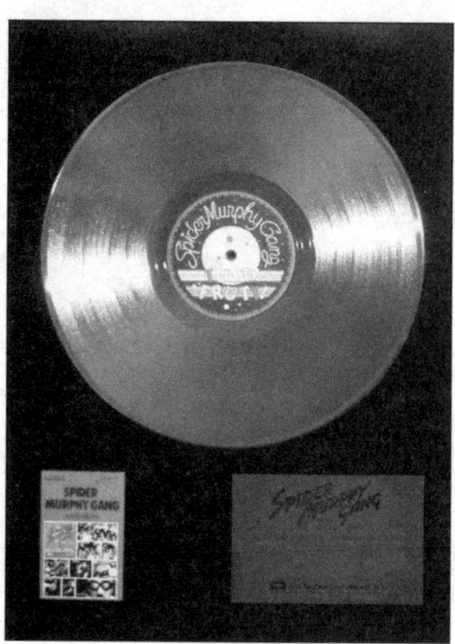

Auch die dritte LP »Tutti Frutti« erlangte Goldstatus.

niker im Lkw vorausfuhren. Die Roadies der Spider Murphy Gang bekamen mit zunehmendem Erfolg der Band neben einem 80-Tonner einen Nightliner als Unterbringung. Das war ein edles Teil aus England mit allem Zipp und Zapp: Schlafkojen, Wohnzimmer, Bar, TV, alles da. Die Jungs hatten sich diesen Komfort bis auf den letzten Lackspritzer redlich verdient. Lichttechniker »Funzel«, Tontechniker Heiner »Schrat« Schupp … die ganze aus dem schwäbischen Bad Waldsee stammende Crew samt meinem Roadie – ein Megatyp, der zudem noch ausgezeichnet Schlagzeug spielte – bestand nur aus Spitzenkräften. Alle arbeiteten sie lange Jahre treu an unserer Seite. Die konnten einfach alles … außer Hochdeutsch. Der Dialektgebrauch fiel so gravierend aus, dass ich Heiner Schupp zum Teil dolmetschend zur Seite stehen musste, wenn sein Gegenüber ihn am Telefon verzweifelt zu verstehen versuchte. Jeder Ungeübte verstand nur Kauderwelsch. Günther Sigl als Übersetzungsalternative erübrigte sich, weil es egal war, ob der Gesprächspartner nun in schwäbischer oder bairischer Mundart nichts verstand. Dabei stammte Günther ursprünglich aus Karlsruhe, hatte sich aber dem Idiom seiner neuen Heimat unentrinnbar hingegeben.

Die Zeiten, in denen Günther, Barny, Michael und ich noch einen Mercedes-Bus benutzten, gehörten der Vergangenheit an. Ein Sponsor schenkte jedem von uns einen Daimler, zwischendurch abgewechselt von einem 7er BMW … ebenfalls kostenlos. Das Prinzip, gemeinsam zu den Shows zu fahren, behielten wir aber dennoch bei. Es war schon komisch: Wenn du Kohle hattest, bekamst du zusätzlich noch alles umsonst. Günther Sigl kehrte zum Beispiel während der Erfolgsphase einmal mit furchtbar schlechtem Gewissen zu einem Restaurant zurück, in dem er kurz zuvor gegessen, aber nicht bezahlt hatte. Ihm war es schlichtweg durch die Lappen gegangen. Statt einer Standpauke oder noch Schlimmerem begegnete man ihm dort devot und erklärte: »Herr Sigl, es war uns eine Ehre. Betrachten Sie sich als eingeladen.« Verrückt. Sprichwörtlich umschreibt man das wohl mit »Der Teufel scheißt immer auf den größten Haufen«.

Die allumfassende Umsorgung der Spiders fand in der Unterbringung in den besten Hotels ihre Fortsetzung. Wir wurden umhegt und gepflegt, die Garderobe war picobello in Ordnung und das Catering einwandfrei. Die Bühnenanleitung für die Spider Murphy Gang beinhaltete sogar meinen favorisierten Scotch … dessen Name mir mittlerweile entfallen ist. Jeder kümmerte sich darum, dass es uns an nichts fehlte.

Schlimm waren die sogenannten »Off-Days«, freie Tage, die immer nach sechs Auftritten zur Erholung dienen sollten. Doch was bedeutete schon Erholung, wenn man seinen Job liebte? Auf der Bühne zu sein versetzte einen laufend in den Rausch des Jubels, der Anerkennung. Ich langweilte mich schlichtweg in den Mußephasen, hing in der hoteleigenen Sauna oder im Wellnessbereich herum, kannte niemanden und wusste keine reizvollen Orte, die ich hätte ansteuern können. Auch die vom Tourmanager Tobi Pflug erstellten Übersichten mit den besten Puffs, Discos usw. der jeweiligen Stadt halfen nicht sonderlich, denn vielfach wollte ich nicht allein losziehen. Aber wen hätte ich von den anderen Jungs mitnehmen sollen? Michael Busse war lieb, aber introvertiert, zurückhaltend und feierfern bis in die Haarspitzen. Es wirkte so, als sei er immer bestrebt, das Umfeld auszublenden, um für sich zu sein. Das ist überhaupt nicht böse gemeint, aber sein entrücktes Wesen, fernab von jeglichem Rock-'n'-Roll-Schema, legte diese Vermutung nahe. Günther stand sich beim Partyspaß selbst im Wege. Die gesunde Lebensführung besaß bei ihm Priorität. Zugegeben, dummerweise vertrug er zudem keinen stimmungsbringenden Alkohol. Bereits nach einer halben Maß überkam ihn heftige Übelkeit, ohne dass er auch nur annähernd besoffen gewesen wäre. Genauso verhielt es sich bei Zigaretten. Damit stellte Günther eine seltene Spezies im Musikbusiness dar: die unverschuldete Partybremse. Verblieb als Begleitung nur noch Barny … Mit der Alternative beschäftigte ich mich aber nie ernsthaft. Dieter Bohlen würde auch nie freiwillig mit Alice Schwarzer einen Abend verbringen wollen. Von der Wesensart her waren wir meilenweit von Harmonie entfernt.

Auch die anderen unserer Spider-Murphy-Gang-Familie nahmen den Saitenklempner aus meiner Sicht nicht ernst. So kehrte er 1983 von einem USA-Trip zurück, das Haupt plötzlich versehen mit einem krauseligen, blond gefärbten Kurzhaarschnitt. Vor der Reise hatte die Frisur noch aus einer nackenlangen, dunklen Naturkrause bestanden. Damit büßte Barny bandintern vorübergehend sein Pseudonym ein und wurde fortan »Heidschnucke« gerufen.

Außer der gegenseitigen Aversion verhinderte inzwischen noch ein anderer Vorfall, dass eine Annäherung zwischen Barny und mir möglich wurde. Ich war im Konkurrenzkampf einen Schritt zu weit gegangen und hatte mit seiner Frau geschlafen … leider. Das konnte er mir unmöglich verzeihen. Wen wundert es? Folglich bestand keine Möglichkeit mehr, das Zwischenmenschliche zum Gitarristen zu kitten. Allerdings war die Paarbeziehung

Vorübergehend hieß Barny wegen seiner neuen Frisur bandintern »Heidschnucke«.

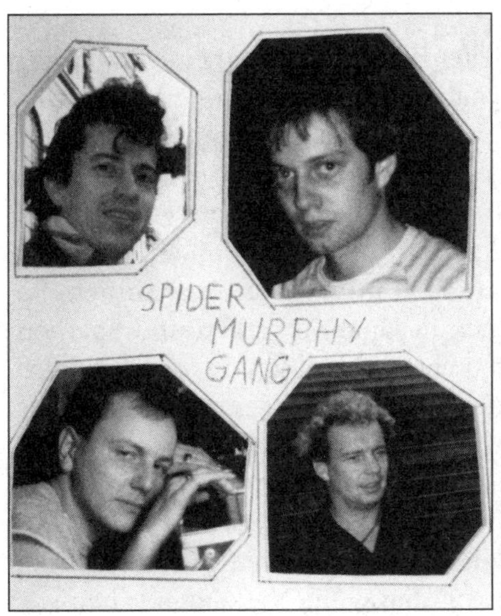

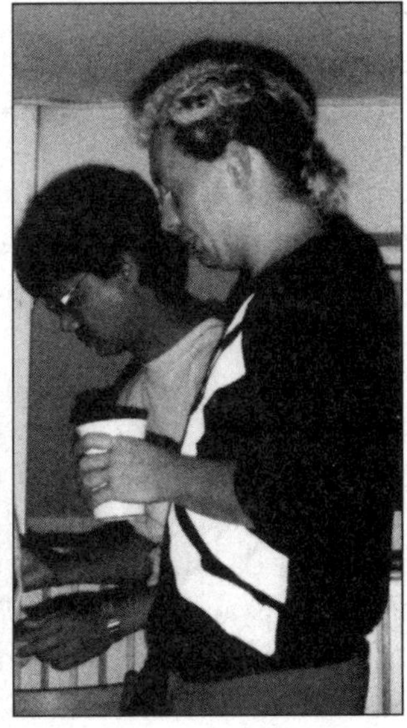

von Barny und seiner Frau bereits zuvor zerrüttet gewesen. Ich hatte also nicht als Auslöser für die Trennung gedient, und die hübsche Gattin war bereits allein in eine schöne Wohnung in der Rosenheimer Straße gezogen.

Zusammengefasst: Ich saß also in den »Off-Days« oft allein herum. Glücklicherweise kamen ab und zu die Betreuerinnen der Plattenfirma oder das Management auf Stippvisite, bepackt mit kulinarischen Grüßen aus der Münchener Heimat in Form von Brezen und Weißwürsten. Das linderte die Langeweile etwas.

Wenn die richtigen Bedingungen herrschten, feierte ich ohne Rücksicht auf Verluste oder persönliche Befindlichkeiten anderer. Unserem Manager Jürgen Thürnau klaute ich zum Beispiel einmal aus einer Gaudi heraus eine Flasche Wein. Statt das Getränk zu würdigen, verfuhr ich wie folgt: Korken raus, Inhalt ab in den Schlund, und schwups, war das Gesöff weg. Von wegen genießen … Hauptsache es brummte. Erst anschließend erfuhr ich, dass ich damit Thürnau innerhalb von ein paar Sekunden um ein sündhaftes teures Getränk im Werte von ungefähr 2.000 DM erleichtert hatte.

Im Zuge des Erfolges erhielten die Spiders sogar eine Einladung nach England. Für die international sehr renommierte Sendung *Top of the Pops* wurde ein Auftritt von uns aufgezeichnet, in dem wir die englische Fassung von *Skandal im Sperrbezirk* namens *Reeperbahn* zum Besten gaben. Mehr geriet international jedoch nicht in Wallung. Die Spider Murphy Gang blieb ein deutschsprachiges Phänomen, wenn auch mit kurzen Ausnahmen. So sorgte *Skandal im Sperrbezirk* in Japan, Brasilien und Spanien durchaus für Furore, jedoch nicht nachhaltig. Von *Ich schau' dich an* verkauften wir im Land des Zuckerhuts auf einem Sampler zur dortigen Karnevalszeit sogar 400.000 Exemplare. Meiner Ansicht nach war das unter anderem dadurch bedingt, dass im portugiesischen Sprachgebrauch »Beep Beep« so viel wie »Fick Fick« bedeutet. So wurde es mir zumindest zugetragen. Leider besuchten wir Brasilien aber nie, und von den guten Verkäufen sahen wir ebenfalls keine müde Mark. Wahrscheinlich versickerte alles in dunkle, mafiöse Kanäle.

Übrigens möchte ich an dieser Stelle mit dem Gerücht aufräumen, ich hätte den Schlagzeugeinstieg bei *Ich schau' dich an* absichtlich von *Da Da Da* abgekupfert. Es hatte sich so zugetragen, dass Günther Sigl mit der Songidee zu einer der Proben erschienen und mir dazu spontan der bekannte eingängige Rhythmus eingefallen war. Daraufhin hatten die anderen einhellig gesagt: »Des passt!« So und nicht anders war es.

Es existierten Meinungen, die besagten, dass die Spider Murphy Gang mit *Dolce Vita* den kommerziellen Startschuss für den Hype der Neuen Deutschen Welle gegeben hatten. Nur war uns diese Richtung kurioserweise völlig fremd und somit egal, denn wir waren bereits zuvor jahrelang unterwegs gewesen. Klar bekamen wir nach dem Erscheinen von *Dolce Vita* den verstärkten Trend der Radio- und Fernsehsendungen mit, deutschsprachige Musik zu spielen. Die Plattenfirmen griffen sich alle Vertreter der Sparte, die in der Lage waren, ein Instrument richtig herum oder für Sekundenbruchteile einen Ton zu halten. Man setzte quasi Dilettantismus als Prinzip. Aber uns als Auslöser anzusehen?

Insgesamt gefiel mir die Neue Deutsche Welle so lange, bis sie den plakativen Stempel aufgedrückt bekam. Vorreiter wie Ideal, Fehlfarben, Grauzone, Extrabreit, Rheingold oder Spliff mit dem genialen Trommler Herwig Mitteregger besaßen hohe Qualität. Die Elektropop-Pioniere von Kraftwerk sagten mir ebenfalls zu, die allerdings nur zufällig mit dem Hit *Das Model* in die NDW-Episode hineingerieten. Die vier Düsseldorfer waren schon weit vorher da gewesen und setzten auch noch weit danach in der Musikwelt Zeichen. Im Juni 1981 hatte ich eines ihrer Konzerte im Circus Krone München besucht, und es waren Gerüchte aufgelodert, dass Kraftwerk ihre lang gehegte Idee von Simultankonzerten in die Tat umsetzen würden. Gemäß ihrem »Mensch-Maschine«-Gedanken hatten angeblich an drei verschiedenen Orten gleichzeitig Kraftwerk-Konzerte stattgefunden, aber nur an einer Stätte war das Original auf der Bühne gewesen. Die anderen beiden Austragungsplätze hatten sich mit täuschend echt aussehenden Roboterabbildern begnügen müssen. Es konnte also sein, dass ich nur Attrappen gesehen hatte. Was soll's, es war in jedem Fall genial.

Das gleiche Schicksal der NDW-Vereinnahmung ereilte die kölsche Mundart singende Gruppe BAP. Genau wie wir und viele andere wurden sie in die NDW-Schublade hineingeschoben, obwohl sie sich dort unwohl fühlten. Gerade live zeigten BAP, dass ihr Vermögen weit über dem albernen Klischee des propagierten Spaßguerillatrends lag. Anfang der 80er – vermutlich 1982 – trachtete einer der beiden Köpfe von BAP, Wolfgang Niedecken, danach, mich abzuwerben. Natürlich bauchpinselte mich das Angebot dieser außergewöhnlichen Truppe, auch weil mir deren Musik wahnsinnig gut gefiel. Dennoch lehnte ich ab. Ich dachte mir: Du bist jetzt in einer erfolgreichen Band und hast Spaß. Warum solltest du jetzt zu BAP wechseln? Das wäre ein Schmarrn!

Gegenüber diesen Könnern der Szene waren die späteren Ausläufer der NDW wie Fräulein Menke, Ixi, Markus und wie sie alle hießen noch weniger als ein blasser Abklatsch. Das war grausam.

Instrumentell inspirierte mich manches der NDW und ließ mich völlig neue Grooves entwickeln. Überhaupt bin ich der Meinung, ohne arrogant sein zu wollen, viel für die deutsche Schlagzeugkultur getan zu haben, gerade was Innovationen angeht. Die Rhythmusfigur auf der Snare bei *Schickeria* ist ein Beispiel, der komplett neue Drumsound der hohen Snare ein zweites, und die Art der Betonung bei *Skandal im Sperrbezirk* bedeutete ebenfalls eine Umgestaltung zu dem bisher Gewohnten. Stundenlang konnte ich Diskussionen mit dem Tonmeister darüber führen, wie mein Schlagzeugspiel klingen sollte. »Na, na, pass auf, *den* Sound möchte ich haben, der muss *so* klingen«, war damals eigentlich mein Standardspruch nach dem Anhören der jeweiligen Bänder. Ich hatte immer eine ganz konkrete Vorstellung vor Augen – besser gesagt: vor Ohren. Ich beharrte unter anderem darauf, den dumpfen, wummernden Discobeat aus den Räumen zu fegen, der zu Beginn unserer Studiozeit modern war.

Für mich musste es laut und klar sein. Die Standhaftigkeit zahlte sich schließlich aus, denn nach unseren Hits übernahmen viele Kollegen Muster meines Spiels.

Sitzt du hinter dem Schlagzeug, dann musst du dir über dessen Bedeutung klar sein und darüber, welchen Schwerpunkt du legen willst. Letztlich geht es darum, den Takt zu gestalten, inklusive des Tempos samt Timing. Die Harmonie des Rhythmus ist der Groove, die Basis allen Wirkens. Den zu fühlen und umzusetzen ist für einen Trommler das Wichtigste, das A und O. Darin besteht die Philosophie des guten Schlagzeugers. Natürlich gehört die Beherrschung der Technik, das Handwerk, dazu. Je mehr man weiß, je mehr man kann, desto aufregender werden das Instrument und das Feilen an den Fertigkeiten. Dadurch stellt sich gleichzeitig die Individualität ein. Man stelle ein Schlagzeug hin und gebe zwei Drummern dasselbe Stück vor ... das Gehörte wird sich deutlich unterscheiden. Ich prügelte zum Beispiel – der Rock-'n'-Roll-Schlampe in mir sei es gedankt – sehr auf die Felle ein. Jim Keltner hingegen, einer meiner Lieblinge, groovte nur noch. Er wirkte bei vielen Rock-, Pop- und Jazzgrößen wie John Lennon *(Imagine)*, George Harrison *(Brainwashed)*, B.B. King *(B.B. in London)* etc. mit. Keltner verzichtete auf so ziemlich alles, machte minutenlang keine Wirbel mehr, reduzierte durch das Weglassen jeglichen Firlefanzes das Spiel auf das Wesentliche. Dadurch trat sein Verständnis für die entscheidenden Rhythmusfiguren in den Vordergrund. Darauf stand ich.

Der Trommler einer Band ist das Rückgrat wie der Torwart einer Fußballmannschaft. Sind sie jeweils schlecht, strahlt das auf die Gesamtformation aus, wobei die Umkehrung ebenfalls gilt. Zur Verdeutlichung erinnere man sich an das Zitat des Ex-Bayern-München-Coaches Jupp Heynckes: »Der Sturm gewinnt Spiele, die Abwehr Meisterschaften.«

Häufig kniff ich mich in der Situation 1982/83 und sagte zu mir: »Was für a geiles Gefühl. Jetzt bist's auf einmal ohne dei Zutun a Superstar, denn der Durchbruch mit der Rosie war ja letztlich a Selbstläufer.«

9

ALLE LIEBEN UNS. ALLE WOLLEN UNS

Doch wir hadern mit so manchem

Natürlich fand sich die Spider Murphy Gang durch den Erfolg in sämtlichen Medien Deutschlands wieder. Irgendwie ergab es sich, dass ich mich zum Sprachrohr der Band entwickelte. Mir lag es halt, zu ratschn – auf Hochdeutsch: zu reden –, weshalb ich nahezu alle Interviews übernahm. Aus diesem Grund ordnete man die Ochsentour der sprachlichen Außendarstellung der Band in Radio- und Fernsehsendungen zunehmend meinem Aufgabenfeld zu. Dabei bestand wegen meines fehlenden diplomatischen Geschicks immer die Gefahr, dass ich mich öffentlich gehörig in die Nesseln setzte. So geschehen bei einem Interview in der Sendung *Live aus dem Alabama,* welches Günther Jauch an einem Rosenmontag mit mir führte. In der diskussionsfreudigen Sendung ging es um Rechtsradikalismus. Der war bei der bayerischen Landtagswahl 1986 in Form der unerwarteten Erfolge der Republikaner wieder als Thema aufgeflammt. Bereits durch ein paar Bierchen angeschickert, betrat ich die Bühne, setzte mich mit den Worten »Ich wollte eigentlich mit einem Bärtchen kommen« und ging anschließend verbal voll auf das, in meinen Augen, rechte Gesindel los. Der perplexe, überrumpelte Jauch hatte alle Mühe, mich zu bremsen.

Das Ende der Sendung bedeutete aber nicht das Ende der Angelegenheit für mich. Einen Tag später, am Rosendienstag, planten einige Nazis, mich während des traditionellen Faschingsumzugs in meinem Wohnort zu verprügeln. Nur das beherzte Einschreiten einiger Einheimischer verhinderte eine Eskalation, sonst hätte es für mich womöglich ein böses Erwachen gegeben. Nichtsdestotrotz blieb ich dabei: Ich konnte diese scheiß Nazis nicht leiden.

Viele Auftritte in TV-Formaten, Zeitschriften und Magazinen sagten mir aufgrund der Glaubwürdigkeit zu oder gefielen mir sogar. Dazu zählten *Wetten, dass..?* (25. Oktober 1983 in Mainz mit Frank Elstner), der *ARD Rockpalast* (10. November 1984 in der »Zeche« Bochum) oder *Auf los geht's los* am 8. Dezember 1984 in Wien und 1. Juni 1985 mit Joachim »Blacky« Fuchsberger, wo wir für *Dolce Vita* eine Platinscheibe verliehen bekamen. Auch auf den chaotisch anmutenden WWF *Club* des WDR freute ich mich immer. Darin ist mir bei all den kumpeligen, nahbaren Leuten besonders der nette Kantinenwirt in Erinnerung geblieben.

Neben den tollen Konzepten gerieten wir ebenfalls an mediale Platzhirsche, deren Einzugsbereich ich – zumindest zu Beginn – gern gemieden hätte. Das ZDF-Kind *Disco* (23. März 1981 und 19. April 1982 aufgezeichnet in Unterföhring mit Ilja Richter) konnte man nur als »Schrottsendung« bezeichnen. Die völlig überdrehten, hanswurstigen Einspieler, in denen der Moderator häufig in Begleitung eines Promis peinliche Faxen machte, waren mir ein Horror. Nur verlangte es das Streben nach nationaler Bekanntheit, in derlei Formaten aufzutreten.

Zu den notwendigen Übeln gehörte sicherlich auch die alteingesessene *ZDF Hitparade*. Oh Mann, was sollen wir hier?, huschte es mir mehrmals während der ersten *Hitparade*-Sendungen durch die Hirnwindungen. All die Schlagerfuzzis: Andy Borg *(Adios Amor, Arrivederci Claire)*, Rex Gildo *(Fiesta Mexicana)*, Christian Franke *(Was wäre wenn …)*, Karel Gott (*Vera*), Conny & Jean *(Felicita)*, Ingrid Peters (*Afrika*), Andreas Martin *(Amore Mio)*, Lena Valaitis *(Gloria)*, Helmut Frey *(Nachts hör' ich dich manchmal weinen)*, Florian Haidt *(Rote Rosen, rote Lippen, roter Wein)*, Roland Kaiser *(Die Gefühle sind frei)*, The Shorts *(Je suis, tu es)*, Gitte Haenning *(Lampenfieber)*, Kim Merz *(Der Typ neben ihr)*, Nino de Angelo *(Jenseits von Eden)*, Udo Jürgens *(Die Sonne und du)*, Vicky Leandros *(Grüße an Sarah)*, Milva *(Hurra, wir leben noch)*, Mike Krüger *(Bodo mit dem Bagger)*, Angelika Milster (*Erinnerung*), Howard Carpendale *(Hello Again)*, Tommy Steiner *(Das ewige Feuer)*, Roger Whittaker *(Abschied ist ein scharfes Schwert)*, Daliah Lavi *(Ich wollt' nur mal mit dir reden)*, Wind *(Für alle)*, Die Flippers *(Sommerwind)*, Tony Marshall & Roberto Blanco *(Resi bring Bier)*, Roy Black *(Frag' Maria)* … und wir mittendrin.

Die Institution des Zweiten Deutschen Fernsehens verströmte damals einen Muff, der sich bleiern auf die toupierte, strickjackenummantelte Sendung senkte. Die Antiquiertheit sorgte für abnehmende Zuschauerzahlen, weshalb die Öffnung für ein neues Klientel frischen Wind bringen sollte. Einzige Bedingung der Herberge von Grauköpfen, Rheumageplagten und Schunkelverliebten: Die Auftretenden mussten erfolgreich sein und in deutscher Mundart singen. Tja, das erfüllte die Spider Murphy Gang mehr als genug, wenn man denn Bairisch als Deutsch akzeptiert. Es verwunderte kaum, dass sich viele der angesagten abseits des spießigen Schlagers stehenden Künstler schwertaten, dort aufzutreten. Man hatte schließlich einen Ruf zu verlieren.

Ich bin bis heute der Meinung, dass wir im Land der Schlagerfuzzis nichts zu suchen hatten. Als souveräne, geile Rock-'n'-Roll-Band durftest du so etwas nicht bringen, wenn du es vermeiden wolltest, an deinem eigenen Ast, sprich der Authentizität, zu sägen. Das galt trotz aller Sympathie, die ich gegenüber dem Mastermind Dieter Thomas Heck hegte, trotz allen Spaßes, den wir dort hatten, trotz der Ausstrahlkraft der Sendung, die unseren Bekanntheitsgrad enorm steigerte – zu Spitzenzeiten schauten bis zu 30 Millionen Menschen zu –, und trotz der Erfolge, die wir hier feierten. Zwischen 1982 und 1983 belegten wir zwei Mal den ersten und zwei Mal den zweiten Platz. Darüber hinaus absolvierten wir bis 1992, meinem Ausstiegsjahr aus der Band, noch sieben weitere Auftritte. Falls sich noch jemand erinnert: Damals nahm man die Auszählung noch per TED-System (Tele-Dialog) vor, ein Abstimmungsverfahren, bei dem die Zahl der Anrufe ausgewertet und am Schluss der Sendung präsentiert wurde.

Wie schon angedeutet: Heck war ein toller Typ. Unser Verhältnis war geprägt von Akzeptanz, Respekt, Sympathie, und ich habe ihn geschätzt. Ganz im Gegensatz zu seiner Frau Ragnhild.

Unglücklicherweise hatte sie einen nicht zu unterschätzenden Einfluss auf die Sendung, gerade wenn es um die Kleidung der Sänger und Sängerinnen ging. Erschien es ihr nötig, dass ein Künstler wie zum Beispiel Rex Gildo zu seinem Liedvortrag abends einen Smoking trug, und ihm fehlte ein solcher im mitgeführten Gepäck, dann wurde er ins nächstbeste Kaufhaus geschickt. Das tat dieser dann auch, und zwar ohne Widerrede.

An uns biss sich Ragnhild allerdings die Zähne aus. Wir pfiffen auf die Vorgaben, anfangs sehr zum Leidwesen von Dieter Thomas Heck. Der war es gewohnt, dass die Klamottenvorschriften beachtet wurden. Seine verzweifelten Augen sahen vier Freaks, die trugen, was ihnen passte, und die sich einen feuchten Kehricht um irgendwelche Konventionen scherten. Dem Publikum rangen wir damit ohnehin kein Erstaunen mehr ab, waren sie doch mit solchen Interpreten wie TRIO oder Hubert Kah bereits Schlimmeres gewohnt.

Irgendwie taten mir viele der Schlagerinterpreten leid, denn neben der gängelnden Behandlung steckten sie in einer Schublade, welche für sie aus meiner Sicht nur banale, blödsinnige Songs bereithielt. Soweit ich mich erinnern kann, bedienten zahlreiche Vertreter dieser Sparte rein aus Selbsterhaltungstrieb die an sie gestellten Erwartungen. Sie schätzten ihre eigene Versorgungsgrundlage gering. Manager, Verleger, Plattenfirmen drückten ihre Schützlinge in die »Heile-Welt-Schaukel« hinein und befeuerten deren Geltungsbedürfnis mit »Mach das! Das läuft doch gut! Guck mal, du bist immer im Fernsehen, bist berühmt!«, um ja nicht aus der Rolle zu fallen.

Besonders hart traf die Entwicklung Gerhard Höllerich alias Roy Black *(Ganz in Weiß, Schön ist es, auf der Welt zu sein)*, den ich in Berlin bei der *Hitparade* kennenlernte. Zeitlebens wollte er, von Elvis beeinflusst, Rock 'n' Roll singen, und seine wunderbare Stimme hätte ihm das sicher ermöglicht. Vertragliche Zwänge zusammen mit Fangewohnheiten reduzierten ihn jedoch auf den Schlagerquatsch. Vor lauter Unzufriedenheit suchte er Trost im Alkohol, dem er vollends verfiel. Unglaublich, wie Roy saufen konnte. In einer halben Stunde kippte er eine Flasche Wodka hinunter. Ich glaube, daran ist der arme Kerl letztlich – gerade einmal 48-jährig – todunglücklich zugrunde gegangen. Offizielle Todesursache: Herzversagen. Rex Gildo *(Fiesta Mexicana, Speedy Gonzales)* und Bernd Clüver *(Der Junge mit der Mundharmonika, Der kleine Prinz)* packten die Angelegenheit um Längen cooler an. Zwar ebenfalls keineswegs happy mit dem, was ihnen abverlangt wurde, legten sie die Souveränität an den Tag, über den Dingen zu schweben und sich damit abzufinden. Bernhard Brink wiederum gehörte einem anderen Schlag an. Sein rigoroses Naturell brachte ihn dazu, konsequent zu dem zu stehen, was er tat. Für ihn war alles vollkommen okay.

Bei unseren Hitparadenauftritten unterstützten Günther, Barny, Michael und ich durch unser unkonventionelles Auftreten die Sendung dabei, einen neuen, frischen Weg zu beschreiten. Das stand ihr gut zu Gesicht. Überhaupt gewann die Hitparade durch den Einzug der Neuen Deutschen Welle eindeutig an Format. Spontanität, Originalität und eine Prise Anarchie anstelle von Ablaufplan, Gewohnheit und unbedingter Konformität.

Bemängele ich es, dass wir uns auf den Tempel der deutschen Schunkeltümelei im TV-Rahmen eingelassen haben, darf ich konsequenterweise unsere Inbesitznahme durch verschiedene meinungsbildende, manipulative Jugendmagazine nicht unterschlagen. Wir gerieten bei den weit verbreiteten Teenieblättern *Pop/Rocky*, vor allem aber auch in der *BRAVO* auf die dauernd gebrauchte Standardliste. Allein am wachsenden Interesse der jungen, bunten Klatschpresse konnte ich den zunehmenden Erfolg der Spider Murphy Gang ablesen. Tobi Pflug, unser damaliger Manager, Betreuer … eben »Mädchen für alles« der Band, schleuste uns in diese Kreise hinein, und wir stellten uns brav und schicksalsergeben zur Verfügung. Es stand mir fern, Tobi daraus einen Vorwurf zu machen, schließlich gehörte das zu seinem Job. Dass Dumme nur: Hattest du einmal diese Hochglanzbildschleuder betreten, war es sehr schwer, sie wieder zu verlassen. Fingst du an, Zicken zu machen, vernichteten dich solche Blätter. Grausamerweise erschienen wir deswegen manchmal fast wöchentlich in dem Pubertätsblatt.

»Warum *BRAVO*? Scheiß Zeitung! Günther, das ist scheiße!«, trichterte ich Sigl oft ein. Ich war der festen Überzeugung, dass wir mehr Wertigkeit bei den Fans bekämen, wenn wir die ganzen Shootings für das Teeniepublikum sein ließen. Wolfgang Niedecken von BAP oder Peter Maffay führten mir vor Augen, dass man sich dem Zugriff der größten deutschen Jugendzeitschrift entziehen und dennoch erfolgreich sein konnte. Der Vorteil der zwei Rockgrößen war ihre Anhängerschaft, die nahezu ausschließlich aus ernst zu nehmenden, treuen Musikliebhabern bestand anstelle von schnelllebigen Trendsettern. Unser Frontmann zeigte aber keinerlei Reaktionen auf meinen Appell. Vielleicht machte ihm die Aufmerksamkeit beim jungen Publikum einfach Spaß, weil die Spiders in den erwähnten Formaten viele Preise abräumten. Das schmeichelte dem Ego natürlich sehr.

Der Spider-Murphy-Gang-Betreuer Tobi Pflug.
Er machte seine Sache wirklich gut.

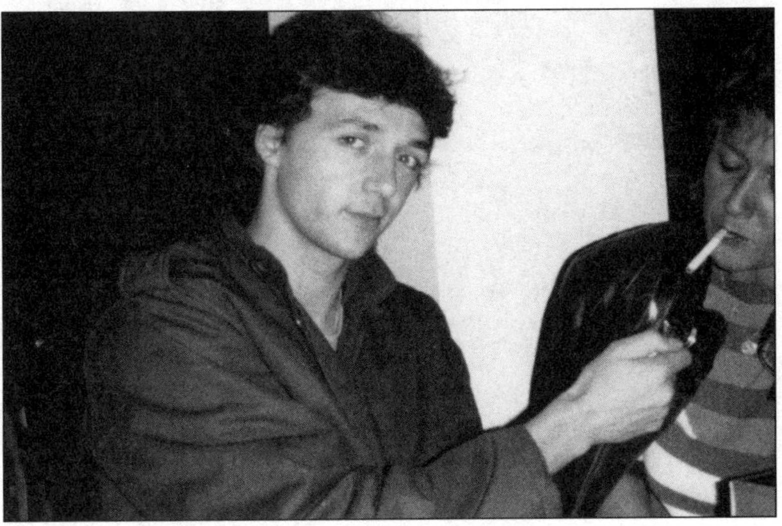

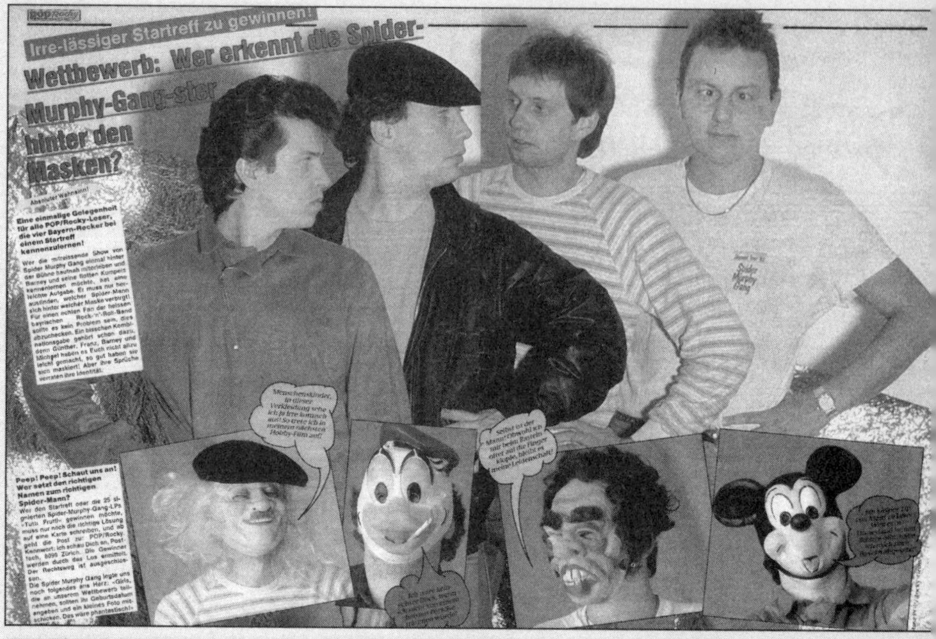

Irre-lässiger Startreff zu gewinnen!

Wettbewerb: Wer erkennt die Spider-Murphy-Gang-Ster hinter den Masken?

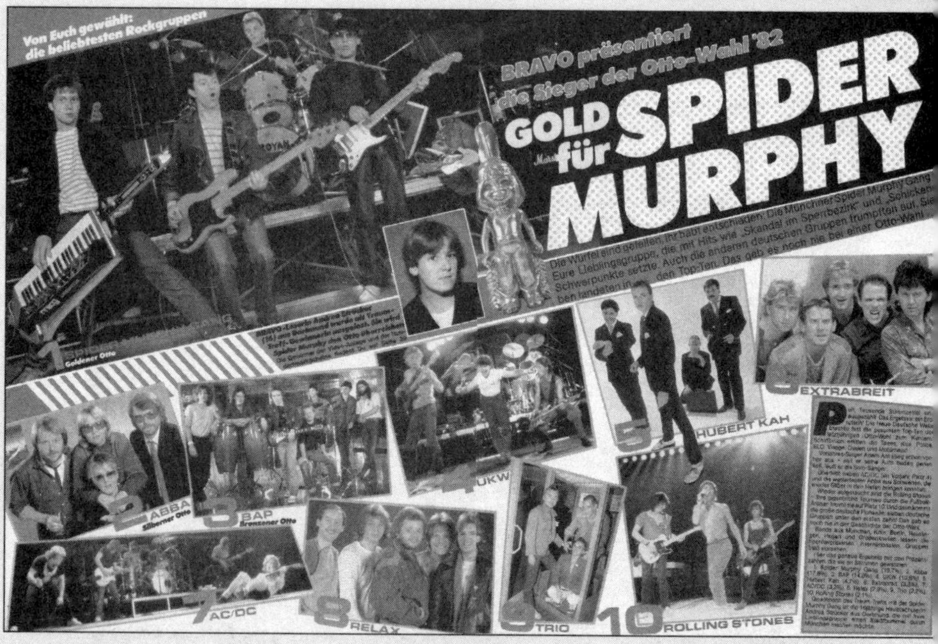

Von Euch gewählt: die beliebtesten Rockgruppen

BRAVO präsentiert die Sieger der Otto-Wahl '82

GOLD für SPIDER MURPHY

2 ABBA Silberner Otto

3 BAP Bronzener Otto

4 UKW

5 HUBERT KAH

6 EXTRABREIT

7 AC/DC

8 RELAX

9 TRIO

10 ROLLING STONES

Bei manchen Aktionen oder Fotos in Zeitschriften für das jüngere Publikum kam ich mir sehr albern vor ... (oben) Artikel aus der »Pop/Rocky« und der »BRAVO«

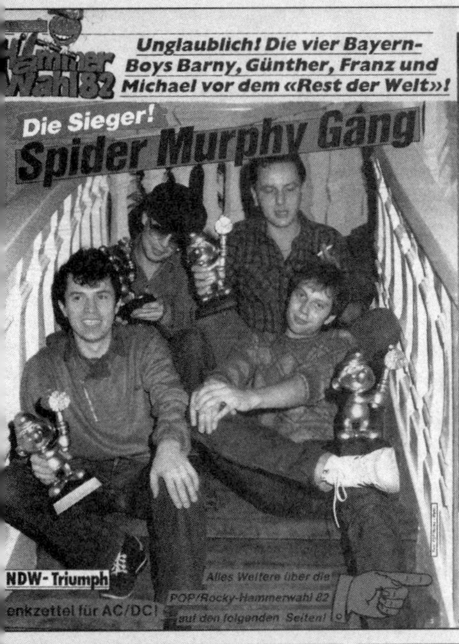

Hammer Wahl 82

Unglaublich! Die vier Bayern-Boys Barny, Günther, Franz und Michael vor dem «Rest der Welt»!

Die Sieger!
Spider Murphy Gang

NDW-Triumph

…enkzettel für AC/DC!

Alles Weitere über die POP/Rocky-Hammerwahl 82 auf den folgenden Seiten!

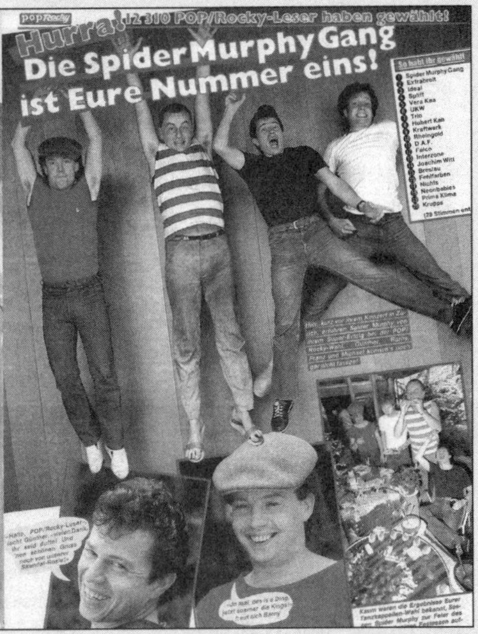

pop Rocky

Hurra! 12 310 POP/Rocky-Leser haben gewählt!

Die Spider Murphy Gang ist Eure Nummer eins!

So habt ihr gewählt

Spider Murphy Gang
Extrabreit
Ideal
Spliff
Vera Kaa
UKW
Trio
Hubert Kah
Kraftwerk
Rheingold
D.A.F.
Falco
Interzone
Joachim Witt
Breslau
Fehlfarben
Nichts
Neonbabies
Prima Klima
Krupps

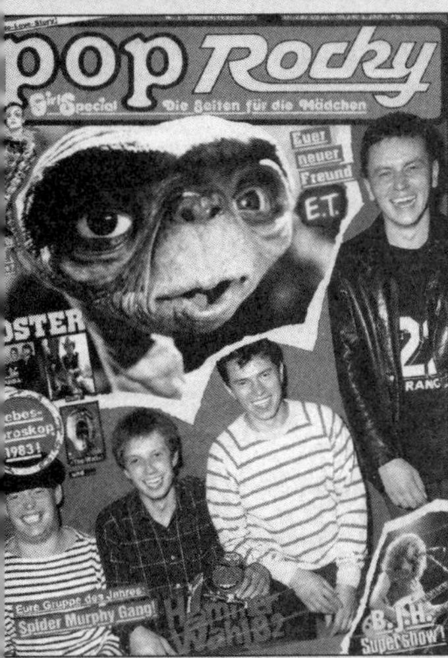

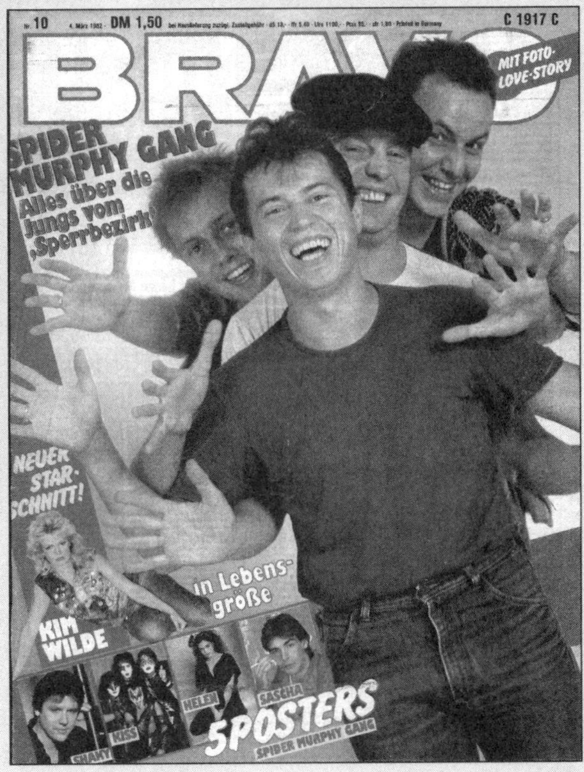

Die Jugendlichen haben uns geliebt! Goldener BRAVO Otto vor ABBA und BAP. Goldener Hammerschlumpf vor Extrabreit, Ideal und Spliff. Beides im Jahr 1982!

An dieser Sache konnte man ganz gut erkennen, wie die Bandstruktur jenseits der Musik funktionierte. Letztlich gab unser Frontmann die Richtung vor, und der Rest folgte mehr oder weniger willig. Michael war zu eigenbrötlerisch, als dass er sich zu Wort gemeldet hätte. Barny genoss es, dass ihm die nervenden organisatorischen Angelegenheiten abgenommen wurden. Ich trachtete wiederum eher nach dem süßen, genießerischen Leben und mied im Allgemeinen Dinge, die mich zu sehr davon ablenkten. Dementsprechend wurde ein einheitlicher Kurs in der Außendarstellung der Band unter den acht Augen von Günther, Michael, Barny und mir eigentlich nie ernsthaft und offen ausdiskutiert.

1982 gewannen wir bei der Wahl der beliebtesten Musikgruppe den Goldenen BRAVO Otto vor ABBA und BAP. In der *Pop/Rocky* bekamen wir im selben Jahr den Goldenen Hammerschlumpf, im Jahr darauf die bronzene Version, und ebenfalls im Jahr 1982 staubten wir noch das Silberne Popcorn des gleichnamigen Blattes ab.

Der Kontakt zur *BRAVO* hatte bei aller Skepsis auch persönliche Vorteile. Irgendwann Mitte der 80er arrangierte das Magazin einen Flug nach Venedig für mich, wo ich mit einem Fanmädel fotowirksam Small Talk betreiben sollte. Mein Promistatus verhalf mir zu einem eintägigen Aufenthalt mit Übernachtung, wohingegen die mit dem Treffen Beglückte eine Stunde später wieder auf den Heimweg geschickt wurde. Am Abend zog ich zusammen mit einem Mitarbeiter der Zeitschrift partylüstern durch die Discos. Dabei beobachteten wir einen jungen Scheich, dessen Bodyguard einen Koffer trug, der prall mit echten Rolex-Uhren gefüllt war. Immer dann, wenn eine junge Frau es ihm wert schien, schenkte der Scheich ihr ein Exemplar, wahrscheinlich um sich damit Gefügigkeit zu verschaffen.

Bei all den Vorzügen, die wir bei den einschlägigen Jugendgazetten genossen, war ich dennoch der Meinung: Wir hätten das alles lassen sollen, noch dazu, da die Spider Murphy Gang Auszeichnungen entgegennehmen durfte, die eine viel höhere Bedeutung besaßen. Diese gaben uns den Raum, in der gesamten Öffentlichkeit ernst genommen zu werden. So erhielten wir 1982 in zwei Kategorien die vom Saarländischen Rundfunk verliehene »Goldene Europa« – zum einen für *Skandal im Sperrbezirk* und zum anderen den Pressepreis – und den nach Verkaufszahlen und Hitparadeneinsätzen vergebenen Bronzenen Löwen von Radio Luxemburg. Hinzu gesellte sich 1983 der jährlich von einer Medien- und Fernsehexpertenjury ausgelobte Bambi.

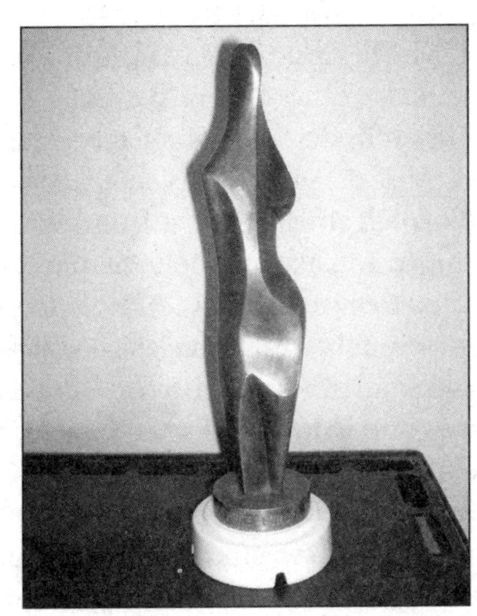

Auch die »Goldene Europa« vom Saarländischen Rundfunk bekam die Spider Murphy Gang verliehen.

10

GANZ OBEN

Riesige Hallen, ausverkaufte Säle und begeisterte Fans

Der inzwischen enorme Zuschauerzuspruch bedingte Tourneedimensionen, die nur noch große Konzerthallen als Stationen zuließen. Das begann beim Circus Krone in München mit 3.000 Plätzen, die Stätte unserer Träume von Anfang an und beste Konzerthalle dort. Weiter ging es am 7. November 1982 in der Frankfurter Festhalle mit einem Fassungsvermögen von 13.500 Menschen. Es setzte sich fort mit der Olympiahalle der bayerischen Landeshauptstadt mit bis zu 15.500 Plätzen. Danach folgten die Dortmunder Westfallenhalle bei der NDW Nacht am 29. Mai 1982 während der *Tutti Frutti*-Tour. Die Veranstaltungsstätte fasste 18.000 Besucher und besaß damit genau die gleiche Platzkapazität wie das Züricher Hallenstadion, in das wir am 25. Mai 1984 ausweichen mussten, weil das bisher bevorzugte Volkshaus zu klein wurde.

Meine Erinnerung sagt mir – ich weiß allerdings nicht, ob die zeitliche Einordnung korrekt ist, dass ich nach dem Konzert in Zürich in den dortigen Club »Mascotte« ging, um mir noch einige Absacker in gemütlicher, aber belebter Runde zu genehmigen. Plötzlich ging die Tür auf, und einer der begnadetsten deutschsprachigen Musiker schneite herein, Udo Jürgens *(Griechischer Wein, Ein ehrenwertes Haus, Aber bitte mit Sahne, Ich war noch niemals in New York)*. Er verhielt sich völlig unprätentiös, ein richtig netter, volksnaher, sympathischer Kerl, trotz seines unglaublichen Ruhmes und Erfolgs. Ich wusste nicht, dass Udo direkt über dem Club ein prächtiges Penthouse besaß, in dem er wohnte, wenn seine Reisen ihn nach oder in die Nähe von Zürich führten.

Jürgens war ein oft und gern gesehener Gast im »Mascotte«, und entsprechend freundlich ging er mit dem Personal, den

Gästen, insbesondere den Stammgästen, um. Ein Händeschütteln hier, ein Abklatschen da, eine Umarmung dort. Auch mich begrüßte er sehr herzlich: »Mensch Franz, du hier! Schön, dich zu sehen!«

Mit Blick auf die verwaiste Bühne fuhr er fort: »Ich hab 'ne Idee. Da oben stehen ein Klavier und ein Schlagzeug ohne Typen, die es bedienen. Was hältst du davon, wenn wir zwei dem Abhilfe schaffen und den Leuten hier mächtig einheizen? Du prügelst in die Felle, und ich haue in die Tasten«.

Dazu ließ ich mich nicht zweimal bitten. Unter den begeisterten Anfeuerungsrufen der Gäste inklusive der Arbeitenden enterten Udo und ich den Auftrittsbereich. Wir brannten eine halbe Stunde lang ein Feuerwerk alter Klassiker ab wie *Good Golly, Miss Molly*, *Great Balls of Fire*, *Tutti Frutti*, *Johnny B. Goode*, sodass nicht nur wir, sondern auch das Publikum nachher schweißgebadet dastanden. Wir harmonierten auch ohne Absprache unglaublich gut. Anschließend begossen Jürgens und ich die gelungene Einlage … ein Riesentyp, der Udo Jürgens.

Eine nette Geschichte ereignete sich im Rahmen des Festivals »Rockpop in Concert – Neue Deutsche Welle – Special«, mit Ideal *(Eiszeit, Blaue Augen)*, UKW *(Sommersprossen, Ich will)*, BAP *(Verdamp lang her, Kristallnaach)*, Extrabreit *(Polizisten, Hurra die Schule brennt)*, Joachim Witt *(Goldener Reiter, Herbergsvater)* und Hubert Kah *(Rosemarie, Sternenhimmel)*: Am Tag zuvor waren an gleicher Stelle die Bands und Künstler ZZ Top *(Sharp Dressed Man, Gimme All Your Loving)*, Heart *(Tell It Like It Is)*, Jethro Tull *(Locomotive Breath)*, Status Quo *(Rockin' All Over The World, Whatever You Want)*, Joan Jett *(I Love Rock 'n' Roll)* und Saxon *(Wheels Of Steel, Crusader)* aufgetreten. Netterweise hatte das Technikpersonal von ZZ Top und Status Quo seine Ausstattung zum Gebrauch für die nächste Show hinterlassen. Ich kann mich noch wie heute an die unbehaglichen, verunsicherten Blicke und den vor Staunen offenen Mund unseres Tonmeisters Heiner »Schrat« Schupp erinnern, als er das Mischpult erblickte. In seinen Augen glich die Bedienungsanlage eher einem Raum-

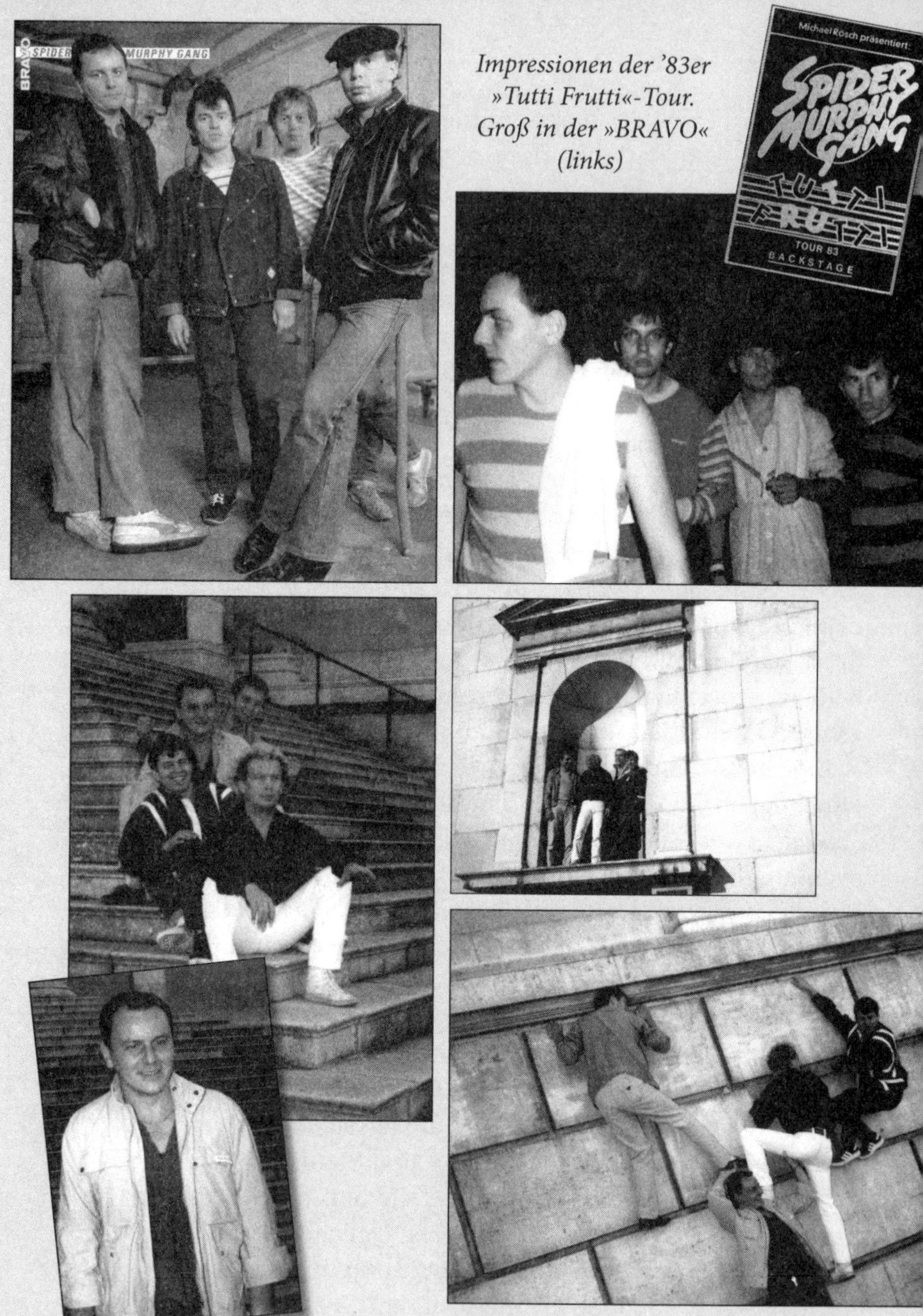

Impressionen der '83er »Tutti Frutti«-Tour. Groß in der »BRAVO« (links)

Die '83er »Tutti Frutti«-Tour: Klettern am Königsplatz in München!

schiff denn einer praktikablen Einrichtung zur Aussteuerung von Livemusik. Ihm waren die sich bietenden Effektmöglichkeiten völlig unbekannt.

Nachdem BAP bei ihrem NRW-Heimspiel die Leute auf beachtliche Betriebstemperatur gezogen hatten, brachten wir das Kunststück fertig, die Begeisterungsschraube noch höher zu drehen. 18.000 Menschen tanzten wild durcheinander und versuchten radebrechend und lauthals, die Texte mitzusingen. Der Saal kochte, und spätestens bei *Skandal im Sperrbezirk* stahlen wir den Gruppen des Vortages endgültig die Show. Bei aller erfolgsverwöhnten Erfahrung, so etwas hatten die englischen Crews noch nicht erlebt, weshalb sie beim Abbau kopfschüttelnd fragten: »Who the fuck is Spider Murphy Gang?«

Zum absoluten Höhepunkt in Sachen Zuschauerzuspruch geriet die Neueröffnung des Nürburgrings am 12. Mai 1984, wo wir während der *Scharf wia Peperoni*-Tournee zusammen mit Nena und Marius Müller-Westernhagen vor 100.000 Leuten spielten. Dabei erinnere ich mich an jeden Schlag, an unglaublich tolle Gefühle. Eine Wahnsinnsachterbahnfahrt der Emotionen! Ohnehin war die *Scharf wia Peperoni*-Rundreise mit den 40 Konzerten vor insgesamt fast 200.000 Menschen immens erfolgreich.

Eine kleine Anekdote dazu: In der ausverkauften Nibelungenhalle in Passau erhielten wir vom Veranstalter die Gage cash auf die Hand. Ich staunte Bauklötze, als mir Günther Sigl meinen Anteil von 10.000 DM in die Hand drückte. Das muss man sich einmal vorstellen: Zwei Stunden trommeln, zwei Stunden Gaudi und dafür dieser Betrag! Stolz wie ein Pfau fuhr ich nach Hause, legte demonstrativ die Scheine auf den Tisch und sagte mit breiter Brust: »Schaut her! Das kann sich doch sehen lassen!« Derjenige, der nun glaubt, das sei eine Ausnahme gewesen, der täuscht sich. Das verdienten wir zu der Zeit immer, jeden Tag.

Zu den bereits angeführten Spielstätten gesellten sich die Essener Grugahalle, die Philipshalle Düsseldorf, die Hamburger Markthalle, die Hanns-Martin-Schleyer-Halle Stuttgart, die

Karlsruher Festhalle etc., eben die größten Auftrittsmöglichkeiten, die man sich innerhalb Deutschlands vorstellen konnte.

Im Kontrast zu den bombastischen Größenordnungen der Tournee setzten Günther, Michael, Barny und ich in Übereinkunft mit unserem Manager Jürgen Thürnau um das Jahr 1984 bewusst ein Highlight ganz anderer Art. Nach dem Vorbild von Johnny Cash präsentierten wir uns den Gefängnisinsassen diverser JVAs und brachten damit eine lang gehegte Idee endlich zur Umsetzung. Die US-Countrylegende hatte zusammen mit den LP-Mitschnitten *At Folsom Prison* (1968) und *At San Quentin (1969)* über das Musikalische hinaus Meilensteine gesetzt, was uns imponierte. Durch das Vorhaben landete ich dreimal im Knast, allerdings unter komplett anderen Umständen, als es die irritiert-eingeschüchtert dreinschauenden Menschen vermuteten, wenn ich ihnen das Statement »Sicher war ich im Knast« an den Kopf warf. Es machte mir stets höllischen Spaß zu beobach-

Die Tourneen wurden immer größer und nahmen für meine Vorstellung gigantische Ausmaße an (rechts: Titelseite der »GONG«, 1984).

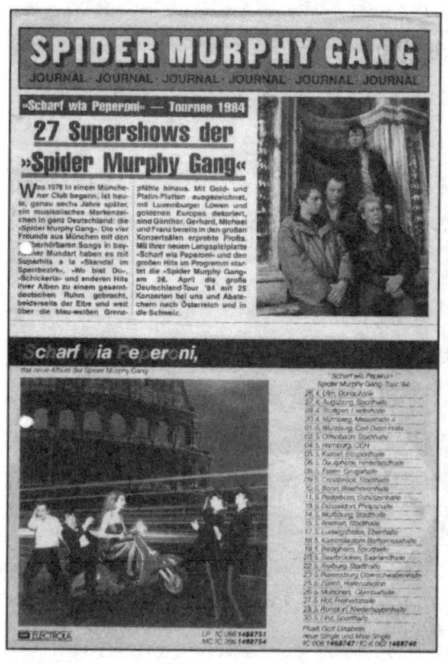

SPIDER MURPHY GANG
JOURNAL · JOURNAL · JOURNAL · JOURNAL · JOURNAL · JOURNAL

»Scharf wia Peperoni« — Tournee 1984

27 Supershows der »Spider Murphy Gang«

Was 1978 in einem Münchener Club begann, ist heute, genau sechs Jahre später, ein musikalisches Markenzeichen in ganz Deutschland: die »Spider Murphy Gang«. Die vier Freunde aus München mit den [illegible]berhörbaren Songs in bay[illegible]scher Mundart haben es mit Superhits à la »Skandal im Sperrbezirk«, »Wo bist Du«, »Schickeria« und anderen Hits ihrer Alben zu einem gesamtdeutschen Ruhm gebracht, beiderseits der Elbe und weit über die blau-weißen Grenzpfähle hinaus. Mit Gold- und Platin-Platten ausgezeichnet, mit Luxemburger Löwen und goldenen Europas dekoriert, sind Günther, Gerhard, Michael und Franz bereits in den großen Konzertsälen erprobte Profis. Mit ihrer neuen Langspielplatte »Scharf wia Peperoni« und den großen Hits im Programm startet die »Spider Murphy Gang« am 26. April die große Deutschland-Tour '84 mit 25 Konzerten bei uns und Abstechern nach Österreich und in die Schweiz.

Scharf wia Peperoni,

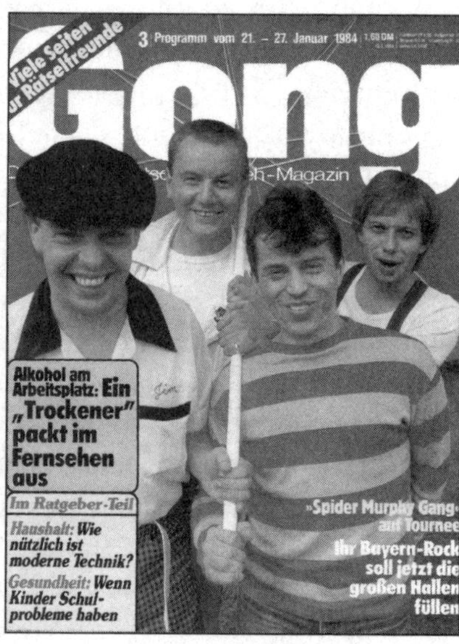

ten, wie Gesichtsfarbe und Blick meines Gegenübers unmittelbar mulmiges Unbehagen ausdrückten, sobald ich meine angebliche Haftvergangenheit zugab. Meine kleine Tochter bemühte sich in solchen Situationen immer um sofortige Glättung der Wogen, indem sie mit piepsiger Stimme einwarf: »Papa, du musst auch sagen, warum du im Gefängnis warst.«

Justizvollzugsanstalten spielten in meinem Leben ansonsten keine Rolle, sieht man vom weiter entfernten Dunstkreis ab, der mich umgab. Zuhälter, Dealer, Mafiosi jedweder Nationalität und andere dubiose Gestalten kreuzten meinen Lebensweg. Ich mochte die Aura dieses Klientels, empfand es bei allen gefährlichen, verbrecherischen Machenschaften in seiner Verruchtheit als cool, spannend, sympathisch, manchmal sogar liebenswürdig.

Die Spider-Knasttour führte über Landsberg am Lech nach Berlin-Tegel und in den Hamburger Stadtteil Fuhlsbüttel, dessen Vollzugseinrichtung im Volksmund auch »Santa Fu« genannt wurde.

In Landsberg traf ich auf viele Münchener Bekannte, die wegen harmloser Kleindelikte wie Dealereien oder Gaunereien ein paar Jahre einsaßen, quasi ein »Familientreffen«. Adolf Hitler hatte hier 1924 wegen eines Putschversuchs eingesessen und sein verschrobenes, geisteskrankes Ideologiebuch *Mein Kampf* geschrieben. Heutzutage ist die Anstalt vornehmlich bekannt, weil sie den ehemaligen Manager und Präsidenten von Bayern München, Uli Hoeneß, beherbergt.

Erstmals kreuzten sich in Landsberg meine Wege mit jenen von Thomas G. Trotz seines langen und gewichtigen Strafregisters war er hier aufgrund eines vergleichsweise nichtigen Vergehens vorübergehend festgesetzt. Das entsprach noch nicht einmal ansatzweise den tiefen Furchen, die sein Kerbholz tatsächlich zierten. Seine Finger steckten ganz tief im Drogenbusiness. Thomas dürfte zu den größten Dealern in Europa gehört haben. Er pflegte direkte Kontakte nach Kolumbien und machte dicke Geschäfte mit den dortigen Drogenbossen. Mitten im Urwald betrieben die ihre Labore und stellten tonnenweise Kokain her. Die wie

Gott in Frankreich lebenden ganz großen Nummern nannten einen ganzen Militärfuhrpark ihr Eigen, inklusive Flugzeugstaffel. Neben mehreren Millionen Euro schweren Düsenjägern ergänzten Abfangjäger gegen US-Aufklärung das Sortiment ihrer Verteidigungsmaßnahmen.

Rauschmittel führten die Paten und mit ihnen mein Bekannter gleich in gigantischen Mengen über Schiffstransport in Hamburg oder Rotterdam ein, oder sie bewerkstelligten das per Luftfracht. Dabei ging ihnen die Angst, erwischt zu werden, völlig ab. Ich glaube, es wird seine Gründe gehabt haben, dass Skrupel fehlten. Wie überall sonst galt wahrscheinlich auch hier die einfache Ursache-Folge-Kette: massig Geld + überbordendes Gewaltpotenzial = durchsetzungsstarke Macht + ruhiges Leben.

Durch die relativ freie Atmosphäre im Knast war Thomas in seiner kriminellen Entfaltung kaum beeinträchtigt. Wollte jemand im Bau Koks haben: kein Problem. War Saufen angesagt, hieß es höchstens: »Whiskey oder etwas anderes?« Stand Kifferkraut auf dem Wunschzettel, lautete die Frage ebenfalls nicht: »Wie soll ich da rankommen?«, sondern: »Wie viel darf es sein?«. Die Landsberger Knackis kamen auf verschlungenen Wegen an alles.

Das Millionenvermögen des einsitzenden Großdealers blieb unentdeckt. An seiner komplett videoüberwachten riesigen Villa am elitären Münchner Rotkreuzplatz konnte niemand kratzen, auch nicht der beste Ermittler. Das Anwesen war völlig abgeschirmt durch Leibwächter und verdecktes Sicherheitspersonal.

Thomas und ich befreundeten uns, und diese Verbundenheit hielt in den folgenden Jahren an.

Die nächste Station der Knast-Tour lautete Berlin-Tegel. Das war im Vergleich zum lauschigen Landsberg schon ein größeres Kaliber. Dabei schien auch dort zunächst alles friedlich, idyllisch, zumindest oberflächlich betrachtet. Hier versorgte uns ein netter älterer Herr mit Kaffee und Kuchen, bevor er um 17 Uhr in seine Zelle eingesperrt wurde. »Was hat der angestellt?«, fragte ich eine Wachtel – damit meinte ich einen Wärter – über den Mann aus.

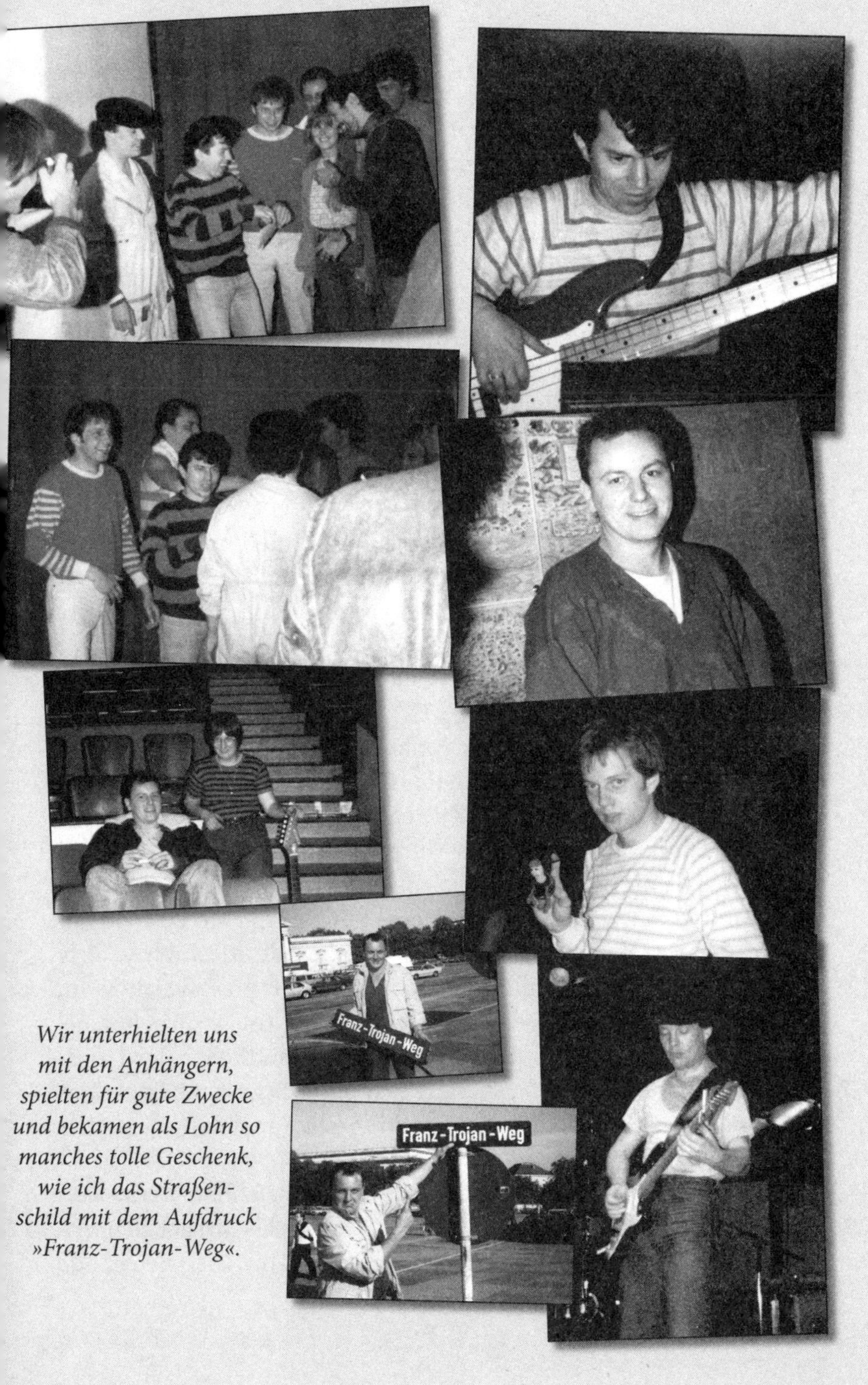

Wir unterhielten uns mit den Anhängern, spielten für gute Zwecke und bekamen als Lohn so manches tolle Geschenk, wie ich das Straßenschild mit dem Aufdruck »Franz-Trojan-Weg«.

Mir erschien es so, als könne er kein Wässerchen trüben. »Der hat drei Frauen umgebracht«, war die unerwartete knochentrockene Antwort, »der hat lebenslänglich und kommt hier nie mehr raus.« Wie heißt es so treffend? Stille Wasser sind tief.

In Santa Fu lief dann die richtig harte Nummer ab. Dort verbrachten nur brutale Schläger, Terroristen und Mörder ihr vergittertes, abgeschottetes Dasein. Niemals hätte ich hier auch nur eine Nacht verbringen können. Wer als Insasse überleben wollte, musste sich mit einer klaren Hackordnung vertraut machen und hatte sich dieser zu fügen. Es herrschte eine Form von sträflingsbestimmtem Staatsgefüge vor.

Uns vermittelte sich dieses Bild bereits vor dem Auftritt. Alle Stühle waren belegt, bis auf die besten in der vordersten Reihe. Erst kurz vor Beginn des Konzerts, alle anderen saßen schon, schritt der Chef der Knackis in Eskorte seiner Leibwächter gemächlich zur privilegierten Position und nahm Platz. Der Pate brauchte seinen Extraauftritt.

Einmal auf Touren, kannten auch die Zuchthausbrüder kein Halten mehr. Grölen, Johlen, Tanzen bestimmten den Schauplatz. Gute Laune und entspannte Freundlichkeit dominierten die Stimmung und entlohnten uns reichlich. Das musste auch genügen, denn eine finanzielle Zuwendung für die Shows blieb aus.

Die Zuschauer der Spider Murphy Gang reagierten regional durchaus unterschiedlich auf unsere Auftritte. Im norddeutschen Raum wie Oldenburg, Bremen etc. herrschte verhaltenere, ruhigere, aber keinesfalls gelangweilte oder desinteressierte Stimmung. Demgegenüber feierten die Leute in Bayern, Köln, Dortmund uns richtiggehend begeistert ab. Grob gesprochen fiel der Umgang mit uns umso wärmer aus, je südlicher der Landstrich lag, wobei die reserviertere Haltung wie gesagt keineswegs Unfreundlichkeit bedeutete. Die Menschen rasteten eben eher innerlich aus.

Der Zustrom der Menschen war nachvollziehbar, wenn vielleicht auch nicht in dem Ausmaß. Wir lieferten als Liveact glänzende Arbeit ab. Die im Vorfeld des Erfolgs intensive, ausschweifende

Tingelei durch unzählige Clubs zahlte sich nun aus. Wie alle anderen spulte auch ich immer und immer wieder meinen Part präzise wie ein Uhrwerk ab. Dabei trieben mich stets enormer Spaß und unbändige Energie an und nicht etwa bloße Pflichterfüllung.

Die Spider Murphy Gang war eine waschechte, bauchgesteuerte Volksband. Keine kopflastigen, verquasten Texte, keine Diskussionen über Akkorde oder Harmonien sollten die Fans davon abhalten, einfach Spaß an der Musik zu haben. Es galt die Devise, auf den Putz zu hauen, sich auszutoben, wild zu tanzen und heiß zu schmusen. Wir boten im Laufe unserer Show vorübergehend die Bühne dafür, aus strengen Gewohnheiten auszubrechen, die Ordnung aufzulösen, das sittsame Benehmen beiseitezulegen, den kontrollierten Tagesablauf zu vergessen und einander hemmungslos Zuneigung zu zeigen.

Im Publikum suchte man vergeblich extrovertierte Erscheinungen wie hysterische Spider-Anhänger, Punker, Popper oder schrill gestylte Rock-'n'-Roll-Figuren. Es bildete eher einen Familienquerschnitt entlang der 15- bis 50-Jährigen. Schunkel- respektive Fußballplatzrummelatmosphäre bestimmte die Szenerie. Deshalb nahm es kaum wunder, dass unsere spätere Single *Sch-bum ('s Leben is wiar a Traum,* 1984*)* ab Beginn 2010/11 als Torhymne beim FC Bayern München benutzt wurde.

Unsere Bühnenshow bot wenig Spektakuläres: Hier einmal ein Chuck-Berry-Gedächtnis-Luftsprung mit gespreizten Beinen von Barny, dort einmal ein auf dem Rücken die Tastatur bedienender Michael Busse, der in einer anderen Phase à la Jerry Lee Lewis auf das Klavier stieg und von oben in die Tasten hämmerte. Ansonsten verzichteten wir auf Firlefanz und hielten unser festgelegtes Programm vom ersten bis zum letzten Song strikt durch. Wozu auch Brimborium? Die Spider Murphy Gang verstand sich glänzend auf die Umsetzung des Entscheidenden: der Musik. Das sollte im Vordergrund stehen. Wenn Späße auf der Bühne, dann untereinander, weil vielleicht der Ablauf besonders gut klappte.

Mich beschlich eine Mischung aus Macht, Freiheit, Genuss und Stärke, wenn mir ein großes Publikum wie die 60.000 Menschen in den Bonner Rheinauen beim Vorführen meiner Schlagkunst, beim Rotieren meiner Stöcke auf die Finger schaute. Das war schon bombastisch. Euphorisiert schlug ich so heftig auf die Felle ein, dass ich pro Konzert zwei bis drei Kilogramm verlor. Eigentlich hatte ich bis dahin geglaubt, der Sänger würde die Kontrolle über das Publikum ausüben, indem er mit ihm interagierte, es animierte, aufputschte. Mehr und mehr verlagerte sich jedoch meine Auffassung zugunsten des Drummers. Denn wer gab schließlich den Rhythmus und das Tempo vor? Der Schlaghandwerker! Die anderen spielen nur so schnell, wie du es zulässt, dachte ich mir. Also ist der Schlagzeuger bei genauer Betrachtung der Wichtigste auf der Bühne.

Im Endeffekt empfand ich die Zuschauerzahl nie als entscheidenden Indikator meiner beruflichen Tätigkeit. Viel wichtiger war mir die musikalische Wertigkeit. Uninspirierte Routine machte einen Bogen um mich. Umso ärgerlicher war es, wenn

Unsere Showeinlagen: Michael spielte manchmal wie Jerry Lee Lewis, kauernd auf dem Klavier und Barny sprang ab und zu wie Chuck Berry. Das wars. Mehr nicht. Wir ließen lieber den Rock' n' Roll sprechen.

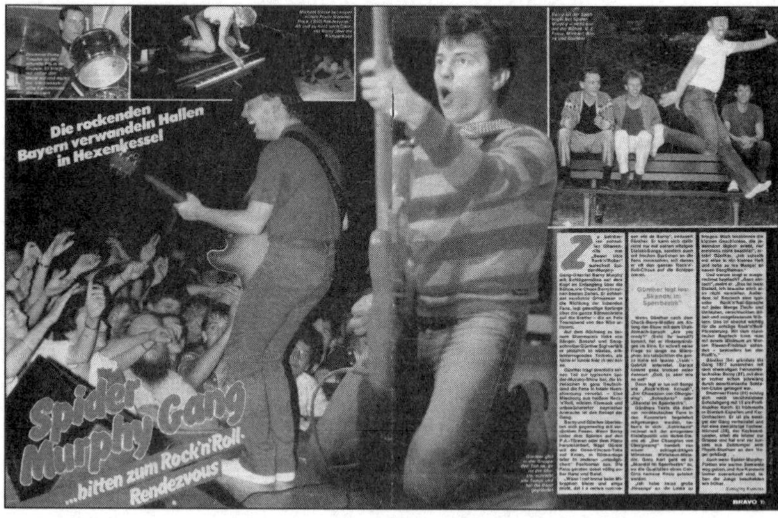
Die rockenden Bayern verwandeln Hallen in Hexenkessel

Spider Murphy Gang

...bitten zum Rock'n'Roll-Rendezvous

mir dennoch ein Fehler passierte. Ein Auftritt in Offenbach hat sich mir auf meiner biologischen Festplatte besonders eingebrannt. Das war mein schlimmstes Konzert. Schon den ganzen Abend spielte ich ungewohnt falsch, weswegen mich die Kollegen böse anschauten. Beim Stück *So a schöner Tag* brachte ich das Fass zum Überlaufen, indem ich dermaßen danebenhaute, dass die anderen drei erschrocken zusammenfuhren, mir entsprechende Blicke zuwarfen und kurzzeitig außer Tritt gerieten. So etwas konnte passieren – niemand ist perfekt –, doch bis heute bin ich sauer deswegen, weil bei mir Professionalität im Handwerk einen sehr hohen Stellenwert besitzt.

Beziehungsprobleme waren oft Auslöser dafür, wenn jemand aus der Band schlecht spielte. Besonders den sehr sensiblen Michael Busse warfen solche negativen Einflüsse schnell aus der Bahn. Dummerweise stritt er sich häufig mit seiner damaligen, sehr hübschen Freundin Britta. Die fuhr oft zu den Auftritten mit und büffelte gleichzeitig für ihr Jurastudium. Stress war da vorprogrammiert.

Die Covergestaltungen zu den einzelnen Longplayern entsprangen ganz unterschiedlichen Herangehensweisen und steigerten sich im Aufwand im gleichen Maße, wie unser Erfolg zunahm. Beim professionellen Erstlingswerk *Rock 'n' Roll Schuah* hatte ein Schnappschuss genügt, um alle zufriedenzustellen. Der war so spontan gewesen, dass ich noch nicht einmal die Gelegenheit bekommen hatte, meine Bierflasche abzustellen. Genau genommen war es ohnehin keinem aufgefallen und hatte auch niemanden gestört, war die Pulle doch Bestandteil meiner Grundausstattung gewesen. Aus heutiger Sicht hätte ich dafür eigentlich Werbegelder von Löwenbräu kassieren müssen.

Die Vorderseite von *Dolce Vita* hatte uns vier gezeigt, wie wir komplett bekleidet auf Strandstühlen am Pool des Münchener Hilton Hotels flegelten. Aus einer Laune heraus war ich dann in voller Montur ins Wasser gesprungen. Just in dem Moment, kurz nach der Eintauchphase, hatte der sehr anerkannte Kölner Fotograf Herman »The German« Schulte geistesgegenwärtig den

Auslöser gedrückt. Auf diese Weise war sowohl das aufspritzende Nass als auch die belustigt-überraschte Reaktion der anderen eingefangen worden. Damit hatten wir auch das Rückseitenbild der Scheibe im Kasten.

Die Hülle *von Tutti Frutti* war ein künstlerisch-comicartiger Zusammenschnitt lustiger, frivoler Abbildungen gewesen.

Gehörig investitionsbeseelt schickte uns die Plattenfirma bei den Aufnahmen für die vierte Scheibe *Scharf wia Peperoni* nach Rom zum berühmten Treviso-Brunnen. Mitten in der Nacht – nur dann fristete das ansonsten reichlich bevölkerte Prunkstück der Stadt verlassen sein Dasein – kleidete man Günther, Barny, Michael und mich edel ein und schminkte uns in einer nahe gelegenen Bar. Günther bekam dabei malerisch ein Veilchen verpasst, weshalb die umstehenden unbeteiligten Menschen nach vollendetem Werk dachten, wir seien von der Mafia.

Fast zwangsläufig nahmen wirtschaftlich renommierte Sponsoren ihre Fährte auf, je mehr Günther, Barny, Michael und ich in den Blickpunkt der Öffentlichkeit rückten. Heimatverbunden und gut im Geschäft, schlossen sich die Spiders den im mittelfränkischen Herzogenaurach beheimateten Sportartikelhersteller Adidas an. Als Gegenleistung für die finanzielle Vergütung, Hotelunterbringungen und Ähnliches benutzten wir außenwirksam deren Kleidung, Schuhe, Handtücher etc. und standen ihnen bei Presseterminen zur Verfügung. So kam es, dass ich Mitte der 80er auf Einladung von Adidas die »Internationale Fachmesse für Sportartikel und Sportmode«, kurz ISPO, besuchte. Dort machte ich Bekanntschaft mit den Sportikonen Franz Beckenbauer und Lothar Matthäus, beide ganz nette Typen. Torwartlegende Sepp Maier lernte ich in einem anderen Zusammenhang anlässlich der Übergabe einer Goldenen Schallplatte kennen, die er uns überreichte.

Zur Vorbereitung auf die *Scharf wia Peperoni*-Tour 1984 lud Adidas die Spider Murphy Gang zum Ort des Firmensitzes in ein riesiges Sporthotel ein. Dort unterwarfen wir uns eine Woche lang einem perfekt durchorganisierten Fitness- und Trainingslager. Unter der Leitung des Ex-Bayern-München-Kotrainers Werner Kern trimmten sich Günther, Barny, Michael und ich stets pressewirksam vor der Linse von Fotografen. Modernste sportmedizinische Aufbauprogramme mit anschließender Sauna standen zur Verfügung, um uns auf die Anstrengungen der Tour vorzubereiten. Derart in die Mangel genommen, sollten wir bei den anschließenden Konzerten nicht die geringsten konditionellen Schwierigkeiten spüren … die uns vermutlich aber auch ohne Intensivbetreuung erspart geblieben wären.

Nach der Aufzählung der ganzen Annehmlichkeiten mag man nun denken: Der Trojan führte am Höhepunkt seiner Karriere, mit Reichtum und Prominenz ausgestattet, ein super Leben. Auf den ersten Blick stimmte das auch. Jeder Musiker träumte von diesem Zustand, doch nur den wenigsten war er vergönnt. Es gab so viele Kolleginnen und Kollegen mit großartigen Fähigkeiten, die meiner Ansicht nach ebenfalls zur Weltklasse gehörten. Gleichwohl genossen sie kaum öffentliche Wertschätzung. Zum Beispiel wünschte ich »Eff Jott« Krüger, Gitarrist der Band Ideal, oder später Raoul Walton, Bassist von Marius Müller-Westernhagen Ende der 80er bis Anfang der 90er, eine viel größere Anerkennung. Sicherlich kann man bei ihnen keineswegs von brotloser Kunst sprechen, sie verdienten aber aus meiner Sicht viel mehr Beachtung, als ihnen zuteil wurde. Beide waren absolute Könner, Virtuosen an ihren Instrumenten. Überhaupt zählten die Begleitmusiker deutscher Popgrößen wie Herbert Grönemeyer, Udo Lindenberg, Peter Maffay zu den absoluten Spitzenkräften … aber wer kannte sie schon mit Namen?

Mir gefiel meine exklusive, rampenlichtbestrahlte Situation nicht so, wie es sich ein Großteil der Allgemeinheit vorstellte. Aus heutiger Perspektive kann ich versichern, dass ich nie wieder in diesem Maße berühmt sein möchte wie damals. Zu der Zeit umwuselte mich in Sekundenschnelle ein Dutzend Teenager – zum Glück alles Mädels –, nachdem ich ein Gebäude verlassen hatte. So müssen sich die Beatles gefühlt haben. Mir war das verhasst, weil weder die kichernde, unschlüssige Meute einerseits noch ich auf der anderen Seite eine Vorstellung davon besaßen, wie mit der Situation umzugehen war. Unschlüssig standen sich die zwei Parteien gegenüber und verharrten steif in ihrer jeweiligen Position, bis irgendwann einmal nach einem Autogramm gefragt wurde oder sich der Pulk der Neugierigen wortlos auflöste. Ständig schaute man mir auf die Finger, egal was ich machte. Selbst wenn mir ganz profan der Sinn danach stand, in der Öffentlichkeit Pommes rot-weiß zu essen, glotzten Umstehende, als hätte ich eine laufende Signalleuchte auf dem Kopf und eine lautstark tönende Tröte im Hintern.

Aus dem Gefühl heraus, immerwährend von anderen beobachtet und bewertet zu werden, nahm meine Persönlichkeit Abstand vom eigenen Ich. Sie ließ mich der Umwelt etwas vorspielen, um damit den inneren Kern abzuschirmen und zu schützen.

Als unbehaglich und einschränkend empfand ich es auch, permanent zur Aufwertung offizieller Anlässe und gesellschaftlicher Feste eingeladen zu werden. Meine Anwesenheit diente quasi als Trophäe für das persönliche oder institutionelle Geltungsbedürfnis des Gastgebers. Zwar feierte ich äußerst gerne, benötigte dazu jedoch einen ungezwungenen Rahmen, der diesen Veranstaltungen völlig abging. Allein deswegen waren mir Preisverleihungen in der Regel schnuppe, denn selten entschieden einsichtige Sachverhalte darüber, wer warum eine Auszeichnung bekam. Letztlich spielte der transportierte Glamour die erste Geige. Das Reich der Einflussnehmer, Begüterten und Schönen feierte sich selbst. Nein danke, darauf konnte ich verzichten. Deshalb verschenkte ich nachher alle Trophäen, weil sie mir nichts bedeuteten. Für meinen Spaß bei derartigen öden, routinierten Ehrungen musste ich selbst sorgen. So geschehen bei der Verleihung der »Goldenen Europa« am 30. September 1982 in Saarbrücken: Aus einem spontanen Einfall heraus schnappte ich mir den TRIO-Schlagzeuger Peter Behrens und wies ihn nach der Show an, mit mir gemeinsam eine aufblasbare circa drei Meter große Version des Preises unterzuhaken. Gemeinsam geleiteten wir die überdimensionierte tragbare Statuenattrappe zum Tresen der hauseigenen Bar, setzten uns rechts und links neben sie und gaben uns die Kante. Jede neue Runde starteten Peter und ich mit dem Spruch »Auf dich, Goldi!«, bis wir hackedicht waren.

Als Konsequenz des übermäßigen Erfolgstrubels der Band zog ich mich zurück, beziehungsweise schottete mich ab. Dieser Zustand vermieste mir als grundsätzlich gesellige, offene, menschenzugewandte Typen allerdings die Laune. Um mein ursprüngliches Naturell zumindest zeitweise leben zu können, begab ich mich als Konsequenz erst spät im Dunkeln nach draußen oder peilte meine Ziele möglichst über die Verbindung von Tiefgaragen an.

Ob meine Mutter aufgrund des Siegeszuges der Spider Murphy Gang stolz auf ihren Sohn war, blieb mir verborgen. Sie gab jedenfalls bei meinen Besuchen, die ich ihr trotz vollen Terminkalen-

Der TRIO-Schlagzeuger Peter Behrens war ein guter Freund von mir, mit dem ich gerne auch Blödsinn trieb.

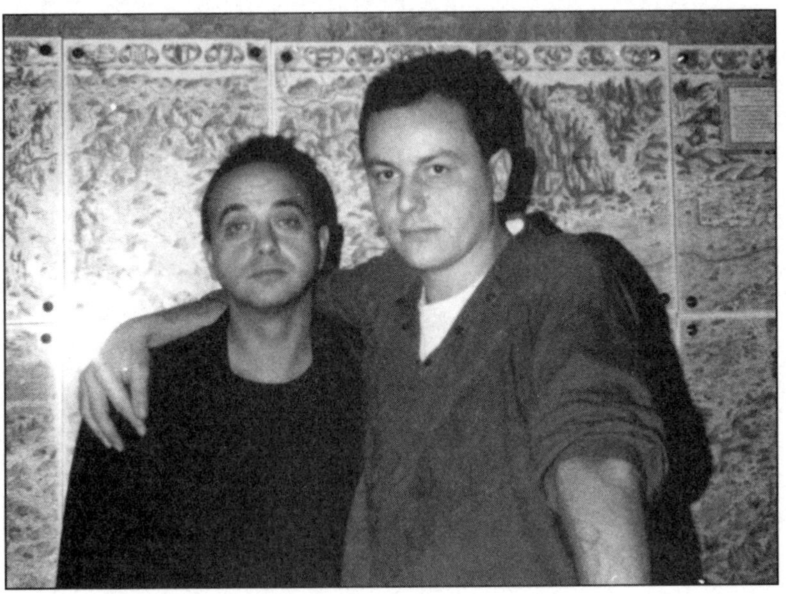

ders oft abstattete, nie Anzeichen, beeindruckt zu sein. Dabei hätte ich mich über ihre Anerkennung und die Würdigung meiner Leistung sehr gefreut. Im Gegensatz dazu zollten mir meine Geschwister für meinen Werdegang auf ihre Weise den erhofften Respekt. Sie riefen laufend an, um gratis Eintrittskarten, Platten und andere Souvenirs zu bekommen.

11

»SPIDER MURPHY GANG – DER FILM«

Jägermeister im Foyer

Mit dem Fernsehjournalisten Albert Krogmann verband mich ein freundschaftliches Verhältnis, seit ich mit ihm und Tobi Pflug in Köln nach dem Genuss von acht Flaschen Rotwein fürchterlich abgestürzt war. Wir hatten uns bei herrlichem Wetter auf einem Bürgersteig irgendwo in einem verkehrsarmen Teil der Altstadt niedergelassen und gar nicht mitbekommen, wie wir peu à peu betrunkener geworden waren.

Krogmann präsentierte seit 1977 in der ARD das Südwestfunk-Unterhaltungsmagazin *Bitte umblättern,* und in diesem Zusammenhang hatte er 1982 ein Special namens *Rock 'n' Roll auf Bayerisch* über die kurz vor dem Karrieredurchbruch stehende Spider Murphy Gang gedreht. Verschiedene Blickwinkel waren dabei eingenommen worden, sodass ich für die Aufnahmen noch einmal zusammen mit dem Musikverein Kulmbach-Weiher die »Locke« zum Besten gegeben hatte. Außerdem war in diesem Zusammenhang meine Mutter Leni von Krogmann befragt worden, die vor der Kamera Fürsorglichkeit gegenüber ihrem Sohn vorgaukelt und gesäuselt hatte: »Eigentlich sollte er Arzt werden.« Im Rahmen der Reportage war außerdem unser abgeranzter grün-weißer VW-Tourbus in die Luft gesprengt worden, wobei es sich nicht um das Original gehandelt hatte. Das wäre für uns finanziell undenkbar gewesen. Diese Dokumentation war gewissermaßen der Einstieg der Spider Murphy Gang in das Filmgeschäft gewesen.

1983 befand sich das Phänomen Neue Deutsche Welle auf dem Zenit, was bedeutete, dass die Geldkuh so lange gemolken wurde, bis sie nichts mehr hergab. Da nun musikalisch alle Hebel auf Vollfunktion standen, verlagerte sich das Genre auf das Filmgebiet. So kam es, dass Peter Zenk den seichten Musikklamauk *Gib Gas, ich will Spaß* mit *99 Luftballons*-Nena und *Ich will Spaß*-Markus in den Hauptrollen produzierte. Die Musik steuerten unter anderem die Gruppen Extrabreit und Morgenrot bei. Der Streifen kam im Februar des Jahres in die Kinos und wurde mit über 1,5 Millionen verkauften Eintrittskarten ein großer Erfolg, immerhin Platz 13 in den Jahrescharts. Warum also nicht noch weiter auf das Pferd setzen, dachte sich wohl auch der renommierte, mehrfach preisgekrönte und mit der bekannten Schauspielerin Senta Berger verheiratete Produzent Michael Verhoeven. Der damals Anfang 40-jährige gut aussehende, schwarzhaarige, braun gebrannte Beau und die Filmschönheit besaßen eine riesige Villa in München-Grünwald, einer der teuersten Wohngegenden Deutschlands. Die Söhne dürfen sich schon auf das Erbe freuen, malte ich mir ehrfürchtig beim Anblick des Anwesens aus.

Michael schlug uns auf Anregung und Vermittlung von Georg Kostya vor, einen Film zu drehen, der in überspitzter Form den Werdegang der Spider Murphy Gang bis hin zum Durchbruch cineastisch nachvollzog. Warum fiel die Wahl auf die Spider Murphy Gang? Einfache Antwort: Wir gehörten zu den erfolgreichsten Interpreten jener Zeit, also kannten und mochten uns viele. Wir verkörperten stark unterschiedliche Charaktere, bedienten somit unterschiedliche Vorlieben des Publikums. Zu guter Letzt sprachen wir deutsch – na ja, zumindest fast – und boten damit viel Identifikationspotenzial für die Zuschauer. Das Drehbuch machte uns kaum Vorgaben, wie jeder Einzelne von uns sich verhalten oder reden sollte. Verständlicherweise wussten wir selbst am besten, wie unser Karriereweg verlaufen war.

Entsprechend der Story trug das Werk, bei dem unser Entdecker Georg Kostya die Regie übernahm und der etwa ein halbes Jahr Dreharbeiten erforderte, den Titel *Spider Murphy Gang – Der Film.*

Verhoeven hielt sich bei den Dreharbeiten raus und schaute nur manchmal nach dem Rechten, da die Konzeptionierungsideen und deren Umsetzung hauptsächlich dem Regisseur zufielen. Kostyas eigene Person findet sich in der Handlung in dem Bandentdecker Joschko wieder, welcher im Rollstuhl sitzt. Das steht im Widerspruch zu der Tatsache, dass der erste, wahre, entscheidende Spider-Murphy-Gang-Förderer Memo Rhein auf solch ein Hilfsmittel hatte verzichten können.

Der Filmcharakter, den ich verkörperte, entsprach durchaus meinem Naturell, und passend zur Rolle als brunftiger Platzhirsch schmückte mich ein üppiges Brusthaartoupet. Ich sah auch keinen Grund, mein Macho- und Chauvi-Gehabe einzuschränken oder dem gar abzuschwören. Wozu? Der Erfolg gab mir recht, und die aufgebrachte Müsli-, Softie- und Feminismusfraktion auf der anderen Seite interessierte mich null. Dann doch lieber, wie im Spider-Streifen, den Weibern gleich zeigen, wo die Schürze hängt, und sie zum Spülen in die Küche schicken. Nie wäre es mir in den Sinn gekommen, tuntig mit einer Heißlufthaube über den Münchener Marienplatz zu laufen, wie es das Drehbuch für Michael Busse vorsah. Ich hätte mich das nicht getraut. Die Aufnahmen wurden heimlich von einem Dach aus in den Kasten gekurbelt, denn es sollte alles so echt wie möglich wirken.

Wir schafften es nicht nur an die Spitze der Charts, sondern auch als Darsteller in unserem eigenen Film.

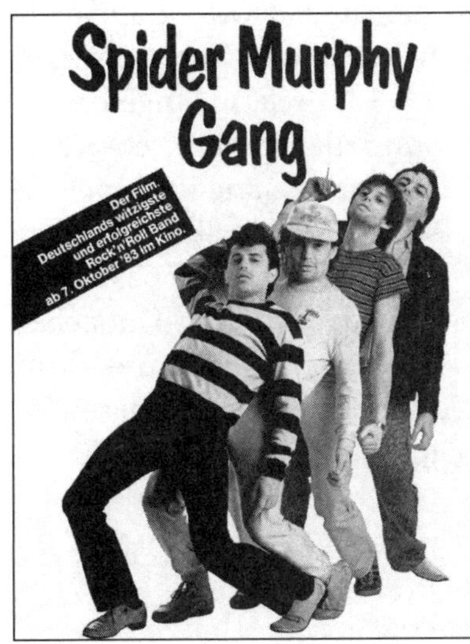

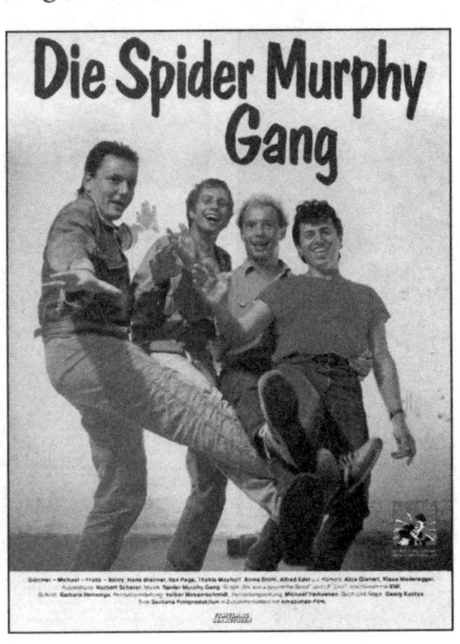

An oberster Stelle der Akteurliste stand neben uns der Joschko-Darsteller Hans Brenner, ein unfassbar guter Mime. Erst bei ihm erkannte ich, was für eine großartige Kunst es ist, professionell zu schauspielern. Innerhalb von Sekunden schlüpfte er, sofern verlangt oder gewollt, in die Rolle einer komplett anderen Person bei derselben äußerlichen Hülle. Mir fiel die Kinnlade herunter, so baff war ich. So etwas hatte ich noch nie erlebt. Dabei fühlte ich mich schon als geborener Schauspieler, zumindest um Längen besser als Barny und die anderen. Gegenüber Brenner war ich jedoch eine ganz kleine Sparflamme. Er war ein Meister seines Faches. Phänomenal. Wir alle staunten über seine Fähigkeiten.

Hans und ich verstanden uns prächtig, stellten gewissermaßen den Inbegriff von »ein Herz und eine Seele« dar. Nur … wenn ich schon bei Redewendungen bin … mein Spezi stand leider auch für die Phrase »Genie und Wahnsinn liegen eng beieinander«. Seine außergewöhnliche Begabung prallte auf einen ausschweifenden Hang zum Alkohol und zu Zigaretten. Anders ausgedrückt: Er soff wie ein Loch und qualmte wie ein Schlot. Ein Paradebeispiel dafür, Raubbau an der eigenen Gesundheit zu betreiben, was sicherlich auch stark mit dafür verantwortlich war, dass der arme Kerl 1998 im relativ jungen Alter von 59 Jahren an Krebs starb. Nie zuvor hatte ich einen so starken Alkoholiker kennengelernt. Es konnte passieren, dass der Joschko-Darsteller bereits morgens um fünf Uhr eine Flasche Jägermeister trank.

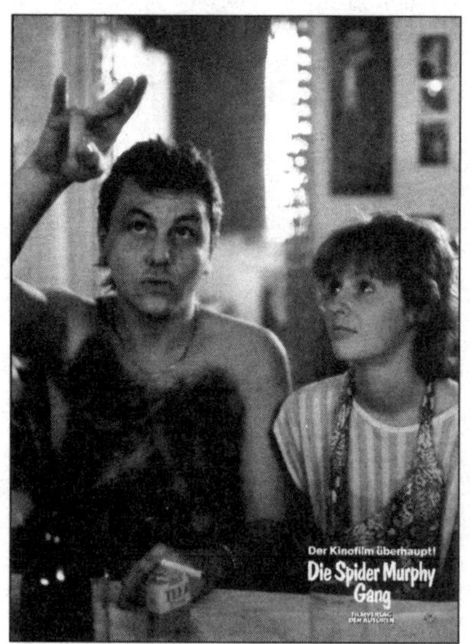

Für »Spider Murphy Gang – Der Film« trug ich ein Brusthaartoupet.

Die Exzesse von Hans Brenner trieben zuweilen abstruse Blüten. Einmal war er an einem Drehtag derart besoffen, dass es ihm unmöglich war, unfallfrei auf eigenen Beinen zu stehen. Das gefährdete die geplante Aufnahme eines Takes stark. Kurzerhand entschlossen sich die Jungs vom Film, den Hauptdarsteller unterhalb der Gürtellinie zu greifen, um ihn damit zu stabilisieren. Auf diese Weise war es für die Kamera möglich, ihn oben – nur dieser Bereich wurde in der Szene benötigt – ohne Schwankungen oder Stürze einzufangen. Komischerweise bereitete Brenner weder das Aufsagen des Textes noch das Mienenspiel Schwierigkeiten. Er spielte die Rolle perfekt. Das zeichnet einen Vollprofi aus.

Wie in Endlosschleife packte Brenner mich am Ende eines Drehtages und sagte: »Komm, Trojan, jetzt gemma einen saufen.« Er schleppte mich in die miesesten Schluckschuppen Münchens in Bahnhofsnähe, Obergiesing und dem Schlachthofviertel. Nur Eingeweihte wagten sich in diese Kaschemmen, normale Menschen mieden sie. Hans wollte nie berühmt sein und nutzte die dortige Gleichgültigkeit gegenüber aller Kultur jenseits der Qualität einer *Bild*-Zeitung, um nicht erkannt zu werden. Er empfand die Popularität eher als hinderlich, verwehrte sie ihm doch, sich per Schnaps und Bier in Ruhe gesellig zuzuschütten.

Von seiner Berufsgilde wusste Brenner einiges Negative zu berichten. »Von Angesicht zu Angesicht gibt es Bussi links, Bussi rechts, und hinter dem Rücken steckt das Messer« – so waren sinngemäß seine Worte. Unter Schauspielerinnen und Schauspielern gab es viel Stress aufgrund von Eifersüchteleien. Viele waren der Meinung, sie könnten den Part des anderen ebenso gut ausfüllen – wenn nicht sogar besser –, da es ein erlernbares Handwerk war. Demgemäß schlecht machten sie sich gegenseitig, vornehmlich hinter vorgehaltener Hand.

Jeder, der einmal mitbekommen hat, wie ein Handwerker – zum Beispiel ein Maurer, Maler, Elektriker oder Installateur – die Leistung eines Kollegen beurteilt, der weiß, wie selbstgefällig, lästernd, abqualifizierend die Professionsschelte abläuft. Bei den Mimen gesellten sich noch existenzielle Gründe hinzu, denn eine enorme Masse an Akteuren bewarb sich um eine vergleichsweise übersichtliche Anzahl an einträglichen Rollen. Viele mochten denken: »Wieso kriegt der die Rolle und nicht ich? Ich sitze hier wie bestellt und nicht abgeholt, und der spielt das. Scheiße!« Selbstzweifel und zum Teil vernichtende Depressionen lagen dann nah. Diese bedrückenden, verfahrenen, zermürbenden Zustände ragen bis in die neuere Zeit hinein. Die vergleichsweise aktuellen Selbstmorde solcher Schauspielerinnen und Schauspieler wie Jennifer Nitsch (*Allein unter Frauen*, 2004), Mick Werup (*Diese Drombuschs*, 2011) oder Silvia Seidel (*Anna*, 2012) legen aus meiner Sicht trauriges Zeugnis davon ab.

Musiker gingen pfleglicher miteinander um und reagierten seltener neidisch. Ihnen erschien es mehrheitlich eher befruchtend, sich gegenseitig zu unterstützen. Sie besaßen allerdings auch den Vorteil, zumeist ihr eigenes Ding machen zu können, wohingegen Darstellerinnen und Darsteller auf Engagements für vorgefertigte

Bei der Filmpremiere zu »Spider Murphy Gang – Der Film« ging es hoch her. Stargast war unter anderem Senta Berger (rechts kleines Bild).

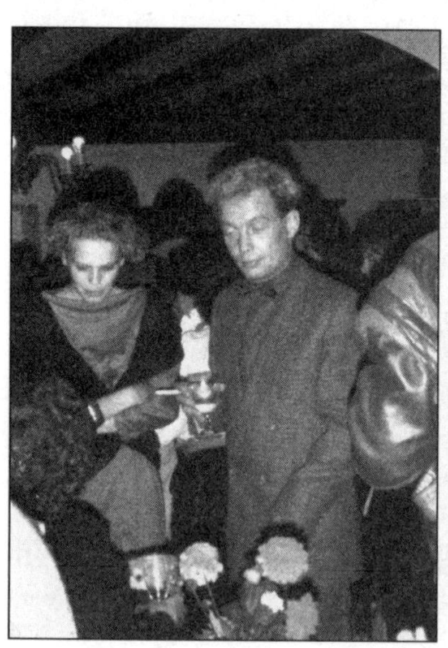

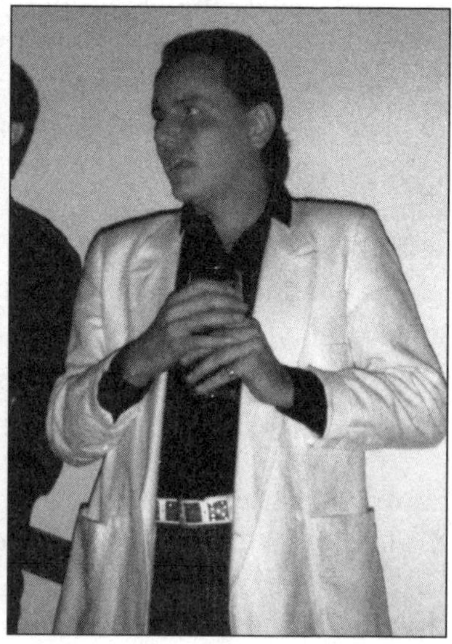

Stoffe warten mussten. Dadurch kam es bei den Mimen zu einem Ungleichgewicht zwischen Angebot und Nachfrage. Die Künstler der Töne hingegen nahmen sich einfach ihre Instrumente, ihre Ideen, und los ging es.

Eigentlich war Hans mit der Schauspielerin Ruth Drexel *(Monaco Franze, Der Bulle von Tölz)* liiert, unterhielt aber nebenher noch diverse andere Liebschaften. So sind die Künstler halt. Aus einer dieser Liaisons, nämlich mit der Schauspielerin Monica Bleibtreu, entstammte der gemeinsame Sohn Moritz, ein mittlerweile sehr erfolgreicher und von mir sehr geschätzter Schauspieler *(Knockin' on Heaven's Door, Lola rennt, Das Experiment)*. Der ließ mir über seinen Vater irgendwann einmal schöne Grüße ausrichten, worüber ich mich sehr freute.

Den breiten Massen wurde Hans Brenner später vor allem durch seine Darstellung des Hanns Martin Schleyer bekannt, jenes 1977 von der RAF entführten und getöteten Arbeitgeberpräsidenten. Für diese anspruchsvolle Leistung im 1997 ausgestrahlten Dokudrama *Todesspiel* erhielt

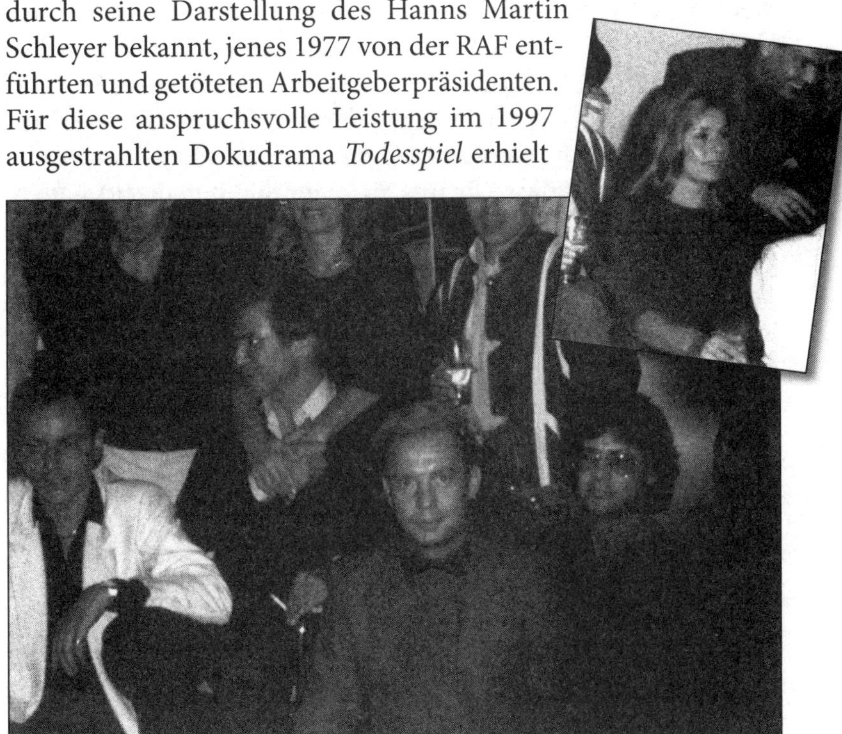

er mehrere Auszeichnungen. Vielfach trat Hans auch in Serien wie beispielsweise *Derrick* und *Der Alte*, aber auch in *Meister Eder und sein Pumuckl* auf.

Neben Brenner war von den anderen Darstellern im *Spider-Murphy-Gang-Film* vielleicht einzig noch der deutsche Schauspieler Alfred Edel *(Das deutsche Kettensägenmassaker)* erwähnenswert. Obwohl seine Rolle ursprünglich im Drehbuch fehlte, spielte er sich in das Set hinein und lebte von der puren Improvisation. Er war ein völlig schräger Typ.

Bei der Filmpremiere des Spider-Films im Mathäser Filmpalast am Stachus verneigten sich zu Beginn alle Darstellerinnen und Darsteller brav vor dem Publikum. Das war gespickt mit Promis wie Senta Berger oder Oberbürgermeister Erich Kiesl.

Bevor ich nach der Begrüßung der Gäste überhaupt einen Gedanken daran verschwenden konnte, Platz zu nehmen, griff mich Hans Brenner und raunte mir zu: »Da unten is a Kiosk. Da gemma jetzt 'nunter und trinken was.« Das bedeutete zwei Stunden Jägermeister bis zum Abwinken! Jeder ungefähr 20 kleine Pullen. Und das Beste war: Für niemandem im Publikum schien es von Interesse zu sein, dass wir uns aus dem Staub gemacht hatten. Selbst Personen, die während der Vorstellung durch das Foyer gingen, um die Toilette aufzusuchen, und das Gespann Brenner/Trojan sahen, zeigten keine Reaktion, auch wenn sie uns kannten. Erst als der Filmabspann lief, wankten wir hackedicht zurück zur übrigen Schar und verneigten uns, auf tönernen Füßen stehend, vor den Applaudierenden.

Man lasse die Situation einmal vor dem inneren Auge ablaufen: Da erfüllt sich der Traum, die Uraufführung des eigenen Kinofilms zu erleben, und statt gebannt die Atmosphäre aufzusaugen, besäuft man sich im Vorraum mit Hörnerschluck, auch Hochsitzcola oder Hochsitzschnaps genannt. Verrückt.

Ehrlich gestanden war es mir aber ganz lieb gewesen, einen Grund zu haben, den Anblick meiner selbst auf der Leinwand meiden zu können. So etwas überforderte mich emotional. Das packte ich einfach nicht. In die gleiche Richtung ging es, wenn man mich bei Konzertmitschnitten oder -aufzeichnungen groß auf dem Bildschirm bestaunen konnte. In aller Regel schaltete ich dann den Fernseher ab.

Den *Spider-Murphy-Gang-Film* habe ich erst etwa 27 Jahre später komplett gesehen. Was soll ich dazu sagen? Nette Unterhaltung.

Der Streifen lockte ab der Premiere am 7. Oktober 1983 immerhin fast 250.000 Zuschauer in die Kinosäle, womit er einen zufriedenstellenden Platz 67 der Kinofilmjahrescharts belegte. Die Presse urteilte verhalten, bisweilen auch schlecht über das Gebotene. Demgegenüber erfuhr ich vonseiten der Kinogänger positive Resonanz. Mir war es egal, und es lag mir nahezu völlig fern, mich eingehender um Wertungen zu kümmern.

Die Gage von 50.000 DM für jeden von uns vieren hatten wir der Sentana Produktionsfirma gespendet, damit sie den Film überhaupt in die Tat umsetzen konnte.

Die Filmerei faszinierte mich und stellte eine besondere Erfahrung und eine willkommene Abwechslung zum Musikerleben dar. Das hier war eine ganz andere, spannende, aufregende Welt, die bei aller Faszination allerdings auch harte Kost bereithielt. So war die Spider Murphy Gang bei der Bambi-Verleihung, die eine Ehrung für uns vorgesehen hatte, direkt vom Dreh gekommen. Der hatte bereits frühmorgens um fünf Uhr begonnen. Das war eine unchristliche Tageszeit gewesen, die Musiker normalerweise nur vom Hörensagen kannten. In Begleitung meiner Frau war ich am Ort der Bambi-Prämierung, im Münchener Sternerestaurant Tantris, aufgelaufen. Zunächst noch ganz munter, hatte ich den roten Teppich beschritten und im Lokal Platz genommen. Je länger die Zeremonie jedoch gedauert hatte, desto mehr hatte der Schlaf nach mir gegriffen. Ich war so fertig gewesen, dass mir ständig die Augen zugefallen waren. Zu allem Überfluss hatte mir der Tischwein nicht geschmeckt, weshalb ich dem Kellner 100 DM zugesteckt hatte, verbunden mit dem Auftrag, mir eine gute Flasche Scotch zu bringen. Ich hatte die Hoffnung gehabt, der würde meine Lebensgeister kitzeln. Leider war das gründlich misslungen, denn nun war ich endgültig eingeschlafen. Entrüstet hatte mich meine Frau mehrmals wieder aufgeweckt. Sie hatte es nicht fassen können, was sich vor ihren Augen abspielte. »Spinnst du, du kannst doch jetzt nicht pennen, wo ihr gleich den Bambi überreicht bekommt!«, hatte sie mir zugeblafft. Doch ich hatte es sehr wohl gekonnt. Dabei war der Abend ganz witzig gewesen, wozu der coole Spruch von Günther beigetragen hatte, der mit Blick auf das goldene Reh bei der Entgegennahme des Preises bemerkt hatte: »Leider müssen wir das Bambi einschmelzen … und vier kleine daraus machen.«

Neben den Preisträgern wie der Schauspielerin Dietlinde Turban und dem 2006 verstorbenen Tierfilmer Heinz Sielmann waren auch der US-Schauspieler und *Dallas*-Serienfiesling Larry Hagman (2012 verstorben) und der damals noch als Nachwuchshoffnung geltende Thomas Gottschalk mit der Auszeichnung bedacht worden. Das waren beides Menschen, die gute Laune verbreitet hatten.

Hagman hatte nach reichlichem Alkoholgenuss – es existiert übrigens ein Foto, welches uns zusammen stockbesoffen im Tantris zeigt – zu späterer Stunde die erste Strophe der deutschen Nationalhymne angestimmt. Zusätzlich hatte er von jedem Autogrammjäger verlangt, erst einmal ein Lied vorzutragen, bevor er seine Unterschrift setzte. Der hinter mir sitzende Franz Josef Strauß, mit dem ich über ein versehentliches Anrempeln ins Gespräch gekommen war, hatte das natürlich mitgekriegt. Jeder Gaudi zugeneigt, war ihm der Einfall gekommen, als Gegenleistung für eine Signatur zu fordern: »Jetzt sagt's a G'dicht auf für mi!«

Ich liebte den Strauß. Er war ein guter Typ, wirkte sympathisch, kumpelhaft, war gut drauf, brachte originelle Sprüche und liebte die hübschen Frauen. Ich fühlte mich ihm seelenverwandt, auch wenn er aus meiner Sicht der falschen Partei angehörte. Meine Zuneigung war ihm gewiss, obzwar man oft hörte, Strauß sei ein »linker Säger«.

Zum Oberbürgermeister Erich Kiesl, einem der Ehrengäste der Premierenvorführung unseres Films, hatte ich nie Kontakt, genauso wie zum 2. Bürgermeister Winfried Zehetmeier. Das waren mir beides unliebsame CSU-Vertreter. Anders verhielt es sich mit dem SPD-Nachfolger Georg Kronawitter, der 1984 das politische Ruder Münchens übernahm und es bis 1993 halten sollte. Meine Vorliebe für die SPD gründete sich wahrscheinlich ursprünglich darauf, dass ich in meiner Kulmbacher Kindheit und Jugend der Sozialistischen Deutschen Arbeiterjugend SDAJ angehört hatte. Mich befielen somit keinerlei Gewissensbisse, als wir auf Einladung von Kronawitters Büros als Überraschung für ihren Chef mit der Spider Murphy Gang aufspielten. Der Oberbürgermeister freute sich riesig, lud uns ins Rathaus ein und erkundigte sich, ob er etwas für uns tun könne. »Ja klar, ich wäre sehr gerne beim Fassanstich auf der Wiesn dabei«, entfuhr es mir. Der Gastgeber erwiderte: »Kein Problem, machen wir.« Er sicherte mir zu, eine Einladung zu schicken, und stand zu seinem Versprechen. In ungezähmter freudiger Anspannung fuhr ich am Stichtag um zehn Uhr vormittags in meinem Wohnort gen Oktoberfest los in der Annahme, die knapp 60 Kilometer in meinem PS-starken BMW bis zum Fassanstich um elf Uhr locker bewältigen zu können. Nur was nützen alle Pferdestärken der Welt, wenn sich ein mehrstündiger Stau zwischen Abfahrt und Ziel schiebt? Diese vermaledeite Blechkolonne zerfetzte meinen gedanklichen Plan in tausend kleine Schnipsel. Fluchend ob der Enttäuschung erreichte ich mit vier Stunden Verspätung gegen 15 Uhr die Biertränke. Wahrscheinlich lagen zu dem Zeitpunkt bereits die Ersten im Ausnüchterungszelt.

Neben Kronawitter mochte ich die SPD-Ikonen Herbert Wehner und seinen damaligen Kompagnon aus der Sozi-Führung Helmut Schmidt sehr. Beide fuhren eine klare Kante, die sich im schneidenden Mundwerk zeigte. Wehner ätzte gegen aufgebrachte Gegner mit Sprüchen wie: »Wer rausgeht, muss auch wieder reinkommen. Ich sage Ihnen Prost«, oder gegen angebliche Gefährten mit: »Der Herr Bundeskanzler badet gerne lau; so in einem Schaumbad.« Der berühmten »Schmidt-Schnauze« entstammten solch glorreiche Sätze wie: »Wer Visionen hat, sollte zum Arzt gehen …« oder »Politiker und Journalisten teilen sich das traurige Schicksal, dass sie oft heute schon über Dinge reden, die sie erst morgen ganz verstehen …« Herrlich, ich liebte das, und nun ist er im Himmel und erklärt Gott die Welt, wie eine Zeitung titelte. Heute gefällt mir aus der Riege der Politiker noch Gregor Gysi, weniger wegen seiner Ansichten, sondern aufgrund seines rhetorischen Geschicks, aber der ist ja nun auch im Politiker-Ruhestand …

Einige Zeit nach unserer Zusammenarbeit beim Spider-Film lud Hans Brenner Günther, Barny, Michael und mich ein, bei den Tiroler Volksschauspielen aufzuspielen. Die fanden jährlich im Sommer oben auf einem Berg vor schöner Kulisse in Telfs statt. Hans hatte dieses Spektakel 1981 mit ins Leben gerufen und bekleidete ab 1985 bis zu seinem Tod das Amt des Obmanns.

Was sollen wir hier?, schoss es mir durch den Kopf, als ich die Atmosphäre des Geländes schnupperte, gefolgt von: Oh Gott, die spielen ja nur so modernes Theater, das keine Sau versteht. Kurzum: Die Rahmenbedingung erfüllten alle Voraussetzungen für ein bevorstehendes Desaster. Die Erwartung des Publikums nach ausgewähltem, exquisitem, künstlerisch gehaltvollem Hörgenuss und unser erdiger, schnörkelloser Rock 'n' Roll schienen zu weit auseinander. Dennoch wurde der Gig ein voller Erfolg. Man musste sich nur trauen.

12

TOURNEE DURCH DIE DDR

»Big brother is watching you«

Parallel zu dem Filmprojekt wurde der Spider Murphy Gang im Herbst 1983 die Ehre zuteil, zwei Wochen durch die DDR zu touren, als Pioniere sozusagen. Deswegen hatten die Dreharbeiten auf Geheiß von Michael Verhoeven ein halbes Jahr zuvor im Mai begonnen, damit die Filmplakate hingen, sobald wir hinter dem Eisernen Vorhang unterwegs waren.

Keine deutsch singende bundesrepublikanische Band war zuvor in den Genuss dieses Privilegs gekommen, und das zu einem Zeitpunkt, als auch Udo Lindenberg in der DDR pressewirksam um Auftritte buhlte. Unser Coup war nur durch das Einwirken vom mächtigen Franz Josef Strauß möglich, so meine Überzeugung. Explizite Hinweise fehlten freilich, aber das Zusammentreffen des Milliardenkredits für die fast bankrotte DDR und die Bewilligung der Gastspielreise einer in bairischer Mundart singenden westdeutschen erfolgreichen Musikgruppe war schon auffällig. Schließlich hatte der CSU-Vorsitzende auf der einen Seite die Finanzspritze für den »Bruderstaat« zusammen mit einem westdeutschen Bankenkonsortium unter der Federführung der Bayerischen Landesbank aufgebracht. Auf der anderen Seite war die Spider Murphy Gang als Dauergast bei offiziellen Anlässen mit ihm in Kontakt gekommen, und wir hatten uns sehr gut mit ihm verstanden. Außerdem gefiel Strauß unsere Musik. Ist es da abwegig, anzunehmen, dass der bayerische Landesvater in den Kreditverhandlungen ein gutes Wort für uns einlegte und somit unser Konzertdeal von oberster Stelle in die Wege geleitet wurde? Ich finde nicht.

Vieles wurde dem Landesvater vorgeworfen, wie zum Beispiel seine Rolle beim Flugzeugtyp Starfighter. Als Verteidigungsminister soll er angeblich gegen Schmiergeldzahlungen 700 Exemplare des noch unausgereiften Kampfjets geordert haben. Die stürzten dann in großer Zahl ab und firmierten anschließend als »Witwenmacher«. In einem anderen Zusammenhang unterstellte man Strauß, Scheinfirmen gegründet zu haben. Aus denen hatte er – so die Mutmaßung – rechtzeitig Geld herauszogen, bevor der Schwindel aufflog. Sein Name tauchte jedoch nirgends explizit auf. Hinzu kamen möglicherweise Waffengeschäfte oder die Annahme von Provisionen bei weiteren Krediten. Alles denkbar, alles vielleicht passiert … aber man konnte ihm nie etwas beweisen, und so hieß es: »im Zweifel für den Angeklagten«.

Auch um den Tod des Landesvaters ranken sich mysteriöse Geschichten. Die offizielle Version besagte, er sei auf dem Weg zu einer Hirschjagd am 1. Oktober 1988 bewusstlos zusammengebrochen, hätte teilweise Erbrochenes in die Atemwege geschluckt und sei bei den anschließenden Rettungsmaßnahmen letztendlich tödlich verletzt worden. Mir steckte jedoch ein Sanitäter, der beim Abtransport der Leiche dabei gewesen sein will, dass Franz Josef Strauß ganz schnöde in einem tschechischen Puff verstarb. Der große CSU-Vorsitzende und ehemalige Kanzlerkandidat hatte sich demnach wie ein kleiner Sünder beim Liebesakt übernommen. Es gibt schlimmere Wege, ins Jenseits zu schreiten. Ob die Puff-Geschichte zutrifft? Keine Ahnung, ich war ja nicht dabei. Aber passen könnte sie zu Strauß, diesem Kraftprotz und Lebemann. Gern hätte ich mit ihm mal einen Jägermeister oder zwei getrunken, im Zweifel auch in einem Puff.

Die Spider Murphy Gang beschäftigten politische Dinge wenig. Sicherlich interessierten Günther, Barny, Michael und mich die nationale und internationale Großwetterlage, schließlich passierte Anfang der Dekade ungeheuer viel, wie der Einmarsch sowjetischer Truppen in Afghanistan 1980, die Anerkennung von Aids als epidemische Krankheit 1981, die Inthronisierung von Helmut Kohl als Bundeskanzler 1982 oder die Durchsetzung des NATO-Doppelbeschlusses 1983. Wir gaben uns jedoch weitgehend unbeeindruckt, sofern die Entwicklungen unser

Gewissen beim Karriereverlauf zumindest weitgehend in Ruhe ließen.

Eine der Ausnahmen bildete 1984 der Song *No Reggae in Munich,* eine Abrechnung mit der kleinkarierten, verlogenen, doppelmoralistischen Obrigkeit Münchens. Die Stadtverantwortlichen erdreisteten sich tatsächlich, ein Konzert des Reggae-Stars Peter Tosh zu verbieten, und führten dabei als Begründung ins Feld, dass dieser sich im Lied *Legalize It* dafür einsetzte, den Konsum von Marihuana zu erlauben. Was für eine hanebüchene Reaktion! In der bundesweit führenden Bierstadt ächtete man Joints, akzeptierte demgegenüber aber gleichzeitig nicht nur den ausgiebigen Alkoholgenuss, sondern hieß diesen auch noch gut. Dabei richtete der Genuss von Alkohol weit mehr Schaden an. Man musste sich nur die Bilanz des jährlichen Oktoberfestes ansehen und die damit einhergehende Zahl an Bier- und Schnapsleichen und Gewaltdelikten. Allerdings verdiente der städtische Säckel am Bierausschank ordentlich mit. Das wischte eventuelle Bedenken über die Ausschweifungen schnell vom Tisch und stellte die persönliche Justierung auf O.K.

Am 1. November 1983 überquerten wir zur zehntägigen Tournee den Grenzübergang zur DDR bei Hof, ohne gefilzt zu werden. Diesen Ablauf hatte man uns bis dahin nie erspart. Bei jedem Berlintrip waren wir ansonsten nach allen Regeln der Kunst überprüft worden, wobei der obligatorische Spiegelblick unter den Wagen meist den Beginn einer stundenlangen Prozedur einläutete. Dieses Mal verlief jedoch alles reibungslos, und man winkte uns anstandslos durch. So geschah es fortan an jeder Schlagbaumkontrolle im Verlaufe der kommenden zwei Wochen. Die Beamten wussten ganz genau, wann die Spider Murphy Gang anrücken würde, und hatten die Weisung, unter Auslassung aller Schikanen freie Durchfahrt zu gewähren. Da wachte wohl das Auge der obersten Ebene über unsere ungehinderte Reise im Dienste der Musikbeschallung.

Wie erwartet übergab der Staatsapparat der DDR unserem Management eine Liste von Verhaltensweisen, die wir während der

Tournee geflissentlich berücksichtigen sollten. Dieses mehrseitige Dokument enthielt eine Indexliste an Spider-Murphy-Gang-Songs, die dem Publikum bei Konzerten vorenthalten werden sollten. Darunter befand sich auch *Skandal im Sperrbezirk* wegen des Bezugs zum schmuddeligen Rotlichtmilieu. Schließlich forderte das Weltbild des sozialistischen Arbeiter-und-Bauern-Staates eine moralisch einwandfreie, saubere Lebensweise, in der Nutten, Zuhälter und Puffs keinen Platz fanden. *I wander aus* stand ebenfalls auf der Liste. Wahrscheinlich witterte die Führungsebene beim Präsentieren des Songs die Gefahr, dass der schwelende Wunsch vieler DDR-Bürger nach freier Entfaltung befeuert würde.

Gehalten haben wir uns an die Liste bei den immerzu geilen Konzerten zur Freude der Adressaten nie, egal ob in Glauchau, Zwickau, Chemnitz (damals Karl-Marx-Stadt), Bad Blankenburg, Unterwellenborn, Rostock, Riesa oder Gera. Wir ignorierten schlichtweg die Weisung und spulten das gleiche Programm wie im Westen ab, obwohl sich die Zuschauer mindestens zur Hälfte aus Linientreuen zusammensetzten, da die Karten vorzugsweise über die FDJ unters Volk gebracht wurden. Belangt wurden die Spiders für den Ungehorsam nicht. Was sollten die Veranstalter auch machen? Mitten im Lied den Stecker ziehen?

Entgegen der beabsichtigten Richtlinie der politischen Führung, dass die Damen und Herren im Saal gesittet der Musik folgen mögen – am besten noch unterstützt durch ein missbilligendes Naserümpfen, sobald ein Indexlied gespielt wurde –, standen die Leute nach wenigen Songs bereits auf den Stühlen. Sie sangen jedes Stück begeistert mit und kannten einfach alles. Gerade die Textzeilen *»Ich packe meine ›Sieben Sachen‹ / und mache mich aus dem Staub«*, *»Ja, i wander aus! / Ja, i geh nach Kanada! Kanada!«* und *»Ich mache mich auf die Socken / Egal wies weitergeht«* aus *I wander aus* kamen besonders inbrünstig und laut herüber, so nahm ich es zumindest wahr.

Die Auflösungserscheinungen der strengen Sitzordnung starteten regelmäßig in den letzten Reihen. Von dort schwappten sie kontinuierlich weiter und erfassten zuletzt auch die vorderen

Kolonnen, die nur stramme Genossen und Stasi-Angehörige einnehmen durften.

In Glauchau, der ersten Station, flippten die 500 Enthusiasmierten im alten, stuckverzierten Theater dermaßen aus, dass sie per Tanzen und Abrocken das Sitzmobiliar vollständig zu Kleinholz verarbeiteten, welches nachher verstreut auf dem Boden lag. Es war gigantisch, auch wenn danach eine Komplettrenovierung anstand. Das SED-Organ *Neues Deutschland* kommentierte am 3. November 1983 jedoch wohlwollend: »Mit stürmischem Applaus wurde am Dienstag das Programm der BRD-Rockgruppe Spider Murphy Gang im Kreiskulturhaus Glauchau aufgenommen.«

Draußen vor den Veranstaltungsgebäuden warteten stets noch Tausende von Menschen, die zum Teil der eingefleischten Fangemeinde angehörten. Leider befanden sie sich aber nicht in der Gunst der Verantwortlichen. In Karl-Marx-Stadt etwa spielten wir im Kultur- und Kongresszentrum vor knapp 2.000 Leuten. Vor den Türen harrten allerdings noch 70.000 Menschen aus in der

Die DDR-Tour der Spider Murphy Gang war ein Riesenerlebnis für mich.

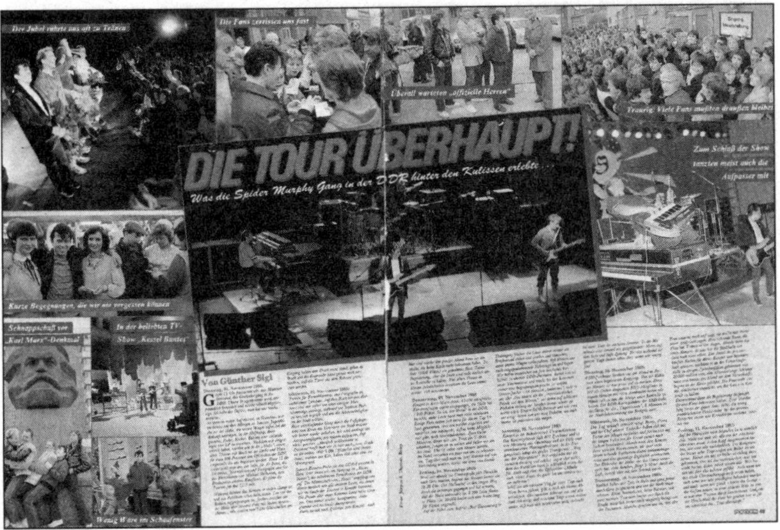

Hoffnung, akustisch versorgt zu werden. Kurzerhand verfrachteten unsere Roadies einen Teil der Technik samt großen Lautsprechern unter den freien Himmel, um zumindest den Versuch zu unternehmen, alle zufriedenzustellen. Gemäß der Devise »der Zweck heiligt die Mittel« herrschte anschließend eine Stimmung nahe der Glückseligkeit. Unser Tourbetreuer Tobi Pflug fachte dieses Gefühl durch das großzügige Verteilen von Merchandise-Artikeln nebst Autogrammkarten noch weiter an. Diese Geste der Anteilnahme wurde bei jedem Gig durchgeführt, und die Geschenke wurden uns förmlich aus den Händen gerissen. Tumultartige Szenen waren die Folge, weil die Fans sich wie eine ausgehungerte Löwenmeute auf die Beute stürzten. Die Volkspolizei sah sich deshalb häufiger genötigt, rabiat einzugreifen, um die öffentliche Ordnung wiederherzustellen. In den Intershops – dort gab es unsere Platten zu kaufen – ging es sicherlich gesitteter zu.

Dass uns trotz des Hinwegsetzens über die verlangten Vorgaben zum Glück Ärger erspart blieb, lag sicherlich zu großen Teilen an unserem diskreten staatlichen Betreuer. Er war eigens abgestellt worden, um die Spider Murphy Gang im Auge zu behalten. Auf der anderen Seite half er bei Schwierigkeiten. Alles andere als ein Miesepeter, sondern ein äußerst netter, freundlicher Zeitgenosse, hielt er immer Marlboro-Zigaretten, Scotch, aktuelle Zeitungen, also lauter gewohnte westdeutsche Artikel, parat. Nur Mädels und damit in Verbindung stehende annehmliche Dienste befanden sich nicht in seiner Angebotspalette. Außer den Versorgungsdiensten schleuste er – ich nannte ihn bald nur noch »Stasi« – die Band in Diskotheken ein, zu denen sie zuvor keinen Zutritt bekommen hatte. Er war quasi das Mensch gewordene »Sesam öffne dich« mit dem Stasiausweis als Schlüssel. »Diskothek der Leistungsklasse« hießen die Schuppen, in denen normalerweise nur ausgesuchte Eliteangehörige, ausgestattet mit entsprechender Visitenkarte, Einlass erhielten.

Einmal drin im Schuppen, feierten wir regelmäßig ordentlich ab, becherten und lachten lauthals. Überall dort, wo die Spiders auftauchten, stellten sie ziemlich alles auf den Kopf. Bei uns ging es halt rund! Remmidemmi ohne Ende! Wir wurden aber nie angewiesen, uns doch ein wenig gesitteter zu benehmen.

Am 6. November verließen wir für zwei Tage die ehemalige sowjetische Besatzungszone. Nach genossener Erholung in Westberlin legte Sigl bei der Wiedereinreise absichtlich einen 1.000-DM-Schein hinten auf den Boden des Mercedes. Er wusste sehr wohl, dass es untersagt war, Geld einzuführen, aber Günther kitzelte es, die Reaktion des Grenzpersonals zu erfahren. Vor der Inspizierung alberten wir vier herum und stellten die Vermutung an, der Zöllner würde die Banknote konfiszieren. Wir schrieben also das Geld bereits ab. Stattdessen fand der Beamte während der oberflächlichen Durchsuchung den Schein, fragte, wem dieser gehöre, und reichte ihn unserem Frontmann kommentarlos, nachdem dieser sich als Besitzer gemeldet hatte. Wie bereits erwähnt: Eine einflussreiche Obrigkeit hielt schützend die Hand über uns.

Diese sanfte Behandlung wurde dem westdeutschen Begleitpersonal der Spider Murphy Gang allerdings verwehrt. Willie Duncan, damaliger Roadmanager der Band und gleichzeitig mein Daimler-Chauffeur – Willie hielt vorne das Steuer und ich hinten die Stellung oder manchmal ein Schläfchen –, erhielt an der Grenze trotz intensiver Bitte noch nicht einmal ein Glas Wasser. Zu meiner Schande muss ich gestehen, dass ich ihm zuvor dieses aus Spaß verweigert hatte.

Einiges in der DDR gestaltete sich sehr verkrampft und missgünstig, selbst wenn es sich um Einrichtungen handelte, die zum Vergnügen von Leib und Seele gedacht waren. In einem Zwickauer Restaurant galt es schon als Affront und verstimmte das Personal, als unser gesamtes Team Stühle umstellte und Tische zusammenrückte, damit alle beim Essen in einer Runde sitzen konnten. Mobiliar in einer Gaststätte vom dafür vorgesehenen Platz zu verschieben war verboten. So etwas war gegen die sozialistische Ordnung, die nicht gestört werden durfte. Konformität genoss die höchste Priorität … bis unser Stasi-Betreuer einschritt und unser Trupp endlich in Ruhe die leckeren Broiler mampfen durfte.

Das ganze Gehabe wirkte umso absurder, weil die Spider Murphy Gang kurz zuvor in einem offiziellen Akt vom Stadtrat herzlich empfangen und mit einem Buch über den etwa 120.000 Einwohner zählenden Ort beschenkt worden war (zum Vergleich: 2013 waren es nur noch circa 90.000). Stolz war das Oberhaupt auf die Sehenswürdigkeiten Zwickaus eingegangen und hatte angetan vom weltberühmten Trabant, der hier gebaut wurde, schwadroniert. Daran dachte ich noch, als ich nach der zickigen Gasthausbedienung im üppig PS-bestückten Mercedes aus der Stadt davonbrauste. Dem hatten im Übrigen bereits umtriebige Souvenirjäger in einer Nacht-und-Nebel-Aktion den Stern geklaut.

Die Fahrt von Rostock ins 450 Kilometer entfernte Riesa verlief, was das körperliche Befinden einiger Bandmitglieder anging, sehr unruhig. Barny, Michael und ich hatten uns nach dem Auftritt vor 4.500 Leuten in der größten Stadt Mecklenburg-Vorpommerns hinter der Bühne an zwar schmackhaften, aber verdorbenen Tatarbrötchen gütlich getan. Die suchten sich unterwegs von der Ostsee nach Sachsen mehrmals den Weg nach oben und nahmen Unverdautes, welches Lust hatte mitzukommen, gleich mit. Bei Barny war es bereits nach der ersten Kurve so weit: In hohem Bogen kotzte er aus der halb geöffneten Limousinentür. Ich schloss mich ihm kurze Zeit später an. Mahlzeit.

Zusätzlich zu den neuen Eindrücken knüpften wir auch Bande zu den wirklich hervorragenden, von den Fähigkeiten her höchsten Ansprüchen genügenden DDR-Bands. Dazu zählten Karat *(Über sieben Brücken mußt du geh'n, Der blaue Planet, Jede Stunde)*, Silly *(Bataillon d'Amour)* mit der unvergessenen, sehr attraktiven Frontfrau Tamara Danz, die Puhdys *(Geh zu ihr, Alt wie ein Baum)* sowie die damals im ostdeutschen Sektor schwer angesagten Stern Meissen. Das hieß nicht unbedingt, dass ein tatsächlicher Austausch stattfand, nein, aber die Musik der genannten Gruppen war drüben allgegenwärtig.

Karat besuchten ein Konzert von uns, kamen anschließend in den Backstagebereich, und wir unterhielten uns angeregt. Als wir feststellten, dass die Spider Murphy Gang den gleichen riesigen 80-Tonner-Equipment-Truck benutzten, wusste der 2004 verstorbene Sänger Herbert Dreilich zu erzählen: »Unser Tour-Lkw ist immer nur halb voll, wenn wir die Erlaubnis bekommen, zu Konzerten nach drüben zu fahren. Dort kaufen wir dann ein, was so benötigt wird.« Badewannen, Bäder, Kacheln, Spülmaschinen, Waschmaschinen, natürlich Instrumente … all so ein Zeug haben Dreilich und seine Männer zum Teil auf Bestellung besorgt, eingepackt und zu Hause weiterverkauft.

Im Osten saß das gemeine Volk, wenn es sich um Konsumgüter handelte, auf Brachland. Musiker mussten über 20.000 Ost-Mark für den im Jahre 1983 von Yamaha herausgebrachten Synthesizer DX 7 berappen. Das war ein Witz, wenn man bedachte, dass solch ein Gerät im Westen 4.700 DM kostete.

Verschiedene, eher unbekannte Bands fragten, ob wir ihnen die Instrumente wie Schlagzeug, Becken, Gitarren, Verstärker etc. verkaufen könnten. Es mangelte ja vor allem an den neuesten technischen Errungenschaften, und die Spider-Ausstattung befand sich auf der Höhe der Zeit. Schließlich konnten wir uns das leisten. Aus dem Handel wurde natürlich nichts, denn einerseits brauchten wir die Ausrüstung selbst, und andererseits bestand die Gefahr, einer Täuschung aufzusitzen. Wer konnte schon garantieren, dass die Bittsteller nicht von der Staatssicherheit als Köder geschickt worden waren?

Es nötigte mir allerhöchsten Respekt ab, wie die DDR-Musiker die sehr strengen Auflagen der Kulturaufsicht erfüllten, aber dennoch ihre Regimekritik über die Poesie auszudrücken vermochten. Karat lieferten in diesem Zusammenhang mit *Über sieben Brücken mußt du geh'n* eine Meisterleistung ab, schon allein mit den Zeilen: »*Über sieben Brücken mußt du geh'n, / sieben dunkle Jahre übersteh'n, / siebenmal wirst du die Asche sein, / aber einmal auch der helle Schein.*« Oder: »*Manchmal scheint die Uhr des Lebens still zu stehn, / manchmal scheint man immer nur im Kreis zu gehn (…) manchmal haßt man das, was man doch liebt.*«

Von »Stasi« war es uns ausdrücklich untersagt, den Kontakt mit der gemeinen Bevölkerung zu suchen. Die Führungsebene hatte ihm vorgegeben, streng darauf zu achten. Eine rundweg abwegige Order. Für wen spielten wir denn?

Ich sollte nach der Tour gut verstehen, warum die kölnische Erfolgsgruppe BAP auf eine im Januar 1984 kurz bevorstehende DDR-Tour verzichten würde, nachdem ihnen die Politführung starrköpfige Restriktionen vorgelegt hatte. Natürlich hätten wir im Vorfeld genauso reagieren können, als öffentlichkeitswirksames Zeichen und in seiner Absicht nachvollziehbar. Unser Gedanke bestand jedoch darin, die Regeln vorgeblich zu akzeptieren und anschließend fankompatibel so weit zu beugen, dass beide Seiten gut bis sehr gut damit leben konnten.

Für uns war es selbstverständlich – davon konnte uns auch »Stasi« nicht abhalten –, innerhalb der Städte, in denen wir uns aufhielten, hinter die schön restaurierten sauberen, instandgesetzten Zentrumsfassaden zu schauen … und ernsthaft schockiert beziehungsweise irritiert darüber zu sein, wie baufällig, schmuddelig, verkommen es dort aussah. Wenige Hundert Meter vom heilen Erscheinungsbild entfernt schien hier nach dem Zweiten Weltkrieg alles liegen geblieben zu sein. Lauter zerbombte, zerfallene Häuser, um die Begriffe »Ruinen« und »Rattenlöcher« zu vermeiden. In denen wohnte die Bevölkerung. Es entsprach allerhöchstens dem westdeutschen Standard der frühen 50er-Jahre. Ohne arrogant sein zu wollen, behaupte ich, dass sie in der DDR in mancherlei Hinsicht 30 Jahre hinterherhinkten.

Im Gegensatz zu den schockierenden baulichen Zuständen schwappten uns von den Menschen eine Herzlichkeit und Dankbarkeit entgegen, die uns viere vom Schicksal Begünstigten vor Scham und Demut schier sprachlos machte. Mit einem freundlichen »Schön, dass ihr da seid« kamen die Leute aus den Behausungen, umringten uns nicht selten zu Hunderten und begrüßten jeden. Diese Menschen hoben uns durch ihre Kenntnis von jedem Spider-Hit sowie dem Anschauen unserer Auftritte im Westfernsehen auf eine Empore, wohingegen sie in einem verrotteten, vom

Zusammenbruch geprägten Grau in Grau ihr Dasein fristeten. Ich kann mich an eine Metzgerin in Zwickau erinnern, die, vom Glück übermannt, auf mich zurannte, mich innig umarmte und mir heftig die Hände schüttelte. Dabei vergaß sie völlig, zunächst ihre komplett blutverschmierte Montur abzulegen. Sehr gewöhnungsbedürftig zwar, weil ich anschließend ebenso besudelt war – allerdings ohne schützende Schürze –, aber rührend.

Vertrauensselig schütteten uns einige ihr Herz aus, wie es war, eingesperrt leben zu müssen, verbunden mit dem trüben Ausblick, kaum mehr als die Welt bis zur nächsten Plattenbausiedlung zu Gesicht zu bekommen. In diesen Bezirken führte selbst der »Blockwart« neben seinen Hausmeistertätigkeiten Bespitzelungsdienste aus und protokollierte, wer was machte und wer ein und aus ging. Überwachung, wohin man nur schaute. Horror!

Die betroffenen Menschen strahlten tiefe Frustration und Verzweiflung aus, was uns bedrückte. Die Geschichten von haarsträubenden Fluchtversuchen kamen nicht von ungefähr. Ganz zu schweigen von den schauerlichen Knastgeschichten der gefassten Personen. Man muss es wirklich gesehen, gehört und erlebt haben, um zu kapieren, was für ein scheiß Land die DDR für ihre eigenen Landsleute war. Die Spiders konnten nur versuchen, den Menschen insofern etwas zu helfen, indem wir auf der Bühne ordentliche, Rock-'n'-Roll-geschwängerte Stimmung und gute Laune erzeugten. Damit rückte im besten Falle der Alltag vorübergehend in den Hintergrund.

Städte wie Dresden oder Rostock gefielen mir grundsätzlich sehr gut, und ich hätte mir vorstellen können, in einer der dort befindlichen, beeindruckenden Villen zu wohnen. Allerdings verbannte ich den Gedanken sofort, als ich die Geschichte der ehemaligen Besitzer erfuhr. Es handelte sich um Juden, die im Dritten Reich das Land verlassen mussten oder, noch um vieles schlimmer, ermordet worden waren. Allein bei dem Gedanken daran wurde mir ganz mulmig zumute. Davon abgesehen, konnte ich mir noch nicht einmal im Traum vorstellen, meine Freiheit zugunsten dieses offenen Vollzugs in Staatsform aufzugeben. Niemals!

Meinen gesammelten negativen Eindrücken verschaffte ich in einer *Tagesthemen*-Sendung am 10. November 1983 verbal Luft und sorgte damit für reichlich Zündstoff. Der ARD-Nachrichtenplatzhirsch räumte der Spider Murphy Gang innerhalb des Abendformates irgendwann in der Spanne von 22.30 Uhr bis 23.00 Uhr eine Liveschaltung ein, weil uns als erste deutschsprachige Band die Ehre zuteil wurde, eine DDR-Gastspielreise zu unternehmen. Mir als Sprachrohr der Band oblag es nun, das kurze Gespräch mit dem Anchorman der Nachrichtensendung – ich meine, es wäre Hanns Joachim Friedrichs gewesen – zu führen. Die selbst verordnete Verabreichung einer Flasche Scotch nach dem Gig in Gera samt nahendem Vollrausch lockerte meine Zunge und setzte meine Hemmschwelle stark herab. Deshalb bekam Friedrichs auf die Frage »Herr Trojan, wie kommt Ihnen die DDR vor?« postwendend von mir die Antwort: »Wie das Dritte Reich!« Es dürfte wohl jedem klar sein, dass die Presse in den folgenden Tagen über mich – sehr, sehr milde ausgedrückt – wenig Wohlwollendes schrieb.

Man darf nicht die Bedeutung und Breitenwirkung unserer Rundreise vergessen: Die Spider-Murphy-Gang-Tournee wurde wegen der Exklusivität von einem enormen Presseanhang (ZDF-Kamerateam, Abordnung des Bayerischen Rundfunks, tägliche Berichterstattung in zahlreichen deutschen Tageszeitungen wie *Bild, tz, SZ, Münchner Abendzeitung*) umschwirrt. Ständig lungerten Journalisten und TV-Teams um uns herum, die auf Teufel komm raus interviewten und filmten. Alle hatten Spaß und kannten unsere Lieder. Morgens gab es immer einen mächtigen Auflauf, wenn es nach dem Frühstück im Hotel zum nächsten Gig ging. Günther, Barny, Michael und ich stiegen in die gelben Mercedes-Limousinen der S-Klasse, die schätzungsweise 70 Journalisten schlüpften in ihre motorisierten Vehikel, und dann rauschte die Kohorte davon. Vor dem Start schoben sich immer auch noch zwei Ladas mit Stasibesatzung als Beobachtungsposten dazwischen. Die bekamen stets Probleme, der Band zu folgen, weil die ansonsten geltenden Geschwindigkeitsbeschränkungen für uns außer Kraft gesetzt waren. Mit einer Lada-Höchstgeschwindigkeit von vielleicht 135 km/h kam es somit zu einem höchst ungleichen Kräftemessen. Ganz zu schweigen davon, dass durch heftige Vibration im hochtourigen Bereich die Karosserie der Russenschleuder den Insassen um die Ohren zu fliegen drohte. Wegen der gedrängten Termine heizten wir mit zum Teil 200 km/h über die holprigen Plattenpisten, die allen Ernstes Autobahnen genannt wurden. Trotzdem schüttelten wir die Stasileute niemals ab. Vielleicht wechselten sie sich unauffällig bei jeder Auffahrt ab, sodass immer ein anderer an unserem Auspuff schnupperte.

Die ostdeutschen Medien zeigten genauso wie die westdeutschen reges Interesse an unserem Treiben und liebten es, Fotos von uns vor Transparenten oder Inschriften zu machen. Diese priesen mit Vorliebe die Gefolgschaft von »Väterchen Russland«. Sprüche des Kalibers »Ewige Treue unseren sowjetischen Freunden« unterstützten auf der einen Seite die politische Ideologie, schimpften aber auch gleichzeitig indirekt gegen den imperialistischen Klassenfeind. Eines der Lichtbilder zeigte Günther, Barny, Michael und mich in Karl-Marx-Stadt vor dem 13 Meter hohen und 40 Tonnen schweren Wahrzeichen der Stadt, einer Porträtbüste von Karl Marx. Auf dem dahinter befindlichen riesigen Gebäude, Sitz der SED-Bezirksleitung, sah man in deutscher, russischer, englischer und französischer Sprache die Aufschrift »Proletarier aller Länder, vereinigt euch!« aus dem *Kommunistischen Manifest*. Ein perfektes Propagandamotiv, welches auch die *Münchner Abendzeitung* abdruckte.

Die Absicht, für das private Fotoalbum eigeninitiativ Andenken zu knipsen, konnte in einem Fiasko enden, wenn man gedankenlos vorging … so wie wir.

In Gera, dem letzten Auftrittsort, kam uns spontan der Einfall, Aufnahmen mit sozialistischer Note zu machen. »Hey, stopp!«, rief einer von uns. »Hier bei dem Karl-Marx-Plakat vor dem großen Gebäude. Das ist doch ideal!« Noch ehe »Stasi« Piep sagen konnte, sprangen Günther und ich aus dem Mercedes und eilten hinaus. Kurz vor dem Drücken des Kameraauslösers überrumpelte uns jedoch urplötzlich auftauchendes Militär mit Kalaschnikows im Anschlag. »Was machen Sie da?!«, fuhren die Männer Günther und mich wenig zimperlich im barschen, bellenden Ton an. Total erschrocken fragten wir nach, was denn los sei, woraufhin die Uniformierten keine Antwort gaben, sondern lediglich bekundeten, uns verhaften zu wollen.

Wieder einmal musste unser abgestellter Aufpasser die Situation bereinigen. »Mann, einen unpassenderen Ort für ein Reisefoto hättet ihr euch wohl kaum aussuchen können. In dem Gebäude sitzt die Stasi, da gehen die Spione ein und aus!«, klärte er uns anschließend wütend auf. Fern jedes schlechten Gewissens, sondern eher belustigt, fuhren wir weiter.

Den Einheimischen war es verboten, uns ins Hotel zu folgen. Zwei mit verschränkten Armen vor dem Aufzug Wache schiebende Staatssicherheitsbeamte sorgten für die Einhaltung der Anweisung. Damit wir dennoch zum Zwecke des Mädelsnachschubs – hübsche Bewerberinnen gab es genug – die Maßgabe übertreten konnten, tat Kreativität not. Tatsächlich schafften wir es dann doch immer, irgendwie unser Schäferstündchen zu bekommen. Wir lebten auf der Überholspur, in Saus und Braus!

Einmal nach dem Auftritt in der Samstagabendshow *Ein Kessel Buntes* am 5. November 1983 im Kulturhaus Gera band ich das damals sehr bekannte Pianistenduo Marek & Vacek in meinen Täuschungsplan ein. Die beiden hatten ebenfalls die Gästeliste der Sendung geschmückt, und wir drei verstanden uns sofort. »Marek, Vacek, hörts ama zu. Ihr könntet mir einen Gefallen tun …«, zog ich die zwei ins Vertrauen, nachdem beim verbalen Abtasten klar geworden war, dass ich auf sie zählen konnte. Wie in einem billigen Spionagefilm schickte ich das Tastenpärchen zum Aufzugsüberwachungskommando, wo die aus Polen stammenden Künstler ein Ablenkungsmanöver starteten, während ich die Situation beobachtete. Verdacht wurde nicht geschöpft, denn Marek & Vacek zählten zu den Aushängeschildern des Sozialismus und wohnten außerdem im selben Interhotel auf der vorletzten Etage, genau wie wir. Das Stockwerk darüber blieb den Russen vorbehalten. Die Dame meiner Wahl hielt ich auf Stand-by-Position. Als mir die Luft rein vorkam, griff ich mir die Schöne, eilte mit ihr zum Lift und betete, dass sich die Tür schnell öffnen und ebenso rasch schließen würde. Zur allgemeinen Erleichterung erwischte man uns nicht, und wir beide verlebten eine wunderschöne, sportliche, in jeder Hinsicht harmonische Nacht.

Rückblickend muss ich einräumen, dass ich großes Glück gehabt hatte, denn zum Teil wurden unseren Crewmitgliedern ganz bewusst schöne Gespielinnen zum Vögeln und Aushorchen zugeschoben. Zu attraktiv, um sie von der Bettkante zu stoßen, hörte ich deren vorgetäuscht hilfloses Flehen: »Kannst du mir helfen? Ich will ausreisen« oder »Hast du ein bisschen Westgeld für mich?« Alles Gesäusel diente dazu, uns aus der Reserve zu locken und angreifbar zu machen. Wahrscheinlich freuten sich die Beobachtungsposten schon diebisch darauf, beim Liebesspiel zuschauen – und zum eigenen Vergnügen Hand an sich legen zu können. Allerdings lieferte ich der Gegenseite kein brauchbares Material, um mich zu attackieren, denn ich durchschaute schnell den Trick. Sauer über diese Fallen, schmierte ich dem Lockvogel eine, worauf ich im Nachhinein alles andere als stolz war. Anschließend ließen mich die Spitzeldienste in Ruhe ... glaubte ich zumindest.

Einer unserer Roadies fiel unglücklicherweise auf eine Stasi-Schwalbe herein und wurde während der Tournee für eine Nacht in Gewahrsam genommen, bevor »Stasi« wieder einmal seine rettenden Fühler ausstreckte. Die für die Verhaftung unseres Teammitglieds Verantwortliche traf ich später im Westen wieder, nachdem sie die Ausreise geschafft hatte, was mich freute. Man konnte ihr den Staatsdienst nicht vorwerfen, denn jeder musste sehen, wo er blieb.

In den Interhotel-Bars, die einen westlichen Standard aufwiesen, um den Ansprüchen der Elite zu genügen, hingen viele Honoratioren ab. Die schmückten sich unter anderem mit Statussymbolen wie einem 500er Mercedes. Unter dem Banner des Sozialismus fanden demnach also auch jene Platz, die man gut und gerne den

»oberen Zehntausend« zuordnen konnte. Dabei verlangte die Ideologie doch eigentlich »kollektiven Besitz« und eine »egalitäre Gesellschaft«. Mir misslang es, näher in diesen Kreis vorzustoßen, obwohl ich ohne Scheu auf einzelne Vertreter zuging, sofern sie vielversprechende Unterhaltung versprachen. Zugehörige dieser elitären Clique verkehrten nur untereinander. Natürlich wollte jeder DDR-Bürger bei den Gutbetuchten arbeiten, weil sie eigentlich Unerreichbares besaßen oder wussten, wie daranzukommen war.

Zunächst verweigerte man uns den Zutritt zu den hoteleigenen Edeltränken, aber das Zücken des Dienstausweises von »Stasi« reichte, und schwups, bestellten auch wir an der Theke der Privilegierten. Was die Spirituosenversorgung anging, lohnte es sich nicht, denn der DDR-Whiskey schmeckte furchtbar. Das Gesöff trug den Namen völlig zu Unrecht und hätte unter »hochprozentige Grausamkeit« eingeordnet werden müssen.

Abenteuerlich verlief auch unsere Gagenauszahlung. Entgegen der gewohnten Umsatzbeteiligung bei Konzerten im Westen bekamen wir hier einen Festbetrag, der sich zu fünf Prozent aus DM und zu 95 Prozent aus Ostmark zusammensetzte. Ich nahm also eine etwa 40 Zentimeter hohe Tüte gefüllt mit DDR-Geld entgegen. Wahrscheinlich bekam ich es erst jenseits der Grenze, da Ostdevisen eigentlich im Lande bleiben mussten … ich weiß es nicht mehr. Auf jeden Fall brachten die Moneten nur einen Bruchteil der Westwährung, denn die Wechselkurse schwankten von einem Achtel über ein Zehntel bis hin zu einem lächerlichen Zwanzigstel. Deshalb behielt ich den Plastikbeutel, deponierte ihn unter meinem Bett und sollte den Inhalt mithilfe einer glücklichen Fügung des Schicksals nach dem Mauerfall am 9. November 1989 zu einem Kurs DDR-Mark zu DM von 2:1 eintauschen können. Auf diese Weise steckte ich mir 10.000 DM in die Tasche anstelle von 2.500 DM, 2.000 DM oder gar nur 1.000 DM.

Ein Großteil der Bezahlung durfte nur in Form von Waren ausgeführt werden, weshalb sich der Spider-Murphy-Gang-Manager Jürgen Thürnau kurz nach der Tournee auf den Weg machte, in der »Zone« wertstabile Kostbarkeiten zu besorgen.

Zunächst deckte er sich mit Diamanten ein, nur um im Westen festzustellen, dass sie falsch geschliffen waren und somit für den bundesrepublikanischen Markt fast Schund gleichkamen. Kein Juwelier griff zu, weshalb der Klunkerplunder zurück hinter die Mauer wanderte. Also, neuer Versuch: Dieses Mal klapperte Jürgen in der DDR die riesigen Hallen voller Antiquitäten ab, die der Leiter des geheimen Bereichs für Kommerzielle Koordinierung (KoKo) im Wirtschaftsministerium, Alexander Schalck-Golodkowski, zusammengerafft hatte, was man damals aber natürlich noch nicht wusste. Unter dem Bestand beschlagnahmter Waren erstöberte Thürnau hochwertige Klaviere und kaufte sie. Die tollen Konzertflügel waren zu einer Hälfte zollfrei und zur anderen Hälfte mit 25 Prozent Zoll belegt. Zurück in der BRD, setzte er das Eingeführte wieder in Westgeld um.

Nachdem die DDR-Tour hinter uns lag, besann ich mich zurück und spazierte die dortigen Ereignisse noch einmal vor meinem inneren Auge ab. Unter dem Eindruck der miesen Verhältnisse schrieb ich den melancholischen Titel *Mädchen drüben*. Er gefiel mir so gut, dass ich ihn sofort den anderen Bandmitgliedern vorstellte, die anerkennend zustimmten. »Den singst aber selber«, forderte mich Günther Sigl auf, und so übernahm ich erstmals den Gesangspart. Wenn es nach dem Willen des damaligen EMI-Geschäftsführers für Deutschland, Österreich und die Schweiz Helmut Fest gegangen wäre, hätte es der Song sogar zu Single-Ehren gebracht. Die Herren Steinhauer, Thürnau und Sigl entschieden sich aber dagegen und bevorzugten, *Pfuäti Gott Elisabeth* als Erstauskopplung von der LP *Scharf wia Peperoni zu nehmen*, also eine Drei-zu-eins-Entscheidung. Erst auf der Nachfolgesingle tauchte *Mädchen drüben* auf, jedoch nur als B-Seite zu *Oh! Oh! I mog di so!*. Ein Schelm, wer Böses dabei denkt? Immerhin bedeutete die Bevorzugung einer eigenen Nummer für Sigl ein Mehr an Beachtung und Geltung … aber ich wollte das alles nicht zu hoch hängen. *Oh! Oh! I mog di so!* war sicherlich auch ein geiler Song, der den Mainstream ansprach. In mir regte sich kein Unmut. Schließlich strich ich GEMA-Gebühren für das Lied ein und ebenso Geld von der GVL (Gesellschaft zur Verwertung von Leistungsschutzrechten).

Mädchen drüben erfreute sich gerade bei den Ostdeutschen im Westen starker Beliebtheit, wie ich durch später Übergelaufene erfuhr. Ein DDR-Flüchtling erzählte mir, ihn habe der Song zu dem innigen Wunsch gebracht, wieder zu seiner Freundin zurückzugehen.

Der gesamte Text spiegele seine Gefühle wider und wühle ihn bei jedem Hören immens auf. Ein größeres Lob konnte man als Musiker wohl kaum bekommen. Hier der Text:

Mädchen drüben

November 83, irgendwo in der DDR
FDJ, Staatssicherheit und noch 'n Funktionär
Es war'n jede Menge Leute da, Kontakte gab's genug
Obwohl der eine in Zivil es nicht verstand
Daß wir uns heimlich sah'n

Mädchen drüben
Wenn du dieses Lied mal hörst
Mädchen drüben
Weißt du, daß ich an dich denk'

Es war, wie soll ich sagen, weiter nichts als nur ein Flirt!
Doch die Jungs vom Stasi hat das irgendwie gestört
Alle paßten mächtig auf, damit ja nichts passiert
Sogar vor'm Aufzug standen sie, um nachzuschau'n
Ob ich mit dir?

Mädchen drüben
Wenn du dieses Lied mal hörst
Mädchen drüben
Weißt du, daß ich an dich denk'

Zu meiner Verwunderung erweckte es nach unserer Rückkehr den Anschein, als wären wir niemals jenseits des Eisernen Vorhangs gewesen. Kaum jemand sprach uns darauf an, als wäre das Erlebte Alltag gewesen. Daran tat auch die von Michael Verhoeven erstellte 45-minütige ZDF-Reportage keinen Abbruch, welche am 28. November 1983 ausgestrahlt wurde. Mir machte die fehlende Beachtung jedoch nichts, denn die gesammelten Erfahrungen konnte mir keiner nehmen, und diese bedeuteten mir sehr viel. Es war eine geile Reise gewesen! Bedauerlicherweise ergab sich danach keine Gelegenheit mehr, in der DDR zu spielen. Gerne hätte ich noch einmal die Musikerkollegen auf der anderen Seite des antiimperialistischen Schutzwalls getroffen, und sei es nur, um vor oder nach einer gemeinsamen Jamsession an einigen leckeren Broilern zu nagen, die mir als Bayer nur unter halbe Hendl bekannt waren.

Entgegen der Annahme, über mich seien wegen der exponierten Stellung während unserer Gastspielreise und unserer teilweise unangepassten Verhaltensweise Stasi-Akten angelegt worden, blieb mein Fach leer. Davon erfuhr ich, als mir die Gauck-Behörde nach der Wiedervereinigung auf meine Anfrage beschied, es gäbe nichts.

13

DAS GELD KOMMT

Und im Schlepptau: Koks

Zwangsläufig spülte der große Erfolg richtig viel Geld in meine Taschen, beziehungsweise füllte mein Konto bis in schwindelerregende Höhen … zumindest für meine Vorstellungswelt. Ich habe es genossen, wobei ich die Entwicklung gar nicht so richtig mitbekam. Es war schon ein unbeschreibliches Gefühl, einfach so einen Porscheladen zu betreten, dem Verkäufer auf die Schulter zu tippen und ihm zu sagen: »Packen's mir des Auto ein, ich nehm's gleich mit.« Im Gegensatz dazu mochte es Michael Busse elitärer. Er leistete sich einen Steinway-Flügel, der im Wohnzimmer seiner geschmackvollen Schwabinger Wohnung stand. Dafür ließ er eigens ein Podest bauen.

In Kneipen schnappte ich mir beliebig die Mädels, spendierte großzügig Lokalrunden, ließ einfach ordentlich die Puppen tanzen. Auf die Moneten achtete ich nicht sonderlich, schließlich beulten immer ein paar Hunderter meine Geldbörse aus. Deshalb vermittelte sich mir der Eindruck, das Geld ginge nie zur Neige. Es entzog sich meiner Vorstellungskraft, finanziell irgendwann keine Mittel mehr zu haben. Als junger Mensch denkst du: Super, das geht jetzt immer so weiter, ein Leben lang bin ich reich.

Eine gesunde Portion Vorsicht verhinderte es aber, dass ich mich komplett von der Naivität einlullen ließ, sodass ich stets den Überblick über den Kontostand behielt, auch wenn mich der Luxus faszinierte. Die Verwaltung des Geldes erforderte aber zu viel Zeit, zumindest redete ich mir das ein. Zu den Spider-Spitzenzeiten flossen an normalen Tagen um die 3.000 DM in meinen Säckel. Deshalb ließ ich einen Steuerberater darüber wachen, dass die nötigen, erheblichen Abgaben des Einkommens an den Staat ordnungsgemäß entrichtet wurden. Dabei betreute mich derselbe Typ, dem sich auch Günther, Günthers Bruder, Barny und Michael anvertraut hatten. Der Günther mit seiner Banklehre muss ja wissen, wer im Metier gut ist, dachte ich mir.

Wie so oft bei Menschen mit reichlich Kohle, aber fehlendem Verständnis, wie damit vernünftig umzugehen ist, zog uns der Steuerberater über den Tisch. Als angeblich lukrative Anlage drehte er mir nach dem Bauherrenmodell, das in den 80ern boomte, zwei völlig überteuerte Wohnungen an. Die offenbarten erst später die wahren Kosten. Das, was ich zum Beispiel an Steuern einsparte, schöpften die schmierig-feinen Herren Berater in Form von Provisionen sofort wieder ab. 2.000 bis 3.000 DM musste ich monatlich an die Bank abdrücken, was für mich über eine lange Phase problemlos möglich war. Andere Eigner trieb es jedoch an den Rand des Ruins. Sie konnten sich, wenn überhaupt, nur dadurch retten, erheblich unter dem tatsächlichen Wert zu verkaufen, und das womöglich noch an dasselbe Verbrecherpack, welches zuvor die Wohnungen angepriesen hatte. Das kam davon, wenn man nicht eigenständig im Auge behielt, finanzielle Angelegenheiten sicher und gleichzeitig profitabel zu gestalten.

So kriminell der Mann war, so clever war er auch. Die unter seiner Federführung laufenden Immobiliengeschäfte durften ihm als Steuerberater nicht nachgewiesen werden. Also verkaufte er die Wohnungen unter einer Scheinfirma und galt so offiziell als unbescholten. Mittels dieser Praktiken wurde, abgesehen von mir, noch in den Finanzen von Günther Sigl, Michael Busse, aber auch der Sängerin Nicki *(Wegen dir, Wenn i mit dir tanz)* oder dem Edelschlagzeuger Curt Cress etc. ungestüm gewildert. Gleichzeitig buddelte diese Strategie Abflussgräben auf die Habenseite des kriminellen Steuerberaters. Der setzte sich ab, als ein genügend großes Polster das unbekümmerte Leben in Florida mit Riesenvilla, Jacht und sonstigen Vorzügen gewährleistete. Als sein Tod bekannt wurde, ging ein enormes Aufatmen durch die Szene.

Im Gegensatz zu mir machte es Günther geldlich gesehen besser, investierte immer klug das eingenommene Geld in bleibende, sichere Werte, hauptsächlich Immobilien. Dabei achtete er darauf, balancierend zu streuen, sodass ihn ein Reinfall wie beim Bauherrenmodell nicht aus der Bahn werfen konnte. Sein bei ihm angestellter Bruder nahm sich organisatorisch der finanziellen Verhältnisse an. Im Vergleich zu mir Mitte-20-jährigen Gedankenlosen hatten die beiden Ahnung vom Anlegen des Geldes. Vom ersten verdienten Pfennig an wurde das streng rationale Konzept der Sigls diszipliniert durchgezogen. Ein »Saupreuß« hätte seine helle Freude gehabt. Die in Münzen und in bedruckten Scheinen erhältlichen Glückshormone erhielten bei ihnen Ausgehverbot. Alles wurde beisammengehalten, so wichtig schien ihnen der Mammon zu sein.

Außer den Bandeinnahmen besaß Günther als Teilhaber am Mambo Musikverlag ein weiteres, wirtschaftlich heißes Eisen im Feuer. Zusammen mit unserem Produzenten Harald Steinhauer und vor allem unserem Manager Jürgen Thürnau war ihm bereits 1982 die Idee dazu gekommen. Neben dem Verlegen der Spider-Murphy-Gang-Songs nahm der Verlag in den folgenden Jahren singende Goldgruben unter Vertrag. Dabei konnte man Künstler wie Hubert Kah *(Rosemarie, Sternenhimmel)* oder Geier Sturzflug *(Bruttosozialprodukt, Pure Lust am Leben)* bei den geldlich-netten Appetitanregern einordnen. Die Münchener Freiheit *(Ohne Dich, So lang man Träume noch leben kann)* sollte finanziell schon höhere Positionen besetzen. Am krönenden Abschluss der Erfolgsleiter würden die auch international gefeierte Sandra *(Maria Magdalena, In The Heat Of The Night)* und der ebenso weltweit mit Lorbeeren ausgestattete Michael Cretu & Enigma *(Sadness Part I, Return To Innocence) stehen*. Kein Wunder, dass sich Mambo Musik bis Mitte der 80er meines Wissens zu einem der größten Musikverlage emporhangeln sollte. Es lässt sich leicht denken, dass für den Spider-Frontmann dabei ein paar Euro fünfzig übrig geblieben sein dürften.

Ich müsste mit dem Geld so clever sein wie der Günther, dann hätte ich etwas davon, warf ich mir so manches Mal vor. Aber ich lebte für den Moment, warf die Kohle mit vollen Händen zum Fenster hinaus, weil sie mir nie etwas bedeutete. Deshalb war ich ab und an auch mal pleite, aber ich konnte mir ja gewiss sein, dass wieder Geld hereinkam. Diese Lebensauffassung erschien wiederum dem Spider-Frontmann unerreichbar attraktiv. Ihn faszinierte meine Art, das Leben in vollen Zügen zu genießen. Günthers unbedingter Hang zu Vorsicht, Bedachtsamkeit und Vorausschau widersetzte sich jedweder Ausschweifung. »Mensch, Franz, ich würde manchmal gerne das Leben nehmen wie du«, erklärte er mir.

Es war eigentlich immer das gleiche Lied: Man wollte stets das, was man nicht hatte. Günther führte für den Geschmack der öffentlichen Mehrheit ein vorbildliches Dasein. Er war immer der Erste im Hotelzimmer, joggte morgens um fünf, trieb überhaupt viel Sport und besaß mit Frau und Kindern ein intaktes Familienleben. Zur Krönung der angepassten Durchschnittlichkeit fuhr er trotz seines Vermögens kein dickes Auto und mied im Sinne des eigenen Wohlergehens Alkohol, Zigaretten und weitere Drogen … Kokain sowieso. Ich hingegen ließ gerne fünfe gerade sein und rollte auf sämtlichen Partypisten.

Tobi Pflug und Produzent Harald Steinhauer hakten sich gerne bei mir, dem Maulhelden und Draufgänger, ein, wenn sie ausgehen wollten. Als Aufreißer kam ich an die Frauen heran, und meine beiden Begleiter konnten davon profitieren.

Und Drogen? Natürlich! Nach den Auftritten waren wir oft breit … das gehörte dazu: Ab auf die Bühne – Spaß haben – runter von der Bühne – feiern und Mädels abschleppen.

Ein Künstlerleben ohne Drogen, das war doch so, als würde ein Profifußballer niemals verletzt sein. So etwas sollte es geben, ja, es war jedoch eher ein Ding der Unmöglichkeit, vor allem beim Rock 'n' Roll. Zumindest sah ich das so. Um die Gefahren wusste man zwar, sie wurden aber billigend in Kauf genommen, vielleicht sogar gesucht. Der Jazzmusiker Chet Baker *(Almost Blue, My Funny Valentine)*, Konsument der sogenannten »Speedballs«, einer Mischung aus Kokain, Heroin und Amphetaminen, sollte am 13. Mai 1988 aus einem Amsterdamer Hotelfenster fallen und sich tödliche Verletzungen zuziehen. Die Fixerei von Miles Davis

(Blue In Green, So What) wirkte sich höchstwahrscheinlich ebenfalls förderlich auf seinen Tod am 28. September 1991 aus. Nicht zu vergessen »The Club Of 27«, bestehend unter anderem aus Brian Jones (Rolling Stones – Leadgitarrist), Jimi Hendrix, Janis Joplin, Jim Morrison, Curt Cobain, Amy Winehouse, die allesamt im Alter von 27 Jahren verstarben. Elvis »The King« Presley war am 16. August 1977 im Alter von 44 Jahren endgültig von der weltlichen Bühne verschwunden. Gerade zum Ende hin lebte er in einem wahren Pillenrausch beziehungsweise vegetierte in diesem dahin. John Belushi *(Blues Brothers)* gehörte zu den schwerst Kokainabhängigen, verabreichte sich reichlich Speedballs und warf anschließend das Schlafmittel Quaaludes ein, um sich wieder herunterzuholen. Meiner Meinung nach bereitete ihm dieses ständige Auf und Ab letztlich im besten Alter von 33 Jahren 1984 das Ende. Traurig. Steve Gadd, einer der weltbesten Drummer, gehörte ebenso zu den Jüngern bewusstseinsmanipulativer Rauschmittel. Gadd hinterließ allein durch seine unglaublich kompliziert-gefühlvolle Schlagzeuguntermalung zum Paul-Simon-Lied *50 Ways To Leave Your Lover* tiefe Spuren. Die Kette der rauschmittelabhängigen Künstlerinnen und Künstler ließe sich noch bis Sankt Nimmerlein fortsetzen.

Warum aber sprach ausgerechnet diese Gruppe der Gesellschaft den Drogen derart zu? Für mich gab es dafür eine ganz simple Erklärung. Drogen erweitern, verfeinern die Wahrnehmung beziehungsweise befördern den Verstand in eine andere Sphäre. Dadurch erhöhen sie die Sensibilität gegenüber Tönen, Farben, Sprache, genau das also, was Musiker, Maler, Schriftsteller etc. benötigen, um kreativ zu sein. Besonders stark tut sich dabei die Wirkung von LSD hervor, das ich allerdings nur einmal probierte, weil mir die Intensität des sich einstellenden Trips zu rasant ausfiel.

Neben der Verstärkung der Sinneswahrnehmung gesellte sich beim Drogenkonsum der willkommene Effekt hinzu, die störende Realität verlassen zu können. Somit entstand ein abgeschlossener Raum jenseits der allgemein zugänglichen Welt, in der ein ungestörtes Arbeiten an der Kunst möglich war.

Der Eintritt in die Prominentenloge samt prall gefüllter Geldbörse verschaffte mir problemlosen Zugang zu Kokain. Das war die Droge der Stars und Sternchen schlechthin. Diesem – frei aus Falcos *Kommissar* – »Schnee, auf dem wir alle talwärts fahren« – verschrieb ich mich lange Zeit intensiv. In der Musikerszene gehörte das Zeug wie selbstverständlich zum Tagesablauf.

Kokain kostete damals 500 DM pro Gramm, wobei mir durch jahrelange kontinuierliche Erhöhung der Dosis im Schnitt drei Gramm den 24-Stunden-Rhythmus versüßten. Auf diese Weise verjubelte ich zu Spitzenzeiten um die 300.000 DM jährlich, zog mir also sprichwörtlich den »Ferrari durch die Nase«. Stoff, bis die Nasenflügel qualmten. So verflüchtigten sich die verdienten Penunzen immer ganz schnell wieder.

Durch den Konsum des Pulvers lebte ich psychisch auf einem ganz anderen Planeten. Ungefiltert prasselten die Umwelteindrücke auf mich ein. Ich empfand alles intensiv und war grundlegend angespannt. Mich erfüllte das Gefühl, in sämtlichen Lebensangelegenheiten ober- und unterhalb der Gürtellinie unbegrenzt Kraft zu besitzen. Es kam mir vor, als wäre es mir möglich, das Universum aus den Angeln zu heben. Anders ausgedrückt: Ich fühlte mich fit wie Sau, hatte Power ohne Ende und war spitz wie Nachbars Lumpi. Ich liebte diesen synthetischen Schnee, kannte jeden Dealer in München und gewann den Eindruck, dass die Droge überall dort, wohin du auch schautest, schon da war. Ein mir bekannter Banker deponierte Koks offenherzig in seiner Bürotischschublade, so akzeptiert, so selbstverständlich war der Umgang mit dem Zeug. Symptomatisch für die Gepflogenheiten in den Kreisen legte mir der Chef einer Münchener Eventlocation bei einem Besuch sofort eine Prise aus, und zwar ohne Vorrede. Wusch – war die Line da. Selbst Plattenfirmen verteilten Portionen an ihre Schützlinge, um sie bei Laune zu halten. Auf die Frage »Waren alle in der Band auf Koks?« antworte ich: »Dafür brauchte ich keine Helfer, die Portionen habe ich ganz alleine weggeputzt.«

Der Tatendrang nach Kokainkonsum war zwar enorm, aber wankelmütig, sprich: Die Stimmung schlug je nach Situation abrupt von guter Laune in Aggressivität um. Grundlegend neigte ich aufgrund meiner labilen Persönlichkeit zur leichten Reizbarkeit, zu Ausrastern und Jähzorn. Das fiel umso heftiger aus, je mehr Manipulationsmittel klares Denken verhinderten. Für meine Umgebung wurde ich zum unberechenbaren menschlichen Pulverfass, weil teilweise keiner einzuschätzen wusste, ob ich im nächsten Moment jemanden herzlich umarmte oder derselben Person etwas auf die Glocke haute. Das Ganze nahm letztlich derart absonderliche Züge an, dass mir das Management dauerhaft einen Bodyguard von der Imposanz eines Silberrückens zur Seite stellte … zum Schutz der Umgebung vor dem »bösen Schlagzeugbuben« und nicht umgekehrt, wie es normalerweise gedacht war. Es war demnach nicht von ungefähr gekommen, dass ich im *Spider-Murphy-Gang-Film* den Unsympathischen gemimt hatte, der zum Beispiel in einer Proberaumszene einen Türken angeht, welcher eigentlich nur seine Ruhe haben wollte.

Mir war das brutale Schlägermilieu zeitlebens vertraut gewesen. Ich hatte mich in Kulmbacher Tagen in dieser Szene sozialisiert und war in Münchens Siedlungsbezirk Alte Heide zusätzlich abgehärtet worden, nicht zuletzt durch die WG mit Fritz Haberstumpf. Gewalt als Ausdrucksmittel zum Durchsetzen gehörte für mich zur Normalität, ich hatte dabei keine Vorbehalte, sie anzuwenden. Im Gegenteil, durch das Schlagzeugspiel körperlich gestählt, fit und durch ein Koks-Alkohol-Gemisch enthemmt-aggressiv, suchte ich angstfrei die Anwendung von physischer Gewalt. Es interessierte mich einen Dreck, ob ich mir Ärger einhandelte. Hauptsache die Umgebung zeigte mir gegenüber Respekt, egal auf welch niederer Basis er auch fußte. Es war reines Glück, dass mir nie etwas Ernsthaftes, Bleibendes zustieß.

Eine Kostprobe meines schnell aufbrausenden, schlagfertigen Temperaments lieferte ich nach einem Spider-Murphy-Gang-Gig in einem Karlsruher Hotel ab. Zusammen mit unserem Betreuer Tobi Pflug und ein paar Animierdamen saß ich im Barbereich, der einige Stufen tiefer lag. Wir vergnügten uns lautstark und zogen die Aufmerksamkeit auf uns wie ein Magnet. Um die Unruhe zu bändigen, beugte sich der Hotelmanager über eine Brüstung zu unserem Sitzbereich hinunter, sodass seine Krawatte in meinem Griffbereich baumelte. Auf die Forderung »Hey Jungs, bitte ruhiger!« schnappte ich mir den Halsbinder, zog den Träger daran nach unten und entgegnete grimmig drohend: »Bursche, pass auf, jetzt schleichs di.« Entgegen der Erwartung, damit sei das Thema aus der Welt, schritt der Hotelverantwortliche in der Lobby direkt auf mich zu, als ich gehen wollte. »Ich war Boxer«, zischte er, verbunden mit der unausgesprochenen Nötigung, mich einem Kampf zu stellen. Na dann komm, zeig, was du draufhast, dachte ich, und ab ging die Luzie. Umkreist vom Hotelpersonal, welches bezeichnenderweise mich anstelle des Vorgesetzten anfeuerte, schlugen wir uns wie zwei Matrosen auf Landgang in einer Hafenspelunke. Bei jedem Treffer von mir johlten und applaudierten die Bediensteten meines Gegners. Letzten Endes behielt ich die Oberhand.

Am nächsten Tag musste sich der Manager bei mir entschuldigen. Das verdross ihn sehr, wie ich an seiner Mimik und Gestik bemerkte. Angebracht war die Abbitte aber allemal, denn welcher Verantwortliche eines renommierten Hotels kann es sich schon leisten, die eigenen Gäste zu verprügeln?

Meines Wissens versuchten die anderen Bandmitglieder nie, beruhigend oder deeskalierend auf mich einzuwirken. Wahrscheinlich hätte ich mir eh nichts vorschreiben lassen.

Bezeichnenderweise war eines meiner Faustopfer Gast einer Labelparty. Der Quälgeist quatschte vor meinen Augen unaufhörlich die Frau an, mit der ich gerade flirtete. Trotz Warnung, es sein zu lassen, baggerte der Idiot weiter, bis meine Geduld zu Ende war. Zerstörerisch beförderte ich meine Faust direkt auf den Gesichtserker des Gegenübers. Das Nasenbein brach, der Typ blutete heftig, und er zeigte mich anschließend an. Ich informierte mich bei der Polizei, wie man vorgehen könne, um den Typen zu besänftigen, damit er seine Anzeige zurückzöge. Auf deren Anraten schrieb ich einen Brief, in dem stand, dass ich gegen einen Verzicht auf rechtliche Schritte zu einer sofortigen Zahlung von

3.000 DM bereit wäre. Die Gegenseite lehnte das Angebot jedoch ab, womit sie sich ins eigene Fleisch schnitt. Am Ende wurde ich nämlich in der Verhandlung in Traunstein wegen Körperverletzung zu einer Geldstrafe verurteilt. Den Betrag bekam aber nicht der Kläger. Der ging leer aus. Tja, hätte er das Geld genommen, wäre es uns beiden besser bekommen.

Das Teuerste für mich war der Rechtsanwalt, der mich 10.000 DM kostete und mir damit endgültig die Laune vermieste. Ein derartiges Honorar dafür zu kassieren, letztlich nichts zu erreichen, war eine Frechheit sondergleichen.

Kokain schlug sich auch auf das Geschwindigkeitsempfinden nieder. Einmal zog ich bei einem Konzert unter Drogeneinwirkung sehr zum Missvergnügen meiner Bandkumpane das Tempo so lange an, bis Barny sich verzweifelt umdrehte. »Spinnst du? I kann nimmer!«, sagte er, während ich keinen Unterschied bemerkt hatte. Ich dachte: Was ist mit den anderen los? Warum sind die so langsam? Ihr Penner da vorne, gebt Gas! Das Ende vom Lied: Das Konzert fiel 15 Minuten kürzer aus als geplant. Hinten saß ein quietschvergnügter Drummer, und vorne hingen drei völlig erschöpfte Spiders in den Seilen.

Der Kokainkonsum einte viele Kollegen. Darunter befanden sich auch international angesagte Größen wie die bereits erwähnten ZZ Top, auf deren technische Ausstattung wir bei »Rockpop in Concert – Neue Deutsche Welle – Special« zurückgegriffen hatten. Die texanischen Bluesrocker, denen wir ursprünglich natürlich total unbekannt gewesen waren, hatten ihre Show damit gestartet, dass der weiße, zweigeteilte Vorhang von einer überdimensionierten herabhängenden Nase aufgesogen worden war. Deutlicher hätte ein Hinweis auf deren Drogenvorliebe wohl kaum ausfallen können. Ansonsten war mir ihr Auftritt leider wenig überzeugend erschienen. Frank Beard war ein schlechter Drummer gewesen, was allerdings der verstärkte Einsatz von Playback übertüncht hatte. Glaubte man nun, die drei wären bemüht gewesen, die musikalisch fehlende Live-Darbietung zu kaschieren, dann hatte man sich getäuscht. ZZ Top waren mit der Schummelei offensiv umgegangen und hatten zum Schluss ihres Gigs sowohl die Gitarre als auch den Bass nach oben ziehen lassen, während im Hintergrund die Musik weitergelaufen war. Die Menschen hatten sich nicht beschwert. Sie waren ihren Stars trotzdem begeistert gewogen gewesen.

Menschlich gesehen meganette Typen, hatten die Texaner uns mit den Worten »Hey guys, come with us« auf das zweifelhaft gemütliche Foyerklo eingeladen. Unter der Abschirmung von Leibwächtern waren Gibbons, Hill und Beard dort hineingegangen. Sie hatten jeweils eine Tüte Koks herausgeholt, sich davon in aller Ruhe eine ordentliche Nase genehmigt und uns angeboten, sich ebenfalls zu bedienen. Jahre später interviewte der Radiomoderator und -redakteur des Bayerischen Rundfunks Thomas Brennicke ZZ Top in Texas, und die erinnerten sich tatsächlich noch an uns: »Yeah, we have played with a Bavarian rock 'n' roll band called Spider Murphy Gang. Many greetings!«

Der Zustand im drogenverursachten Sinnesnebel mag ja angenehm gewesen sein, die Abhängigkeit davon war jedoch ganz mies. Ich sehe mich noch, wie ich nachts um drei orientierungslos in Zürich herumlief auf der Suche nach Kokain. Fern- beziehungsweise fremdgesteuert irrte ich durch die Straßen, und auch als ich endlich einen Dealer fand, blieb das Glücksgefühl angesichts der mir deutlich vor Augen geführten Knechtschaft aus.

Im Kampf gegen das jahrelange Schniefen unterlag meine Nasenscheidewand. Permanent war ich verschnupft und bekam zunehmend schlecht Luft, weshalb mich ein befreundeter Arzt einem Gesundheitscheck unterwarf. Diagnose: Kokain zerfraß die natürliche Trennwand der beiden Geruchskanäle. Deshalb musste mir der Chefarzt der HNO-Klinik im St. Elisabeth Klinikum Straubing operativ eine Platinplatte einsetzen, damit der Gesichtsfortsatz wieder Halt bekam.

Da ich bereits geraume Zeit unter einer Nasennebenhöhlenentzündung litt, die akut wurde und unbedingt bekämpft werden musste, blieb für den Eingriff nur noch der Heiligabend übrig. »Meine Ärzte arbeiten Heiligabend nicht«, sagte der Professor lachend und fügte hinzu: »Da muss ich selbst zum Skalpell greifen. Leider muss ich Ihnen ehrlich sagen, Herr Trojan, ich habe das schon 30 Jahre nicht mehr gemacht.« Eine einfühlsame Einleitung klang anders. Spontan zitterte mein kompletter Körper, und unmittelbar nach der Ansage feuerte mir der Professor mehrere Pfeile in die Nase, dass mir Hören und Sehen vergingen. Die Geschosse zerstörten die Restscheidewand, damit die nasale Komplettrenovierung gemacht werden konnte. Irgendwann hatte das Martyrium ein Ende, und das Implantat saß perfekt. Kurzum: Alles in meiner Nase war neu angerichtet.

Gegen die höllischen Schmerzen verschrieb mir der Professor ein Mittel, welches ich mir auf der Heimfahrt besorgte. Zu Hause ließ ich den Blick über den Beipackzettel schweifen und traute meinen Augen kaum. Dort stand: »Darf nicht an Drogengefährdete abgegeben werden.« Die Arznei enthielt Opium. Das war so, als wollte man einem Spielsüchtigen Linderung verschaffen, indem man ihm einen Roulettetisch ins Wohnzimmer stellt. Na ja, egal, für mich war der Heiligabend der schönste, den ich bis dato erlebt hatte. Ich war nur high und das auch noch von professoraler Seite abgesegnet.

Heroin rührte ich nie an, geschweige denn, dass ich es mir gespritzt hätte. Davor hatte ich einen Heidenrespekt, um nicht zu sagen Angst. Meine Neugier rückte mich immer wieder einmal in die Nähe, es auszuprobieren, denn das Zeug gab angeblich einen genialen Kick. Gott sei Dank blieb die Versuchung aber ohne Erfolg. Ich möchte mir gar nicht ausmalen, wo mich mein Hang zum Exzessiven ansonsten hingeführt hätte. Apropos Exzess: Zur Maßlosigkeit tendierte ich insbesondere beim Umgang mit Frauen …

14

ICH HABE SIE ALLE GELIEBT

Die Frauen

Die ersten Erfahrungen auf dem Gebiet, Frauen zu vernaschen, war in der Kulmbacher Jugendzeit wenig wählerisch ausgefallen. Ich hatte mir alles Greifbare genommen, um Licht in das Dunkel der verschwiegenen und tabuisierten Sexualität mit dem anderen Geschlecht zu bringen.

Auch während der nächsten Station München hatte ich nie ein Problem damit, Mädels anzusprechen. Hatte ich eine Abfuhr bekommen, war ich zur nächsten gegangen. Es waren ja genug da gewesen. Bereits in der ersten Münchener Wohnung, in der ich zusammen mit Fritz Haberstumpf wohnte, hatte ich am ersten Abend mit einer Schönen schmusend auf dem Sofa gelegen. Und so war es weitergegangen, immer flankiert von Bordellbesuchen. Dort beglückten mich bildhübsche Prostituierte, die ich wegen ihrer Freundlichkeit, Aufrichtigkeit und Hilfsbereitschaft verehrte. Dadurch war wiederum meine Hemmschwelle gegenüber Frauen nochmals gesunken, ohne dass ich den Respekt auch nur einen Deut verloren hätte.

Parallel zum größer werdenden Erfolg der Spider Murphy Gang vermehrte sich auch die weibliche Angebotspalette. Gerne gab ich den Spruch zum Besten: »Ey, Jungs, gemma ficken oder so?«, wenn es um Zerstreuungsmöglichkeiten ging. Es kam zu regelrechten Herausforderungskämpfen innerhalb der Spider-Truppe, natürlich nur bei denen, die es interessierte. Damit fiel Michael Busse heraus. Vor allem Barny und ich gönnten uns in diesem Zusammenhang noch nicht einmal den geringsten Erfolg. Beim Spider-Gitarristen legte ich es immer besonders darauf an, ihm eins auszuwischen. Ich kann mich an einen Vorfall erinnern, als ich nach einem Konzert in Düsseldorf mit Willi Duncan die

Hotellobby durchschlenderte. Zielsicher zeigte mein innerer Peilsender, der auf die weibliche Spezies justiert war, ein Prachtexemplar an. Entsprechend begann ich, mich warmzuflirten. Nach dem Duschen ging das Techtelmechtel im Restaurant der Nobelherberge weiter. Die anderen der Band kamen nach und nach dazu, und ich bemerkte die eifersüchtigen Blicke von Barny, dem es nur schwer erträglich war, zu akzeptieren, dass schon wieder der Trojan bei der Angebeteten ganz vorne lag. Schlussendlich fand ich mich mit dem Mädel im Bett wieder, wovon Barny allerdings nichts wusste. In der Hoffnung, nun endlich auch einmal vor mir Beute abzugreifen, war ihm die Idee gekommen, sich die Zimmerdurchwahl der Schönen geben zu lassen und dort anzurufen. Dem romantischen Gedanken der Liebeseröffnung nachhängend, klampfte er nach dem Abheben ein verträumtes Stück in die Muschel, um Eindruck zu schinden. Dummerweise hatte ich auf Bitten der eigentlichen Adressatin den Hörer abgehoben, sodass Barny sein Gedudel mir vorspielte. Peinlicherweise unterliefen dem vermeintlichen Troubadour auch noch Fehler. Ich gab mich nicht zu erkennen, sondern legte kommentarlos auf, das Losprusten mühevoll unterdrückend. Damit war der gierigen Lust unseres Gitarristen jäh ein Riegel vorgeschoben worden, sozusagen Coitus interruptus per Fernsprecher.

Am nächsten Morgen erwähnte ich dann beiläufig am Frühstückstisch: »Übrigens, Barny, bei der Nummer gestern Nacht am Telefon, da hast du dich mehrmals verspielt«, und setzte ihn damit der Lächerlichkeit aus. Die Reaktion von Gmell war ein Wechsel zwischen schamgeschwängertem Im-Boden-Versinken und dem Versuch, mich mit Blicken zu töten. Hätte Letzteres im Bereich des Möglichen gelegen, dann wäre ich nicht nur in Sekundenbruchteilen tot umgefallen, sondern wahrscheinlich im gleichen Atemzug eingeäschert, vaporisiert und dem Universum übereignet worden. Zugegeben, mein Verhalten war wenig taktvoll gewesen, aber ich muss zugeben: Ich hatte es genossen!

Manchmal machten wir uns einen Spaß daraus, darauf zu wetten, wer welche Frau ins Bett bekam. So lernte ich in Saarbrücken eine unglaublich attraktive Französin kennen. Mir gingen die Augen fast über, und ich dachte: Mei, ist die hübsch! »Die schaffst du net«, kitzelte der Spider-Frontmann meinen Ehrgeiz. Ihm war mein anschwellender Testosteronausstoß aufgefallen. »Günther, wetten wa?«, entgegnete ich, woraufhin er grinsend sagte: »Okay, 500 DM.« Machen wir es kurz: Ich erlegte den Hasen, schleppte sie ab und behielt ihr Höschen.

Am nächsten Morgen ließ ich es mir beim gemeinsamen Frühstück nicht nehmen, die Trophäe gebührend zu präsentieren. Von einer Position leicht oberhalb des Kopfes unseres Sängers ließ ich das Höschen auf dem Zeigerfinger langsam in Sigls Gesichtsfeld sinken. Abschließend ließ ich den stofflichen Skalp betont lässig von meiner Fingerkuppe auf Sigls Essensteller sinken. »Da, Günther … 500 DM«, bemerkte ich kurz, bündig und cool und konnte mir ein gewinnendes Lächeln nicht verkneifen. Neben allen anderen am Tisch klappte auch wieder einmal Barnys Kinnlade bis auf Kniehöhe herunter.

Da die jährlichen Auftritte und Tourneeaufenthalte die Spider Murphy Gang quer durch die Republik führten, übernachtete ich flächendeckend bei verschiedenen Nebenbuhlerinnen. Die Streuung reichte bis ins angrenzende Ausland. Die bestaussehenden Gespielinnen saßen in Zürich. Alle Bekanntschaften standen quasi Gewehr bei Fuß, wenn ich mich ankündigte. Auf meine Frage »Mädel, was willst du eigentlich von mir? Geld oder Liebe?« bekam ich meist die Standardantwort: »Natürlich nur Liebe!« Wer es glaubte … Mir machte die Flunkerei nichts aus. Beide Seiten wussten um die stillschweigende Vereinbarung, in schönem Ambiente ein paar leidenschaftliche Stunden verbringen zu wollen. Ein super Leben! Ein Traum! Libidobeherrscht saß ich schon wochenlang vor Herausgabe des Tourneeplans wie auf glühenden Kohlen, um zu erfahren, wo ich zuerst mein Unwesen treiben würde.

Vor zwei oder drei Jahren bekam ich sogar einen Brief von solch einer ehemaligen Bekanntschaft, dem ein Foto beilag. Die Frau konnte mir noch in allen Einzelheiten die Orte im baden-württembergischen kleinstädtischen Bad Schussenried beschreiben, an denen wir es vor ungefähr 30 Jahren getrieben hatten. Außerdem wusste sie noch um alle Stellungen, die dabei benutzt worden waren. Nahezu jeder wichtige Ort der Wohnung hatte beim gegenseitigen Beglücken seine Berücksichtigung gefunden, ob nun Schlafzimmer, Küche oder gar Keller. Zwei Wochen lang waren wir im sexuellen Wahn vertieft gewesen – manche mögen es Verhältnis nennen –, ehe sich das Beziehungskarussell weitergedreht hatte. Damals war das Mädel noch dem horizontalen Gewerbe nachgegangen, welches sie später zugunsten der Gründung einer Familie verlassen hatte. Dieses Glück war aber leider wieder zerbrochen. Zum Zeitpunkt des Briefes war die Absenderin geschieden und finanziell spärlich auf Hartz IV gebettet gewesen.

Den Kontakt zu Verflossenen pflegte ich nie. Das erschien mir überflüssig. War das Knistern der erotischen Atmosphäre vorbei, hieß es für mich: »Auf, Geselle, weiter geht's!«, beziehungsweise: »Sprung auf! Marsch! Marsch!« In dem Moment jedoch, wenn mich Amors Pfeil erwischte, packte es mich mit Haut und Haaren. Ich bezeichnete das Gefühl, das mich jedes Mal wie ein Donnerschlag traf, auch heute noch als Liebe. Das schlug bisweilen solch kuriose emotionale Purzelbäume, dass mich – wie seinerzeit in Höxter passiert – eine Tagesliebe befiel. Das geht doch gar nicht, mag manch einer zweifeln, das kann allerhöchstens sexuelle Begierde oder Trieb gewesen sein, der mich steuerte. Doch, sage ich, bei einem Franz Trojan geht Tagesliebe schon.

Hansdampf in allen Gassen, der ich war, nahm es kaum wunder, dass mir auch dann Affären angedichtet wurden, wenn ich enthaltsam gewesen war. Beim *Spider-Murphy-Gang-Film* hatte man mir ebenfalls mehr Austausch mit Jolanda Egger (heute Jolanda Risi) unterstellt, als gewesen war. Die Schweizerin – damals Lieblingskind vom US-amerikanischen Männermagazin *Playboy* und frisch gekürtes Playmate des Jahres in Deutschland – hatte in einer kleinen Nebenrolle agiert, und ich war so nett gewesen, sie eines Tages nach Drehschluss zum Arabellapark Hotel in München zu bringen. Als Dank für meine Dienste hatte sie mir zum Abschied ein Bussi aufgedrückt … natürlich ein Paradehappen für Paparazzifotos. Die waren dann auch prompt, von uns unbemerkt, geschossen worden. Die Bilder hatten ausgiebig Widerhall in der regionalen und auch der schweizerischen Boulevardpresse gefunden. Mit spekulativen Schlagzeilen der Güte »Franz und Jolanda Egger – Ist Jolanda Egger die neue Geliebte von Franz Trojan?« waren die Zeitungen gespickt gewesen, die mir meine Frau vor Wut schäumend am nächsten Tag auf den Tisch geknallt hatte. Völlig baff, mir keiner Schuld bewusst, war es mir nur unter großen Mühen gelungen, sie davon zu überzeugen, dass an den Gerüchten einer Liebschaft mit der Megaschönen nichts dran war … leider. Zu allem Überfluss hatte Jolandas Pferd auch noch Troja geheißen … Wenig später war das Playmate die Gattin des Formel-1-Rennfahrers Marc Surer geworden.

Schlagzeuger ziehen immer die besten Frauen ab, so lautete die gängige Meinung in und auch außerhalb der Szene. Dazu sagte ich immer: »Liebe Kollegen, das kann ich nur bestätigen. Tut mir leid! … Obwohl, ne, tut es mir nicht. Warum auch?«

15

DIE LIEBEN KÜNSTLERKOLLEGEN

Meine Wahrnehmung von Schauspielern, Radio-Ikonen und Musikstars

Mitten im Schlagerdschungel der *Hitparade* aufzutreten war für mich zunächst ein Unding, unvereinbar mit meinem Anspruch als erdiger Rock 'n' Roller! Dabei lag es mir fern, die Interpretinnen und Interpreten persönlich zu verunglimpfen. Im Berliner Nobelhotel Schweizer Hof, in dem alle Künstler vom Schlagerkasten schliefen, lernten wir die ganze Riege der Schmachtvirtuosen kennen, insbesondere bei den After-Show-Partys. Menschlich gesehen hauptsächlich wirklich nette, umgängliche Kolleginnen und Kollegen – im Falle von Tony Marshall und Roberto Blanco sogar richtiggehend cool und lässig –, schrammte die Musik aber meines Erachtens nur knapp am Totalschaden vorbei.

Die Geringschätzung fiel wohl auch anderen auf und verquirlte sich zusammen mit meinem Ruf als böser Bube, der mir wie Baumharz anhaftete, zu der Legende, ich hätte Rex Gildo die Perücke vom Kopf gerissen, als er seinen Haarersatz verloren hatte. Das war totaler Quatsch, aber das Gerücht aus der Welt zu räumen kam einem Kampf gegen Windmühlen gleich, sobald es einmal hinausposaunt war. Es fügte sich halt so schön ins Gesamtbild meiner Person. Ich gebe allerdings gerne zu, auch im Zusammenhang mit der *Hitparade* kein Kind von Traurigkeit gewesen zu sein: Gemeinsam mit dem Nena-Gitarristen und *99 Luftballons*-Koautor Carlo Karges klapperte ich die übelsten Stadtteile von Berlin ab, immer auf der Suche nach irgendeinem berauschenden Gift. Leider soff sich Carlo nach meiner Kenntnis nachher zu Tode und verließ 2002 endgültig die irdische Bühne. Ich mochte ihn sehr.

Eine ganz spezielle Marke, völlig schräg, aber herzensgut, ist Gunter Gabriel. Wenn es die Story um den liebevollen, gutherzigen Dr. Jekyll und den bösartigen, furchteinflößenden, aufbrausenden Mr. Hyde nicht schon gegeben hätte, dann wäre er – natürlich in abgewandelter, abgeschwächter Form – die perfekte Romanvorlage gewesen. Dr. Jekyll saß vor mir, wenn ich mit Gunter genüsslich einen trank und wir nett und entspannt miteinander redeten. Mr. Hyde trat grausam in Erscheinung, wenn die deutsche Antwort auf Johnny Cash in tiefster Nacht in München seine wunderschöne weibliche Begleitung ohne ersichtlichen Grund genervt aus der Limousine schmiss. Ebenso verärgerte er in meinem Beisein arrogant, selbstverliebt und eigennützig den Barkeeper des schicken, am Maximilianplatz gelegen Nachtcafé, ab 2005 die Nobeldisco Pacha. Unverschämt griff er wie selbstverständlich hinter der Bar eine Flasche Schnaps, trank daraus und bekundete gegenüber dem keifenden Tresenputzer, er solle sich nicht so anstellen. Ein unglaublicher Kerl, aber ich kam mit ihm klar.

Bei den *Hitparade*-Auftritten tat sich die Spider Murphy Gang gerne mit anderen, gleich eingestellten Vertretern der Neuen Deutschen Welle zusammen, um die verstaubten Rahmenbedingungen aufs Korn zu nehmen. Gerne kooperierten wir dabei mit TRIO *(Da Da Da)*, einer Anarcho-Truppe par excellence und der Reihe nach wahnsinnig nette Typen. In einer der Ausgaben präsentierten die drei *Anna lass mich rein, lass mich raus*, während wir *Ich schau' dich an* spielten. Da beide Stücke wenig Schlagzeugbrimborium – genauer gesagt nur die Snare Drum – benötigten, tauschten Peter Behrens und ich kurz entschlossen unser Handwerkszeug aus. Peter garnierte seinen Auftritt, indem er während des Songs einen Apfel aß. Ich wiederum legte meinen Kopf zum Ende des Vortrags auf das Schlagzeugfell, obwohl die Musik im Hintergrund noch weiterlief. Damit torpedierten wir ein wenig das Halbplayback und stellten die Publikumstäuschung zur Schau.

Über den *Hitparade*-Kontakt hinaus statteten wir Stephan Remmler, Kralle Krawinkel und Peter Behrens einen Freundschaftsbesuch in Großenkneten ab. Es wurde ordentlich gefeiert. Übernachtet haben wir dort aber nicht. TRIOs norddeutsches Refugium lag nahe Oldenburg, wo sie in einer WG zusammenlebten. Für manche ist die Adresse Regenter Straße 10a bis heute unvergesslich, quasi eine Pilgerstätte. Dort ging es drunter und drüber. Überall lagen die Bommerlunderflaschen herum. »Pass auf«, beruhigten sie mich, als ich skeptisch die mir eher unbekannte Schnapssorte beäugte, »den kannste ruhig trinken. Wir sind hier nahe der See. Zu der gehst du morgen mit schwerem Kopf, und du wirst sehen: Die Seeluft macht alles wieder klar.«

Über die lose Bekanntschaft hinaus war ich im Jahr 1983 gemeinsam mit Peter Behrens im Kölner WWF Club zu Gast. Wir spielten das von mir komponierte Instrumentalstück mit dem hirnrissigen Titel *Zorro reitet wieder* von Armand Volker. Jeder von uns bediente ein knapp gehaltenes Schlagzeug. Die Nummer erregte insofern Aufsehen, als dass die Leute sie kannten. Die Chartplatzierungen zeichneten demgegenüber aber ein mageres Bild des Erfolges.

Arrangeur und Keyboard-Bediener von *Zorro reitet wieder* war übrigens kein Geringerer als der spätere Enigma-Urheber Michael Cretu *(Sadness Part I, Return To Innocence)*. Über den schloss ich wiederum Bekanntschaft mit Sandra, die Mitte bis Ende der 80er-Jahre unglaublich erfolgreich sein sollte. In der Funktion des Produzenten würde ihr Cretu Hits wie *Maria Magdalena, In The Heat Of The Night* oder *Everlasting Love* schreiben und in Personalunion als ihr Ehemann auch einen entscheidenden Beitrag zum privaten Glück leisten.

Wo ich von guten Vertretern der Neuen Deutschen Welle spreche, sei an dieser Stelle erwähnt, dass allen voran Ideal standen, *die* Gruppe überhaupt. Genau genommen gehörte Annette Humpe samt ihren drei Mannen sogar zu den Vorreitern der NDW. Qualitativ standen sie weit über den meisten anderen Vertretern jener Ära. Eine endgeile Band. Mir blieb es unglücklicherweise verwehrt, persönlichen Kontakt zu der Frontfrau zu bekommen, die später äußerst erfolgreich unter anderem Produzentin der

Prinzen *(Alles nur geklaut, Du musst ein Schwein sein)* und Teil von Ich & Ich *(Vom selben Stern, Stark)* werden sollte.

Richtig gute Musik boten auch Nena *(99 Luftballons, Irgendwie, irgendwo, irgendwann)*, die dafür mit weltweitem Erfolg belohnt wurden. Zum zuckersüßen Aushängeschild der Formation hatten viele im Geschäft jedoch ein ambivalentes Verhältnis. Es ging eigentlich noch darüber hinaus: Nena war Anfang bis circa Mitte der 80er-Jahre in weiten Teilen der Szene überaus unbeliebt.

Einmal hätte ich die aus Hagen stammende Sängerin fast den Unmut und die Geringschätzung der Branche spüren lassen und somit stellvertretend gewirkt. Die Chance dazu ergab sich bei der feierlichen Neueröffnung des Nürburgrings 1984, zu der sowohl Nena als auch die Spider Murphy Gang aufspielten. Die Garderoben lagen oberhalb der Bühne, sodass sich die Künstler auf der Treppe begegneten, wenn das Rampenpersonal wechselte. Just zu der Zeit des Engagements hatte ich mich am Fuß verletzt, konnte demnach nicht laufen. Am Schlagzeug war ich jedoch einsatzbereit. Mein schrankgroßer Frankfurter Leibwächter namens Branko musste mich also zum Auftritt hinuntertragen … Genau in dem Moment stieg Nena die Treppe hinauf. »Ich geb dir 100 Mark, wenn du Nena in die Seite trittst«, raunte mir mein Träger verschwörerisch zu. Bei genauerer Überlegung kann man sagen, dass Branko mit dem Angebot seiner Aufgabe abschwor und fahnenflüchtig wurde. Der Bodyguard erfüllte nämlich den Job – ungewöhnlich genug –, andere vor mir zu beschützen! Ich galt ja als unberechenbares Risiko auf zwei Beinen. Und dann forderte Branko mich zu einer Gewalthandlung auf? Ich lehnte den Handel ab. Tstststs … dieser Halunke, dachte ich im Stillen belustigt bei mir. Aber Branko war im positiven Sinne eine Granate, und ich ließ nichts auf ihn kommen.

Erst allmählich wurde klar, warum es am Zuspruch für Nena haperte. Es lag nicht an der Band inklusive der exponierten, auf mich überkandidelt wirkenden Interpretin, sondern an deren unmittelbarem Umfeld. Ständig waren die Mitglieder der Gruppe von Bodyguards umgeben, die irgendwann selbst vor dem Klo

Stellung bezogen wie dressierte Schießhunde. Der ganze Eskortenclan umgab sich mit der Aura des nicht Ansprechbaren, geboren aus purer Arroganz. Sobald ich in die Nähe kam, schien sie mir unausgesprochen Sätze entgegenzuwerfen wie »Wer bist du denn? Du kleiner bayerischer Provinzschlagzeuger, schleich di!«. Kurz formuliert wurde Nena ohne eigenes Zutun von der hochnäsigen Entourage wichtig gemacht. Da ich das bereits frühzeitig erkannt hatte, war das Eis zwischen Nena und mir längst geschmolzen, und wir verstanden uns glänzend.

Im Gegensatz zum Gitarristen Carlo Karges knüpfte ich mit dem wirklich guten Drummer Rolf Brendel keinerlei Kontakt, und der immer wie aus dem Ei gepellte, stets schnieke gekleidete Fahrenkrog-Petersen war schon gleich gar nicht meine Kragenweite.

Schaute die Öffentlichkeit auf das Musikbusiness, dann herrschte oft die Meinung, im Sammelbecken der Stars und Sternchen würden sich lauter Freunde tummeln. Dem war aber nicht so. Man kannte sich eben, mehr aber auch nicht. Deshalb war es mir oftmals nur möglich, flüchtige Eindrücke über diesen oder jenen zu sammeln. Peter Hubert, Frontmann von UKW *(Sommersprossen, Ich will)*, zum Beispiel empfand ich als lieben, netten Kerl. Klaus Büchner von Torfrock *(Beinhart)* war ebenfalls ein umgänglicher Typ. Tamara Danz von Silly traf ich bei Peter Maffay in Tutzing am Starnberger See, wo der Rocksänger neben dem Sitz der Tabaluga Stiftung auch zwei Studios vom Feinsten mit Riesenmischpulten unterhielt. Danz nahm dort in einem Studio gerade eine Platte auf, während ich zeitgleich zusammen mit Uli Rudolf im zweiten Studio arbeitete. Sowohl Tamara als auch Maffay, der mittlerweile auf Mallorca residiert, waren angenehme Erscheinungen. Ich kam jedoch kaum in Kontakt mit ihnen.

Marius Müller-Westernhagen gehörte aus meiner Sicht ebenso zur Kategorie netter, cooler Zeitgenosse. Ich mochte ihn und genoss es, auf ein Bierchen gut und stressfrei mit ihm zu plaudern. Wir waren nahe daran, uns anzufreunden.

Udo Lindenberg *(Sonderzug nach Pankow, Du knallst in mein Leben)* dagegen erweckte auf mich den Eindruck eines eher schrägen, verschlossenen Menschen. Der konnte es einem schwer machen, mit ihm umzugehen. Er war mit Vorsicht zu genießen. Mir kam seine »Hallöchen Popöchen«-Kunstsprache immer zu ironisch herüber. Udo wirkte auf mich unnahbar, aber ich sah in ihm einen begnadeten Musiker. Seine Pionierleistung bei der Einführung der deutschen Sprache in die Rockmusik war unbestritten. Anfang der 70er-Jahre des vorigen Jahrhunderts hatte jeder Lindenberg gehört, so auch meine Schwestern und ich. Er hatte eine riesige, treue Anhängerschaft. Die Ehrerbietung strahlte so weit aus, dass mir in späteren Jahren ein Porträt von ihm im Richterinnenzimmer des Gerichts Rheinberg ins Auge fiel. Dort musste ich mich wegen eines Trunkenheitsdeliktes verantworten. Eine Bekannte der Vorsitzenden hatte das Gemälde angefertigt, und der Vertreterin deutschen Rechts war es angemessen erschienen, das Ebenbild des durchaus den Drogen zusprechenden Künstlers in ihr Büro zu hängen. Irgendwie paradox.

Beruflich traf ich öfter auf den Münchener-Freiheit-Sänger Stefan Zauner, der bei unserem 1978 erschienenen, englischsprachigen Album *Rock 'n' Roll* das Mischpult bedient hatte. Ein umgänglicher, gern gesehener Zeitgenosse, der als Songschreiber, Texter und Produzent auch jenseits seiner Band Kreise zog

Von ganz anderem Schrot und Korn schien mir Nina Hagen zu sein, die mir bereits Anfang der 80er über den Weg gelaufen war. Sie war eine sehr attraktive Frau, aber »sympathisch« als Bezeichnung für ihre Ausstrahlung entfiel. Dazu war sie mir zu sehr Quasselstrippe. Hielt man sich im selben Raum mit ihr auf, verkam das Recht auf freie Meinungsäußerung zur Makulatur. Es ergab sich sowieso keine Möglichkeit des Eingreifens. Dem Redeinhalt von Hagen mangelte es für meinen Geschmack erheblich an Qualität. Sehe ich heutzutage Interviews mit ihr, fühle ich mich bestätigt. Die ist immer noch ein bisschen durchgeknallt, denke ich dann.

Einer der besten deutschen Musiker war bereits damals zweifellos Herbert Grönemeyer. Daran gab es nichts zu deuteln, und ich musste es ihm neidvoll zugestehen. Aus meiner heutigen Sicht zähle ich seinen Megasong *Mensch* von 2002 zu den besten Poptiteln, die je geschrieben wurden. 1985 durfte ich mit dem bekennenden Bochum-Liebhaber im Zuge des Projekts *Band für Afrika* zusammenarbeiten. Nahezu alles, was im deutschen Musikbusiness Rang und Namen besaß, wie Udo Lindenberg, Alphaville, Nena, Klaus Lage, Spliff etc., wirkte mit. Der Verkaufserlös der gemeinsam eingespielten Single *Nackt im Wind* floss als Spendengeld nach Afrika. Keiner der beteiligten Künstler respektive der beteiligten Plattenfirmen verlangte Gage.

Grönemeyer hatte das Lied zusammen mit Wolfgang Niedecken entwickelt und im Vorfeld der Aufnahme sollten während eines großen Meetings vor versammelter Mannschaft die organisatorischen Rahmenbedingungen abgesteckt werden. In diesem Zusammenhang wurde ruchbar, dass der urdeutsche Wald-und-Wiesen-Sänger Heino Interesse an einer Teilnahme bekundet hätte. Stocksauer, geladen ohne Ende, sprang Grönemeyer daraufhin auf und schrie: »Nein, wenn der mitmacht, dann steige ich sofort aus!« … *Schwarzbraun ist die Haselnuss* lässt grüßen. Über diese Reaktion durfte sich der sonnenbebrillte Blondschopf nicht wundern, hatte er doch im Jahre 1978 im Auftrage des baden-württembergischen Ministerpräsidenten Hans Filbinger für Schüler das *Deutschlandlied* aufgenommen, inklusive der umstrittenen ersten Strophe. Letzten Endes blieb die *Band für Afrika*-Besetzung ohne den blonden Heimatrecken.

Erstaunlich, dass 19 Jahre nach Grönemeyers Ausbruch der deutsche Musiker Jan Delay *(Klar, Oh Jonny, Feuer)* in gleicher Richtung sehr heftig gegen Heino agitierte. Er entschuldigte sich anschließend jedoch öffentlich und entrichtete eine Bußgeldzahlung in Höhe von 20.000 Euro für einen wohltätigen Zweck.

Mir gefiel *Nackt im Wind*, und der Song kletterte bis auf Platz 3 der Charts, war vier Wochen in den Top Ten und insgesamt zehn Wochen platziert. Zum Vergleich: Im selben Jahr blockierte das unsäglich furchtbare Lied *Live Is Life* von Opus – ich hasste das Stück – sieben Wochen den Spitzenplatz, stromerte zwölf Wochen unter den besten zehn umher und trieb insgesamt 27 Wochen in den Charts sein Unwesen.

Eine der seltenen, engeren Kollegenbande ergab sich zu Hans-Jürgen Buchner, Chef und Macher der Formation Haindling. Der Bandname entstammte dem gleichnamigen niederbayerischen Ortsteil von Geiselhöring mit gerade mal 100 Einwohnern. Mehr als einmal war ich bei Hans-Jürgen auf Stippvisite in seinem beeindruckenden Haus, das ehemals eine Gastwirtschaft beherbergt hatte. Dort wohnte er mit seiner Frau, die als Töpferin Geld verdiente, und seiner hübschen Tochter. Buchner beanspruchte allein den kompletten ersten Stock, der ursprünglich wohl als Tanzsaal genutzt worden war. Neben einem Himmelbett stand, lag, hing alles voller Instrumente. Diese befanden sich teils aktiv in Gebrauch, teils waren es lediglich Sammlerstücke. Teils besaßen sie gewohntes Aussehen, teils wirkten sie fremdartig, exotisch. In dieser Tonschmiede entstanden Perlen wie *Du Depp, Paula, Rote Haar* und auch mein Favorit *Mo mah du*, auf Hochdeutsch »Mann, mäh' du«.

Ich kannte kaum einen anderen Multiinstrumentalisten, der es mit Hans-Jürgen aufnehmen konnte. Auf seinen Platten spielte er alle Instrumente selbst. Nur bei Auftritten engagierte er natürlich Mitstreiter, alles Meister ihres Faches.

Haindling war eine richtig geniale Liveband, einfach sehenswert, obwohl ich sie einmal bei einer Schummelei ertappte. Dabei lauschten Hermann Weindorf – ein begnadeter Keyboarder und Produzent, der sogar das Londoner Royal Philharmonic Orchestra dirigiert hatte – und ich voller Genuss den Klängen des Konzertes im Circus Krone in München. Plötzlich merkte mein Begleiter auf: »Na, das waren jetzt aber keine Streicher.« Irritiert schaute ich ihn an, wusste aber dann sofort, worauf er hinauswollte. Hermann war sofort aufgefallen, dass die Bühnenshow von konservierten Einspielern unterstützt wurde. Ich konnte es mir nicht verkneifen, das Hans-Jürgen Buchner nach der Darbietung unter die Nase zu reiben. »Pst!! Sag ja nix!«, wies er mich wütend zurecht, was für mich aber ohnehin ungeschriebenes

Gesetz war. Ich sah keinen Grund zu der Veranlassung, irgendjemandem davon zu erzählen, allein schon deswegen, weil in der Szene Hallodris ganz anderen Kalibers ihre Betrügereien trieben. Manche spulten ihr gesamtes Programm per Playback ab. Nur wenn sie direkten Kontakt zum Publikum anstrebten, ließen sie das Mikrofon anschalten. Widerlich. Nachgetragen hat mir Hans-Jürgen meine Bloßstellung nie.

Abgesehen von seinen professionellen Fähigkeiten schätzte ich besonders Buchners normale, liebe Art sehr. Die ermöglichte ihm eine sehr gelassene Betrachtung der Dinge, sofern die Kreativität ausblieb. In so einem Fall gab er sich ohne schlechtes Gewissen dem Müßiggang hin, sicher daran glaubend, dass die Muse ihn wieder küssen würde. Das konnte ruhig ein paar Wochen dauern. Dann schnappte er sich seine Gäste – wie bei mir geschehen –, fuhr mit ihnen zum Beispiel nach Straubing in eine Kneipe und bestellte am helllichten Tag Champagner. Das brauchte er, das war ihm wichtig.

Ein derartiges Verhalten der reuelosen Gelassenheit legten viele Künstler an den Tag mit zum Teil noch rigoroseren Konsequenzen. Hubert von Goisern *(Wieder hoam, Weit, weit weg)* setzte sich in der Phase geringer Produktivität sogar von 1997 bis 1998 komplett nach Afrika und Tibet ab.

Auch in späterer Zeit liefen mir häufig deutsche Kollegen über den Weg. Es blieb aber meist auf dem Level der Flüchtigkeit. Matthias Reim machte tolle Musik, allerdings unter Verwendung einer Schlagzeugmaschine … okay … die Sportfreunde Stiller waren und sind eine gute Band mit klasse Songs … ja … das internationale Aushängeschild Scorpions bestand aus lauter netten Jungs, die einmal ein Konzert von uns in Hannover besuchten … auch gut … aber erwähnenswert?

Etwas mehr fällt mir zur Gruppe PUR ein. Aufgrund ihrer handwerklich einwandfrei produzierten Songs begeisterte mich die Gruppe. Deshalb schaute ich mir aus Professionsinteresse genauer an, wer das Schlagzeug bearbeitete, und stellte fest, dass sich der Studio- vom Livedrummer unterschied. Der Bühnenvirtuose war einfach zu schlecht für die Plattenversion. Irgendwann verdrängte der LP-Trommler den Kontrahenten sogar komplett von der Schießbude auf den Percussionplatz. Das war durchaus legitim, schließlich musste sich Qualität durchsetzen.

Außerhalb des unmittelbaren musikalischen Dunstkreises gehörte der bayerische Musikkabarettist Willy Astor – ein begnadeter Gitarrist – zu meinem Bekanntenkreis. Wir traten auch zusammen auf. Heutzutage kann man ihn wohl als Intimus von Günther Sigl bezeichnen.

Otto Waalkes, ostfriesischer Komiker, verfehlte mit dem aufgekratzten Humor zwar mein Verständnis von Witz deutlich, wusste mir jedoch in anderer Form zu gefallen. Der Grimassenschneider lud die Spider Murphy Gang zu einem Auftritt in München ein, platzierte Günther, Barny, Michael und mich in die erste Reihe und begrüßte uns zu Beginn der Show vor dem Publikum persönlich.

Den bekannten Hörfunk- und Fernsehmoderator Fritz Egner (Bayerischer Rundfunk, *Dingsda, Versteckte Kamera*) lernte ich kennen, als er die Spiders beim Event *Rockpop in Concert – Neue Deutsche Welle – Special* interviewte. Der kannte sich richtig gut im Rock- und Popmetier aus, vor allem in den 60er- und 70er-Jahren. In Egners Umfeld stieß ich wieder auf meinen guten alten Bekannten Thomas Gottschalk. Zusammen mit dem *Dingsda*-Spielleiter und dem späteren *Wer wird Millionär?*-Quizmaster Günther Jauch moderierte er bei Bayern 3. Die drei Radiozampanos mochten sich untereinander und lieferten sich gerne während der Sendungen einen lebendigen Schlagabtausch.

Neben Mike Krüger und Sonnyboy Gottschalk spielte ich 1985 in der überdrehten Filmkomödie *Die Einsteiger* in einer winzigen Gastrolle einen Mafiatypen am Billardtisch. Mit dem Streifen endete die Anfang bis Mitte der 80er sehr erfolgreiche Gottschalk/Krüger-Kinofilmreihe, die außer *Die Einsteiger* noch *Piratensender Powerplay, Die Supernasen* und *Zwei Nasen tanken Super* enthielt.

Nach den Dreharbeiten ließen die beiden Hauptdarsteller und ich uns ein paar Tage lang in Dollys Treff in der Schwabinger

Fendstraße nieder. Damalige Besitzerin war niemand anderes als das Busenwunder Dolly Dollar – ein steiler Zahn. Sie stand höchstselbst hinter dem Tresen des Schuppens, der gerade einmal die Größe eines durchschnittlichen Wohnwagens besaß. Dolly schenkte aus und hatte offensichtlich unter den Augen ihres damaligen eifersüchtigen italienischen Freundes alles gut im Griff. Grund zum Argwohn gaben Tommy, Krüger und ich dem Lover nicht, denn dazu waren wir viel zu sehr ins Gespräch vertieft … zumindest Gottschalk und ich. Es sei angefügt, dass sich Dolly Dollar vom Image des Erotiktraums mittlerweile lange gelöst hat und nun ausschließlich unter dem Namen Christine Zierl in Erscheinung tritt.

An Thomas Gottschalk mochte ich, dass er immer sein Ding durchzog, auch wenn die atmosphärische Großwetterlage unbequemen Gegenwind versprach … typisch Rock 'n' Roller eben. Sicherlich kam Tommy dabei seine unbestrittene emotionale Intelligenz zugute. Die ließ ihn karriereförderlich einschätzen, ob er lockeren Umgang mit Gästen und dem Publikum pflegen konnte und seinem losen Mundwerk nachgab oder es lieber bremste. Der Druck seitens der Presse, der Programmchefs und nicht zuletzt der Menschen draußen an den Geräten war immens hoch, und ihn galt es immer sensibel einzuschätzen. Thomas war schon ein feiner Kerl.

Die Wirkung nach außen war bei den meisten öffentlichen Personen, die ich kannte, eine sehr wichtige Angelegenheit, auch wenn sie nur auf Schall und Rauch fußte. Der Schauspieler Helmut Fischer *(Monaco Franze – Der ewige Stenz)* wandelte am Ende seines Lebens, schon stark vom Knochenkrebs gezeichnet, auf finanziell total abgebranntem Weg. Während des letzten Stücks achtete er aber peinlichst darauf, seinem gewohnten Stil treu zu bleiben. Für seine Freunde und sich orderte Fischer nur die erlesensten Speisen vom renommierten Feinkostgeschäft Käfer … alles ohne bezahlen zu können, denn der Tod klopfte ja bereits an. »Man muss immer auftreten können«, philosophierte der Stenz. »Du musst immer so tun, als wärst du wer. Es steht in den

Sternen, wie lange ich noch lebe. Das Geld gehört dem Friedhof, und bis dahin lebe ich gut.« Folglich versammelte Helmut seine Künstlerkumpane um sich und gab ihnen zu saufen, so viel sie wollten.

Mit internationalen Stars machte ich ebenfalls Bekanntschaft. So verhalf mir ein Auftritt in Frankfurt bei einer einmalig abgehaltenen, gigantischen ZDF-Fernsehshow gespickt mit lauter Superacts zur Begegnung mit einer sehr renommierten Popbusinessgröße. Untergebracht im noblen Hotel Frankfurter Hof, entstieg ich gedankenverloren dem dortigen Lift, als mir plötzlich eine Person gegenüberstand, die große Ähnlichkeit mit mir besaß: runder Murmelkopf, kurz geschorenes Haupthaar … nur einen Kopf kleiner als ich. Den kennst du doch, dachte ich, und noch bevor der Groschen fiel, verzog sich die Miene meines Zwergebenbildes, welches zuvor noch Überraschung und Irritation gezeigt hatte. Entspannt, fröhlich grinsend begrüßte mich Phil Collins. »Hey! You look like me!«, sagte er, schüttelte mir kräftig die Hand, und wir schlenderte zur Bar. Dort saß bereits – unglaublich aber wahr – Quincy Jones, der Entdecker des Solokünstlers Michael Jackson und Produzent von dessen Bestseller-LPs *Off the Wall*, *Bad* und vor allem *Thriller*. Letztere war mit 104 Millionen verkauften Einheiten das erfolgreichste Album aller Zeiten. Jones wurde eskortiert von sage und schreibe vier Bodyguards. »Warum hast du gleich vier Leibwächter dabei?«, fragte ich verwundert. »Weißt du«, entgegnete Quincy lächelnd und achselzuckend, »die werden von der Versicherung bezahlt. Die schicken die Jungs gleich mit, wenn ich unterwegs bin. Mit mir sind schließlich Millionen Dollars verbunden.« Es wurde ein richtig schöner Abend. Collins, Jones und ich tranken ordentlich und redeten nur über Weiber, sparten also die Musik völlig aus.

Nicht nur direkt, sondern auch indirekt erhielt ich Einblick in die Gepflogenheiten anderer, weltweit erfolgreicher Interpreten wie der Rolling Stones. Ein mir bekannter Tonmeister aus München wusste zu berichten, dass der Roadie des Gitarristen Keith Richards mit sehr ausgefallenen Wünschen konfrontiert worden war, als sie in den 80ern in München auf dem Lodenfrey-Gelände im Englischen Garten für eine Welttournee geprobt hatten. Im völligen Kontrast zum total gesund lebenden, joggenden, fitten, mittlerweile drogenabstinenten Frontmann Mick Jagger war auf der Bühne hinter Richards ein Schrank gewesen, dessen Schubladen vor Kokain, Heroin, Marihuana – fein säuberlich getrennt – nur so gestrotzt hatten. Der Roadie sollte Keith während der Show außer der Instrumenten- auch die gewünschte Drogenversorgung angedeihen lassen. Deshalb hatten die beiden eingeübt, zu welchem Song der Roadie welche Schublade ziehen sollte, um für den entsprechenden Nachschub zu sorgen. Genau nach dieser Vorgabe war es tatsächlich beim Auftritt im Olympiastadion abgelaufen, so mein Bekannter. *Let's Spend The Night Together* … Schublade 1, *Jumpin' Jack Flash* … Schublade 2, *Brown Sugar* … Schublade 3 oder so ähnlich.

Nun hätte man glauben können, die Polizei oder Drogenfahndung hätte den Missbrauch durch eine Razzia leicht beseitigen können. Der Weg dahin wäre ihnen jedoch verwehrt geblieben, dermaßen blickdicht abgeschirmt waren die Rolling Stones durch ihre Security. Da hätte kein LKA oder BKA die geringste Chance auf ein Durchkommen gehabt.

Am Tag dieses Konzerts hatte im Übrigen in Stadionnähe mein Freund Tobi Pflug geheiratet. Der war im Vorfeld nicht müde geworden zu betonen: »Bei meiner Hochzeit spielen die Stones«, was ja auch gestimmt hatte. Allerdings war die Aussage ohne Vorkenntnis der Sachlage natürlich viel verheißungsvoller gewesen.

Egal um welche Band oder welchen Interpreten es sich auch handelte, ich mied im Allgemeinen deren Konzertbesuch. Es sei denn, die Spider Murphy Gang trat selber auf. Möglicherweise behagte mir die Vorstellung nicht, eventuell enttäuscht zu werden, womit eine zuvor gehegte Illusion geplatzt wäre. Sämtliche Freikarten und VIP-Ausweise, von denen unsere Truppe zuhauf profitieren konnte, harrten bei mir vergeblich ihrer Nutzung. Selbst Michael Jackson oder die Stones, deren Auftrittsrundreisen in Deutschland Marcel Avram, Busenfreund von Abi

Ofarim, organisierte, blieben von mir ungewürdigt. Der Gründer von MAMA Concerts fuhr mich als Veranstalter unserer 1984er-Tournee eines Nachts in meinem Mercedes von Frankfurt nach Aschaffenburg. Er hielt es für angebracht, permanent das Fernlicht angeschaltet zu lassen. »Warum blendest du nicht ab?«, fragte ich verwundert. »Ach was soll's«, war daraufhin seine Antwort, »das Fernlicht kostet nix.« Tja, es liefen schon komische Käuze im Business herum.

16

AUF EINMAL WOLLTE UNS KEINER MEHR

Der Stern der Band sinkt

Wie bei eigentlich allen im Künstlermetier konnte der Stern des Spider-Murphy-Gang-Erfolges nicht ewig hell glänzen. Irgendwann traten Abnutzungserscheinungen auf, und ab Mitte der 80er-Jahre erhielt die Band merklich weniger Zuspruch. Der Prozess hatte zwar bereits vorher eingesetzt, war aber wegen des schleichenden Tempos kaum aufgefallen, sodass man es noch als Einbildung abtun konnte. Bis dahin hatten wir der Meinung angehangen, der Spider-Stern würde für immer am Popfirmament glänzen, fortwährend Erfolg garantieren und gleich einer nie versiegenden Quelle Geld sprudeln lassen.

Irgendwann sprachen die Fakten aber Klartext. Die Zäsur lautete: Die Platten verkauften sich nicht mehr so gut, und die Konzerte fanden in halb leeren Sälen statt. Dementsprechend nahmen die Liveauftritte ab, und das Verhalten der Veranstalter uns gegenüber änderte sich. Anstelle von Honorarzahlungen sollten wir auf Eintrittsbasis beziehungsweise gegen Abendkasse spielen.

Die Stimmung schwenkte um. Der Markt war von der Spider Murphy Gang gesättigt. Die Menschen auf der Straße würdigten uns keines Blickes mehr, von kreischenden Fans ganz zu schweigen. Ich ging schlagartig, wie jeder Normalbürger auch, allein meiner Wege. Man hörte 1985 das grausame *Live Is Life* von Opus, das zweifellos geniale *Rock Me Amadeus* von Falco, die Cretu-Bombastnummer *Maria Magdalena*, gesungen von Sandra, Modern Talkings *Cherie Cherie Lady* im Standarddiscorhythmus oder Harold Faltermeyers starkes Instrumentalstück *Axel F* anstelle von *Cadillac* oder *Deine Augen*.

Als der ausbleibende Erfolg offensichtlich wurde, ging es rapide bergab. Es war einfach Schluss von jetzt auf gleich. Die einstige

Nummer-1-Band schwamm nur noch im Sammelbecken der Unbedeutenden. Das zog mich gnadenlos nach unten. Einen Sprung in eiskaltes Wasser stellte ich mir ähnlich schockierend vor. Auch die Geldeinnahmen wiesen eine sinkende Tendenz auf.

Das unerfreuliche Gesamtpaket war natürlich ein willkommenes Fressen für die Pressemeute. Die stürzte sich nun wie Schmeißfliegen auf uns mit dem Ziel, den Karriereknick ausschließlich negativ auszukosten. Sinngemäß schrieb die Klatschillustrierte *Bunte*: »Spider Murphy Gang sitzt jetzt abgestürzt und pleite in der Fußgängerzone und muss betteln«. Ausgerechnet das Blatt also, welches uns drei Jahre zuvor den hauseigenen Bambi in die Hand gedrückt hatte. Diese Meldung saugten sich die Redakteure schlichtweg aus den Fingern, entzog es sich doch völlig deren Kenntnis, wie es um uns stand. Der Beitrag war wahrscheinlich dem Vorhaben einer Gegenkampagne geschuldet. Was gibt es Effektheischenderes, als einen ehemals sehr erfolgreichen Act in die Gosse sinken zu sehen, auf den man dann ordentlich eintreten kann?

Das auf uns gemünzte mediale Echo kannte Mitte der 80er nur zwei Strömungen. Entweder man ging brachial auf uns los, oder man belegte uns mit totalem Desinteresse. Entsprechend der ausbleibenden Zugkraft samt schlechtem Pressewiderhall schlossen sich die Fernsehsender an und sahen davon ab, uns weiterhin regelmäßig einzuladen.

Es war merkwürdig. Keiner wusste, warum diese Entwicklung ihren Lauf nahm. Alles schien nur ein schöner Traum gewesen zu sein. »Warum is' des so?«, fragte wir uns enttäuscht. – »I kanns net erklären« oder »I find' koa Lösung!«, lautete der Grundtenor von Günther, Barny, Michael und mir. Ich schätze, damit begingen wir den Kardinalfehler, die Schuld gänzlich von uns zu weisen und nur den äußeren Umständen zuzuschieben. Selbstzufrieden wähnten wir uns an einem Punkt, an dem die Spider Murphy Gang niemandem mehr etwas beweisen musste.

In der Gewissheit, genug Kohle zu haben, um sich alles leisten zu können, mangelte es an Fleiß und Disziplin. Die Band wusste, dass sie einen guten Job machte, und war der Meinung, damit allen Genüge zu tun. Ein fataler Irrtum zu glauben, dass man sich damit über Jahrzehnte on top halten könnte, zudem sich unser Talent in endlichen Grenzen hielt. Solche Selbstbezichtigungen oder hilfreiche kritische Eigenreflexionen fehlten uns damals vollends. Wir bastelten mittlerweile neue Songs zusammen, ohne sie live auszutesten. Anstatt, wie zu Anfangszeiten, ein Jahr lang die Lieder einzuüben, damit sie richtig geil klangen, probten die Spiders nun nur noch eine Woche, bevor es direkt zum Einspielen ins Studio ging. Die Liebe zum Detail ging flöten. Damit geriet das Material oft zumindest merkwürdig, viel Wischiwaschi. Es erreichte nicht einmal ansatzweise die Qualität von *Skandal im Sperrbezirk, Schickeria* oder *Wer wird denn woana*. Alles lief unter dem Prinzip »schnell, schnell«, denn Auftritte, TV, Interviews warteten. Deshalb nutzten Günther, Barny, Michael und ich im Studio vermehrt die technischen Möglichkeiten und umgingen es somit, die Stücke komplett per Hand einzuspielen. Das konnte nicht funktionieren. Günther Sigl drückte es, sinngemäß wiedergegeben, ganz passend aus: »Was erwarten die Leute? Auf der einen Seite sollen wir überall präsent sein: Platte, Tournee, Fototermine, Fernsehen, Presse. Auf der anderen Seite fordern sie von uns, am besten im Jahrestakt hyperkreative LPs abzuliefern. Es heißt dann plötzlich nach der ganzen Terminhatz: So, das Studio für die nächste Scheibe ist gebucht. Wie soll das gehen?, frage ich dann. Ich habe doch noch gar keinen Song, höchstens zwei oder drei Ideen, aus denen man vielleicht etwas machen kann. Manchmal glaube ich, die größte Gefahr für die Qualität einer Band ist es, Erfolg zu haben.«

Die Plattenfirma tat ihr Übriges, die Spider Murphy Gang von ihren Wurzeln zu entfernen. Vielleicht übernahmen wir auch zu willfährig ihre Forderungen. 1985 drängte sie uns bei der LP *Wahre Liebe*, die damals verstärkt um sich greifenden Einflüsse der Maschinenbeats und immer ausgefeilteren Synthesizer- und Sampleklänge einzuweben. Kylie Minogue *(I Should Be So Lucky, Locomotion)*, Jason Donovan *(Too Many Broken Hearts)*, Bananarama *(Venus)*, Rick Astley *(Never Gonna Give You Up, Whenever You Need Somebody)* … die ganzen Künstler des britischen Musikproduzententeams Stock Aitken Waterman beherrschten die Szene, und jeder wollte sich im Brei der Fließbandunterhaltung tummeln. Nur wirkte das bei einer Rock-'n'-Roll-Band wie der Spider Murphy Gang deplatziert. Das waren wir nicht, das konnten wir auch nicht. Symptomatisch für die größtenteils herrschende Beliebigkeit der LP *Wahre Liebe* blieben mir nur die drei britischen Bläser in Erinnerung, die in Soulbesetzung mit Saxofon, Trompete und Posaune die Aufnahmen beeindruckend aufwerteten. Ihr hochprofessionelles Spiel verschaffte mir Gänsehaut pur.

Es laugte die Gruppe aus, dass stetig von verschiedenen Seiten an ihr gezerrt wurde. Es raubte die Kraft und die Power, vor allem aber den Drang, aktiv zu sein. Unbenommen von der allumfassenden Vereinnahmung hörte die Spider Murphy Gang nie auf, eine geile Liveband zu sein. Wir waren immer noch die Besten! Nahezu eine Zwangsläufigkeit, bedenkt man die unzähligen Konzerte, die wir bis dahin schon gegeben hatten. Ich weiß nicht genau, wie viele Auftritte mein Schlagzeug untermalt hatte, aber die Schallmauer von 1.000 dürfte ich durchbrochen haben.

Trotz des Versuchs, neue musikalische Strömungen einzubinden, rührten wir im Grunde beständig in der gewohnten Suppe. Unbemerkt von unserem musikalischen Radarsystem gaben sich weiter Trends die Klinke in die Hand. Natürlich redeten wir darüber, wie vorzugehen ist, um erneut einen Treffer zu landen. Wir bastelten gewissermaßen an einer Hitformel. Allerdings scheiterte der Versuch allein schon daran, dass die Entwicklungen und Stilrichtungen der Charterfolge viel zu weit auseinanderlagen. Es war unmöglich, daraus eine Art Algorithmus abzuleiten, in dem man zu Beginn bestimmte Stellschrauben bediente, um zum Schluss die Erfolgssingle herausploppen zu sehen. Für uns existierte eine vergleichbare Anleitung wie bei der Discowelle Ende der 70er-Jahre, in der ein Song wie der andere klang (Amanda Lear mit *Follow Me*, Silver Convention mit *Fly, Robin, Fly*, Patrick

Hernandez mit *Born to Be Alive*), nicht. Wir klammerten ein derartiges Einheitsbreikonzept jedoch auch von vornherein aus. Ich war allerdings weit davon entfernt, Dieter Bohlen für seine Songs Mitte bis Ende der 80er zu verurteilen oder diese abzuwerten. Im Gegenteil, er besaß einfach das richtige Gespür dafür, gute Lieder zur richtigen Zeit zu schreiben. Dabei spielte es keine Rolle, dass die Nummern von Modern Talking *(You're My Heart, You're My Soul, Brother Louie, Cherie Cherie Lady)*, C. C. Catch *(I Can Loose My Heart Tonight, Heaven And Hell)* und Blue System *(My Bed Is Too Big, Lucifer)* unüberhörbar von der Stange waren.

Nach den wenig erfreulichen Absatzzahlen der LP *Wahre Liebe* 1985 zog es unsere Plattenfirma EMI vor, auf eine Vertragsverlängerung zu verzichten. Schnell schob sie 1986 noch ein *Greatest Hits*-Album auf den Markt, um noch ein letztes Mal abzukassieren. Anschließend verabschiedete sie sich endgültig vom gemeinsamen Weg. So hingen wir notgedrungen herum respektive in der Luft.

Michael Busse nahm das zum Anlass, der Band den Rücken zu kehren, ein Gedanke, mit dem er schon lange schwanger gegangen war. An und für sich hatte das turbulente Leben, gerade jenes auf Tourneen, nie zu seiner ruhigen, introvertierten Art gepasst. Folgerichtig widmete sich unser Keyboarder dann dem Studium der Philosophie. In dieser Disziplin stand sicherlich genügend Raum zur Verfügung, den eigenen Gedanken nachzuhängen.

Auch für mich gab es Phasen, in denen ich tiefsinnigen Büchern von Nietzsche meine Konzentration schenkte. Ich rückte aber bald wieder davon ab, weil die Komplexität mich abschreckte, anstatt mich zu faszinieren. *Gott, eine Biografie* von Jack Miles dagegen belegte lange Zeit Platz eins meiner persönlichen Bestsellerliste. Ich las beinahe ein Jahr lang sehr angetan in dem 500 Seiten starken Werk. Dabei interessierte mich der inhaltliche Schwerpunkt nur marginal. Der handelte vom Christentum, insbesondere der Kirche. Mich fesselte der Aspekt der Gottesgläubigkeit, der ebenfalls beleuchtet wurde.

Charles Bukowski fand ich auch klasse. Der einst im Keller lebende Autor gehörte zu meinen Lieblingsschriftstellern. In einer seiner völlig abgedrehten Geschichten erzählte er davon, wie die Hauptfigur völlig geil in der Wohnung herumhängt, eine Leber auf die Heizung legt und sich sexuell an dieser vergeht. Angeblich vermittelte das Organ das gleiche stimulierende Gefühl wie eine Vagina, sodass den Protagonisten tiefe Befriedigung erfüllte, als er seinen Schwanz dort hineinsteckte. Total krank und abstrus. So etwas fiel nur Bukowski ein.

Den Abgang von Michael Busse empfand ich so, dass er 1986 von einem Tag auf den anderen fort war. Über Nacht einfach weg. Bis auf Günther hatte keiner von seinem Entschluss gewusst, und Busse verzichtete sogar darauf, sich bei den anderen zu verabschieden … »Ich steige aus. Ich mag nimmer. Ich kann nimmer. Und tschüss«, so die nonverbale Abschiedsformel. Komischerweise kann ich mich nicht daran erinnern, jemals den Grund für den Ausstieg erfahren zu haben. Günther sparte es aus, ihn uns zu erzählen. Wir unterließen es jedoch auch, nachzuhaken. Vielleicht war es den anderen sogar egal. Wir hatten viel zu sehr am Frust und an der Enttäuschung des sinkenden Spider-Murphy-Gang-Sterns zu knabbern. Seit dem Verlassen der Band habe ich Michael nie wieder gesehen. Ich weiß nur, dass er heute anständig und ruhig verheiratet ist und im ländlichen Bereich Bayerns wohnt.

Neben dem Verlust der Plattenfirma wog der plötzliche Wegfall der Zusammenarbeit mit dem Produzentenduo Harald Steinhauer / Armand Volker, die weiterhin häufig für die EMI arbeiteten, viel schwerer. Über die Jahre hinweg hatten wir ein blindes Verständnis entwickelt und insgesamt sechs Vinylbabys – *Rock 'n' Roll Schuah, Dolce Vita, Tutti Frutti, Live!, Scharf wia Peperoni* und *Wahre Liebe* – aus der Taufe gehoben. Das Produzentenduo gründete im Übrigen zusammen mit Curt Cress 1986 das renommierte Pilot Tonstudio in München.

Wir mussten uns nun nach einem Ersatz umsehen, der ein Verständnis, ein Gefühl für den Sound der Spider Murphy Gang besaß. Nach einigem Gerangel entschied sich Günther Sigl dafür, mich zu unterstützen. Das passte Barny überhaupt nicht, da er, im Gegensatz zum Frontmann, ebenfalls Ambitionen hegte.

Ich hatte immer Spaß daran gehabt, am Reglerpult zu sitzen und zusammen mit Produzent und Mischer an Sounds zu feilen. Schon bei den ersten Spider-Aufnahmen in Köln war ich als helfende Hand aktiv gewesen, als das Arrangement für die Streicher der Kölner Philharmoniker organisiert werden musste, die den Song *Rosmarie* unterstützt hatten. Mir war zwar die ausgefeilte Fähigkeit, Klavier nach Noten zu spielen, fremd gewesen, aber es hatte immerhin gereicht, sie ausgiebig lesen und interpretieren zu können. Mein Spezialgebiet lag in der Harmonielehre. Einer meiner Favoriten war der im Jazz sehr gebräuchliche »Major 7«. In dem Zusammenhang fällt mir der legendäre Thelonious Monk ein, der diesen großen Septakkord häufig verwendete. Unglücklicherweise ließ sich der »Major 7« nicht mit dem Popmuster vereinbaren. Einmal im Musikstück eingesetzt, hing man zwangsläufig unentrinnbar im Jazz fest. Aus diesem Grund setzte der Spider-Chor beim Song *Sch-Bum ('s Leben is wiar a Traum)* erst zum Abschluss des Liedes das Muster ein.

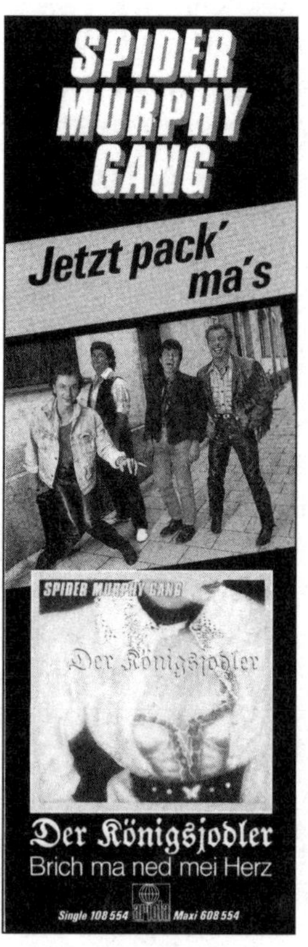

Der unsägliche Song »Der Königsjodler« stammt aus einer Zeit, als es mit der Spider Murphy Gang qualitativ und wirtschaftlich bergab ging.

Peu à peu wuchs ich in den Job von Harald und Armand hinein, da ich mir genügend Professionalität abgeschaut hatte. Während des kurzen Gastspiels unter dem Dach der Münchener Ariola, die auch Künstler wie Dieter Bohlen, Joe Cocker und Peter Maffay betreute und in mehreren Zwischenstufen 2004 in Sony BMG Music Entertainment aufgehen sollte, gab ich bei der LP *Überdosis Rock 'n' Roll* mein Debüt als Produzent. Wir zogen uns für die Aufnahmen nach Bad Schussenried ins EGE-Sound-Studio zurück und werkelten wochenlang an Stücken. Leider herrschte in der Band kein großer Zusammenhalt mehr, weshalb die Arbeit wieder einmal eher einer Flickschusterei denn einer einheitlichen, runden Entwicklung gleichkam. Jeder in der Band hatte andere Dinge im Kopf, die ihn beschäftigten. Günther mochte es nicht, unter dem Kreativität vergiftenden Zeitdruck zu arbeiten. Barny schien beleidigt, weil ihm der Job des Produzenten verwehrt blieb. Ich hatte genug damit zu tun, mich angemessen um meine neue Aufgabe zu kümmern, und der Michael-Busse-Nachfolger Ludwig Seuss musste sich erst einmal ins Gefüge einpassen.

Aus heutiger Sicht denke ich, sagen zu können, dass mich die Situation überforderte. Das fehlende Verständnis und die mangelnde Orientierung der Band einerseits und der geforderte stimmige Klang andererseits lagen unvereinbar nebeneinander. Das Ergebnis rutschte meiner Meinung nach in die Sparte »furchtbar schlecht«. Sämtliche Stücke kamen mir komisch und wenig zufriedenstellend vor. Beispielsweise sei hier der Totalausfall *Königsjodler* genannt, bei dem ich zu meinem Ärger auch noch als Komponist aufgeführt war.

Im Zuge der Abmischung von *Überdosis Rock 'n' Roll* verbrachte ich 1986 eine Woche lang mit dem europaweit gefragten Tonmeister Ronald Prent, der unter anderem für UB 40 und The Police gearbeitete hatte und später für Rammstein arbeiten sollte, in den berühmten riesigen, im Wald gelegenen Wisseloord Studios im niederländischen Hilversum.

Wie selbstverständlich erkundigte sich die mir zugeteilte Sekretärin zunächst ohne Skrupel, welches Essen und welche Drogen mir genehm wären. Auf großen Schalen, als würde es sich um Kartoffelchips oder gesalzene Nüsse zum Knabbern für zwischendurch handeln, brachte die Gute weißen Nasenschmaus und stellte ihn zur Selbstbedienung auf den Tisch … das reinste Kokserparadies.

Elton John *(I'm Still Standing, Nikita)*, der hier gerade seine Platte *Leather Jackets* aufnahm und sich als völlig netter, unaufgeregter, herziger Mensch entpuppte, besuchte uns häufiger auf eine weiße Pulverstraße. Wir haben geschnieft wie die Weltmeister, ohne Ende!

Oben im Aufenthaltsraum stieß ich auf Steve Clark, den Gitarristen der damals weltweit megaerfolgreichen britischen Hardrockband Def Leppard, der 1991 an einer Überdosis Alkohol, Antidepressiva und Schmerzmittel sterben sollte. Wenn Clark von Aufnahmen Pause hatte, spielte er auf einer spanischen Gitarre den ganzen Tag wie ein Irrer klassische Etüden oder Sonaten von Bach, Händel und anderen. »Warum übst du den ganzen Tag ohne Unterbrechung?«, erkundigte ich mich irgendwann. »Auf meinen Job warten 1.000 andere«, setzte er an. »Ich muss fit sein.« Wie sehr sich der Ehrgeiz auszahlte, konnte man am Erfolg der 1987 erschienenen LP *Hysteria* ablesen, die sich weltweit über 15 Millionen Mal verkaufte.

Ungefähr in dieser Phase verließ Thomas G. das Gefängnis, jener Großdealer, den ich im Knast Landsberg kennengelernt hatte. Wahrscheinlich war sein Vermögen während der Zeit der Inhaftierung sogar noch angewachsen. Schließlich hatte er zwischenzeitlich kein Geld ausgeben können, während die Anlagen durch Verzinsung respektive Miete oder andere Einnahmen Speck ansetzten.

Vermutlich im Vorhaben, sich auf längere Sicht polizeilicher Observierung zu entziehen, lebte Thomas nach der Entlassung Arglosigkeit vor. Er startete den Versuch, im Musikgeschäft Fuß zu fassen. Möglicherweise hatte ihn der Auftritt der Spider Murphy Gang in Landsberg auf die Idee gebracht. Thomas engagierte mich als Produzenten und Uli Rudolf als Tonmeister und ließ sich das Abenteuer richtig etwas kosten. Studios mit 3.000 DM pro Tag, Tonmeisterengagement mit 1.000 DM pro Tag, meine Bezahlung, Entlohnung der verpflichteten Künstler … Er zahlte alles und verzichtete komplett darauf, um professionelle Unterstützung seitens einer Plattenfirma zu buhlen. Auch neben dem Tagesgeschäft gab sich Thomas großzügig. Mir verkaufte er billig echte Rolex-Uhren. Wenn er selber ein Auto brauchte, dann durfte es bitte schön nur die dickste Mercedes-Limousine sein. Er schob den ganz großen Schuh.

Der gemeinsamen Tätigkeit von Thomas und mir entsprangen mehrere Aufnahmen, darunter einige mit dem Roots-, Reggae-, Ragga- und Latinsänger Ewald »Wally« Warning. Der auf den Niederländischen Antillen geborene Typ wohnte in München und ist bis heute aktiv. Ich produzierte gemeinsam mit Wally unter anderem eine CD in der Musikrichtung Jungle. Das war ein elektronischer Stil, der sich durch schnelle, gebrochene Rhythmen auszeichnete, für mich ein Vorläufer des in den 90er-Jahren angesagten Techno. Mich überzeugte das Produkt nicht, es missfiel mir sogar, und der ausbleibende Erfolg bestätigte mein Gefühl. Das Lied wurde noch nicht einmal veröffentlicht.

Neben den immer ordentlich ausfallenden Bezahlungen hübschte Thomas die Arbeitsatmosphäre mit Verköstigungen ganz eigener Art auf: mit riesigen Mengen Koks … natürlich nur zur Kreativitätsanregung.

Dauerhaft konnte die fehlende Ahnung von Thomas im Musikbusiness finanziell nicht überdeckt werden. Deshalb waren selbst seine großen Erlöse nach einem knappen halben Jahr aufgebraucht, zumindest jene, die für den musikalischen Abstecher erübrigt werden konnten. Getreu der Devise »Schuster, bleib bei deinem Leisten« verlegte sich mein Geldgeber wieder auf das lukrative Dealen. Darauf hatte der Gesetzeshüter nur gewartet. Er intensivierte die Observierung, nur mit dem Unterschied, dass seit der Inhaftierung und dem Produzentenversuch die Methoden der Bespitzelung gereift waren. Das sollte sich für die Polizei auszahlen.

Thomas und ich blieben weiterhin freundschaftlich verbunden, und er besuchte mich sogar einmal samt persönlicher Sicherheitsentourage auf dem Bauernhof meiner Schwiegereltern. Wir setzten uns in den Garten und tranken Kaffee. Da schönes Wetter war, überkam uns anschließend die Lust, eine Eisdiele aufzusuchen.

Dort lud er mich ein. Was bei der Übergabe der Rechnung geschah, konnte ich kaum glauben. Einer der Leibwächter griff nicht etwa profan zur gewöhnlich mitgeführten Brieftasche oder einem Portemonnaie. Nein, er öffnete in aller Seelenruhe einen prall mit Banknoten gefüllten Koffer und verschaffte dem darin enthaltenen Geld Luft zum Atmen. Dann packte sich der Zahlende Entsprechendes zur Begleichung der Schuld und drückt es der staunenden Bedienung in die Hand. Unglaublich! Wie in einem schlechten Film!

Dem Comeback von Thomas in der anrüchigen Welt war nur ein kurzes Glück beschieden, dann wurde er wieder verhaftet. Das erfuhr ich wenige Wochen nach seinem Besuch bei mir in einem Brief von der Staatsanwaltschaft des Landesgerichtes Landshut. Darin befand sich meine Vorladung, als Zeuge auszusagen. Innerhalb der Verhandlungen, in denen man mir eine komplette Fotodokumentation über unser nachmittägliches Treiben bei seinem Besuch vorlegte, zog mein Kumpel die Reißleine per Kronzeugenregelung. Kaum erklang die Schlussfanfare des Prozesses, verschwand Thomas unter einer anderen Identität von der Bildfläche. Seitdem tauchte er nie wieder in meinem Leben auf ... zumindest nahm ich das nicht wahr. Ich gehe davon aus, dass er noch unter den Lebenden weilt, wahrscheinlich irgendwo im Ausland.

Viele der Denunzierten wanderten hinter schwedische Gardinen, doch schlug die Justiz bei meinem guten Freund Uli Rudolf meiner Meinung nach unverdient erbarmungslos zu. Da half auch mein Versuch der Unterstützung keinen Deut. Uli war einer der weltbesten Tonmeister (Georg Danzer: *Weiße Pferde*, Inker & Hamilton: *Dancing into Danger*, Donna Summer), aber leider auch schwerst kokainabhängig: Das hatte ihn unvorsichtig gemacht. In seinem Haus waren immer ganz offen kleinere Mengen für den Eigenbedarf gewesen. Manchmal hatte sich das mit größeren Summen an Geld gepaart, weil Künstler, Ersatzteile, neue Technik etc. bezahlt werden mussten. Jede Komponente war, isoliert betrachtet, unverdächtig erschienen. Kombinierte man sie jedoch, legte es den dringenden Verdacht der Drogenschacherei nahe. So war es auch gewesen, als die Polizei während einer Hausdurchsuchung 80 Gramm Koks zusammen mit 20.000 Euro sichergestellt hatte, die bar auf dem Tisch gelegen hatten. »Herr Richter, ich bin mir absolut sicher, Herr Rudolf braucht das für den Eigenbedarf. Der braucht drei bis vier Gramm täglich. Die sind gleich weg«, redete ich vor Gericht zugunsten von Uli auf den Prozessleiter ein. Leider blieb das Plädoyer ohne jeglichen Erfolg. Mir wurde schlichtweg nicht geglaubt. Mein Freund wanderte nach Stadelheim in den Knast.

Seit dem Ende des Prozesses war schon viel Wasser die Isar hinuntergeflossen, als ich von einem Auftritt aus Baden-Baden heimkam. Nichtsahnend stieg ich in München in ein Taxi. »Grüß dich, Trojan«, scholl es mir in einem undefinierbaren Klangmischmasch freundlich und gleichzeitig bedrohlich entgegen. Auf dem Fahrersitz lümmelte ein alter Bekannter, gemeingefährlicher Rocker und uralter Freund von mir. Unser Gespräch drehte sich zunächst um alles denkbar Harmlose. Dann schwenkte es zu Thomas über, der meinen Bekannten seinerzeit verpfiffen hatte … und der zählte zu der ganz harten Sorte von Schurken. »Wegen dem habe ich jahrelang im Knast gesessen«, zischte mein Gesprächspartner unheilvoll, »den bringe ich um, wenn ich ihn treffe. Da mach ich kurzen Prozess. Da scheiße ich mir gar nichts!« Das Schlimmste daran war: Ich glaubte ihm jedes einzelne Wort.

Zurück zum Spider-Geschäft jener Jahre. Die Promotiontour des Albums *Überdosis Rock 'n' Roll* führte die Spider Murphy Gang in den italienischen Badeort Lignano an der Adriaküste. Eine Woche lang probten wir mit vielen anderen Musikern aufwendig für die Eurovision-Show *Rosa di Lignano* des Fernsehsenders RAI. Italienische, österreichische, jugoslawische und deutsche Künstler gaben sich die Ehre. Der Auftritt interessierte mich nur marginal. Viel wichtiger war es mir, im schicken Hotel täglich ungebremst Party und Rambazamba zu erleben.

Ex-TRIO-Sänger Stephan Remmler, inzwischen auf Solopfaden unterwegs *(Keine Sterne in Athen, Alles hat ein Ende, nur die*

Wurst hat zwei), gehörte ebenfalls zur Interpretenriege dazu. Nun bekam ich engeren Kontakt zu ihm und musste sagen: Stephan konnte saufen, das glaubte man nicht! Das ging bis zur Bewusstlosigkeit. Wir waren teilweise gezwungen, ihn von der Kneipe bis zum Hotel zu tragen, weil er nicht mehr fähig war, zu gehen. Das war zwar legendär, aber irgendwie auch schockierend brutal. Noch beeindruckender aber war, ihn am nächsten Morgen als Ersten beim Frühstück zu sehen … und da hatte er bereits mehrere Schwimmbahnen im hoteleigenen Pool hinter sich. Wahnsinn!

Stephan und ich wurden die besten Freunde, weil er einfach zu der Gattung der liebenswerten, lebenslustigen Menschen zählte. Sein in der Sendung vorgetragenes ruhiges Lied *Vogel der Nacht* gefiel mir sehr. Dabei wurde er von einer bildhübschen, stimmlich imponierenden schwarzen Sängerin und dem prima Bassisten Michael Beckmann – später bei den Rainbirds *(Blueprint)* tätig – begleitet.

Die Austropop-Band S.T.S. nahm ebenfalls an der Show teil. Sie stritten untereinander unentwegt. »Was hat der gesagt? Was redet der für ein Schmarrn?«, bestimmte ihre Konversationsgrundlage, natürlich nur hinter dem Rücken des anderen. Folgerichtig trennte sich die Gruppe … könnte man glauben. Aber das liebe Geld, das »Diridari«, wischte alle Bedenken über den Sinn des Weitermachens beiseite. Wer wollte es ihnen auch verdenken, bekamen sie doch zum Teil 70.000 DM Gage für einen Festivalauftritt, wie mir ein Veranstalter einmal vertraulich steckte.

Über meinen Job als Produzent hinaus verschaffte mir mein großes Mundwerk die Möglichkeit, mich bei Bandverhandlungen gewichtig einzubringen, so wie mit dem damaligen A&R-Chef (Artist and Repertoire) der Intercord. Ich trieb unsere Truppe an, weiterhin Plattenverträge an Land zu ziehen, damit es trotz abflauender Nachfrage weiterging. Immerhin trug die Spider Murphy Gang einen Namen spazieren, der noch groß genug war, um Ansprüche zu stellen. Vielleicht, so mögen die Plattenlabels gedacht haben, machen sie es ja wieder und hauen noch einmal eine Nummer der Güte *Skandal im Sperrbezirk* heraus.

Bei allem Einsatz meines geschäftstüchtigen Vorgeplänkels blieben aber die letztendlich entscheidenden, ausdifferenzierten Debatten inklusive Fixierung der Abschlüsse in den Händen unseres Managers Jürgen Thürnau. Allerdings besaßen alle Mitglieder der Band Kenntnis von den Konditionen der Vorschüsse, die trotz fallenden Interesses im Rahmen von 50.000 DM für jeden lagen. Außerdem wussten alle um die finanzielle Größenordnung der Produktionsbedingungen, die darüber entschied, wie viel Geld zur Herstellung der nächsten Platte zur Verfügung stand. In der Regel belief sich das auf 200.000 bis 250.000 DM … heutzutage, in Zeiten der vielfach ausschließlich verwendeten Digitaltechnik, völlig undenkbar.

Ehrlich gestanden überflog ich die Endversion der Verträge nur, ob es nun um Tonträger oder Tourneen ging, statt sie vollständig durchzulesen oder gar durchzuarbeiten. So war nun einmal mein Naturell, und ich sah auch keinen Grund, daran etwas zu ändern. Warum auch? Es lief alles stets korrekt ab.

Die finanzielle Seite der Plattenverträge stimmte uns zufrieden, wenn nur nicht diese fehlende öffentliche Anerkennung gewesen wäre. Das hatten wir in den Jahren zuvor ja ganz anders erlebt. Uns wäre der Verzicht darauf nie schwergefallen, hätten wir diesbezüglich kein Blut geleckt.

Mit der Zeit mussten wir uns aufgrund des ausbleibenden Interesses der Veranstalter nach neuen Auftrittsmöglichkeiten umsehen.

17

WIE GUT, DASS ES BIERZELTE GIBT

Und zum Teufel mit der Trägheit

Es war zwingend notwendig, alternative Einnahmequellen zu erschließen, nachdem die Plattenerlöse sanken und sich auch Tournee- und Konzertveranstalter wegen geringer Erfolgsaussichten zunehmend zurückzogen. Uns ging schlicht und ergreifend die Kohle aus. Wir hatten aber die Crew zu versorgen.

Es ging bei mir so weit, dass meine Frau und ich auf Drängen der Bank das Eigenheim verlassen mussten. Die Geldverleiher hatten nüchtern meine Lage betrachtet und sahen Folgendes: Ich musste monatliche Hausratenzahlungen in Höhe von 1.000 DM entrichten und noch die Schuldenabzahlungen für zwei Münchener Mietswohnungen im Bauherrenmodell tragen. Auf der anderen Seite fiel mein Verdienst unregelmäßig aus bei abflauendem Erfolg der Spider Murphy Gang. Dieses Paket an Unsicherheit wurde den Herren Finanzjongleuren auf Dauer zu heikel. Deshalb hieß es: Raus aus dem Haus und ab in eine Wohnung. Die war wiederum aber schön geräumig.

»Warum nicht in Bierzelten?« Die Frage zuckte 1987 durch den Raum und schwebte über den Köpfen der Spider Murphy Gang, als wir über Verbesserungsmöglichkeiten der Finanzen sinnierten. Mir ist entfallen, wer diesen Gedanken einbrachte, vielleicht kam er sogar von mir.

Wir schwankten hin und her und dachten zunächst: Welche etwas auf sich haltende Rock-'n'-Roll-Band will schon vor besoffenen, grölenden Feierlaunigen in bierdunstigen, überdimensionierten Campingbehausungen auftreten? Wir waren bereits versucht, die Idee der Bierzelte folgerichtig abzuwehren. Sie widerstand aber dennoch allen Argumentationsangriffen. Nach genauerer Abwägung kamen wir nämlich zu der Überzeugung:

»Rock-'n'-Roll-Musik im Bierzelt ... das gab es noch nicht!« Dabei lag es doch so nahe, einfach die Zeltwirte zu bitten, ihre Behelfssäle einen Tag länger stehen zu lassen. Dadurch ließe sich das Fassungsvermögen von durchschnittlich vielleicht 3.000 bis 4.000 Leuten gewinnbringend auszunutzen. Im Vergleich zu dem gedämpften, kontrollierten, reduzierten Ambiente von Konzerthallen, Stadthallen, Clubs, Kulturzentren wäre es viel lustiger, weil man nach Belieben saufen, rauchen, feiern durfte. Ausgelassen, ungezwungen, hemmungslos nur auf Gaudi bedacht, würden die Menschen auf die Tische und Bänke steigen. Sie würden tanzen, was das Zeug hielt, ohne jegliche Aggressivität, Randale oder Schreierei. Eine Mega-Atmosphäre! Setzte man einen Eintrittsbetrag von zehn DM voraus, was noch am unteren Ende der Preisskala lag, beliefe sich der Umsatz auf 30.000 bis 40.000 DM pro Abend. Auch nach Abzug der Werbungskosten würde somit jeder von uns – der Verdienst wurde immer gleichmäßig aufgeteilt – immer noch ein hübsches Sümmchen einstecken. Und auch der Wirt riebe sich aufgrund des Andrangs die Hände, würde es doch bedeuten, das ein oder andere Getränk mehr abzusetzen.

Gemäß unserer Vorstellung packten wir es an, und siehe da: Es wurde ein voller Erfolg! Alles kam so, wie wir uns das vorgestellt hatten. Ich glaube, besser konnte man der Wendung »aus der Not eine Tugend machen« nicht Leben einhauchen.

Erst in Folge dieses unerwarteten Zulaufs sprangen unser Manager Jürgen Thürnau und der Augsburger Konzertveranstalter Walter Czermak von Hello Concerts auf den Zug auf. Der Zuspruch breitete sich bundesweit sowie in Österreich und der Schweiz wie ein Lauffeuer aus. Durch das Interesse zahlloser Schankgastgeber schnurrte der im Erlahmen begriffene, spratzende Spider-Murphy-Gang-Motor wieder wie ein Kätzchen!

Ungefähr drei Auftritte pro Woche kreuz und quer durch die Lande, die jedem von uns locker 20.000 DM monatlich und mehr Verdienst einbrachten, bugsierten uns wieder bergauf Richtung Spitze. Zu aller Freude machte es zu Beginn zusätzlich viel Spaß. Bis heute verfolgen die Spiders die Volksfest- und Bierzeltstrategie.

Im Anschluss an die guten Erfahrungen weiteten wir das Spektrum der Auftrittsorte auf Betriebsfeiern, Firmenfeste, Feuerwehrfeste etc. aus, und es herrschte überall Halligalli.

Nachdem Ludwig Seuss das Erbe von Michael Busse angetreten hatte, ging mir immer häufiger durch den Kopf, dass die Spiders im Zuge der jüngsten großen Nachfrage auch einen zweiten Gitarristen gebrauchen könnten. Da dem Gedanken zunächst jedoch zu wenig Konkretes anhaftete, verfolgte ich ihn nicht weiter … bis ich Anfang 1989 Willie Duncan im winzigen Studio seiner Regensburger Wohnung Gitarre zupfen hörte. Ich merkte, was für ein glänzender Könner vor mir stand. Jahrelang war uns das Juwel entgangen. Keinem war sein Vermögen aufgefallen. Duncan hatte ohne Murren niedere Dienste wie den Job des Roadmanagers oder auch »Mädchen für alles« verrichtet, obwohl er die ganze Zeit zu Höherem geboren gewesen war. Ihm war es nie in den Sinn gekommen, sich in den Vordergrund zu rücken, beziehungsweise mit seinen Fähigkeiten hausieren zu gehen. So etwas nennt man wohl im Volksmund »Perlen vor die Säue werfen«.

»Du pass auf«, nahm ich Günther Sigl bei nächster Gelegenheit beiseite, »der Willie ist wirklich ein geiler Gitarrist. Den könnten wir brauchen, weil der Barny hat's ja nicht so drauf.« Beim darauffolgenden Jammen forderte der Spider-Frontmann Willie tatsächlich auf: »Komm, steig mal ein.« Und was soll ich sagen? Duncan spielte Barny an die Wand – bis heute ist er der bessere Gitarrist – und war fortan festes Mitglied des Musikerpersonals. Verständlicherweise beäugte Barny die Entwicklung argwöhnisch – welcher Alteingesessene hat schon gerne Konkurrenz direkt vor der Nase? –, fügte sich jedoch zähneknirschend.

Im Jahr von Duncans Einstieg verabschiedete sich Willy Ray Ingram, seit 1984 zur Stammformation gehörend und für Saxofon, Orgel und Klavier zuständig gewesen. Er verschwand in Richtung Texas und ward nie wieder gesehen. Ähnlich wie Michael Busse war Willy Ray plötzlich weg. Niemand konnte sich erklären warum. Mir ist nur bekannt, dass er mittlerweile als Briefzusteller in Texas arbeitet.

Nun könnte man vermuten: Das Publikum wollte euch, die Menschen fuhren endlich wieder begeistert auf die Spider-Musik ab, die Kohle floss reichlich … alles super. Mich ermüdete das aber auf Dauer. Einerseits spielte ich die alten Erfolgsnummern gerne und erfreute mich daran, wie die Menschen darauf erinnerungsduselig reagierten. Andererseits war es mir mehr und mehr zuwider, tretmühlenartig vor alkoholseligen Schützenfest- und Kirchweihgängern den Gute-Laune-Onkel zu mimen, der stets den gleichen Senf abspulte. Die einzige Alternative zu zugigen Bierzelten bestand allenfalls darin, auf Firmenfesten vor irgendwelchen Hundefutter-Vertretern zu gastieren oder Einladungen finanziell lukrativer Bankeneröffnungen anzunehmen – eine Verdienstquelle, die auch Peter Maffay und Gianna Nannini zu schätzen wussten. Gerade die Konzernfeiern gerieten zur Farce: Die Spider Murphy Gang unterhielt oben auf der Bühne, während unten die Leute am reichlich gedeckten Buffet dinierten und somit uns nur als schmückendes, aber letztlich überflüssiges Beiwerk ansahen. Das hatte mit innovativem Rock 'n' Roll nichts mehr zu tun. Wir karikierten uns selbst, aber es bedeutete Geld.

Abgestumpft spielten wir unser Pensum runter. Keinerlei Variation, keinerlei Wagnis. Das war, als würden wir zur Arbeit gehen. Die Band stempelte um acht Uhr abends ein und um elf Uhr abends aus. Langweilig.

Die Stücke und die Setliste wurden von der Erwartungshaltung des Publikums bestimmt, wodurch solche klasse Lieder wie *Dolce Vita, Beate* oder *Mümin* nie zu Live-Ehren kamen. Unzufrieden über die Situation, schlug ich vor: »Lass uns doch mal andere Lieder einbauen oder zumindest die Reihenfolge ändern«, stieß damit aber auf taube Ohren. Die anderen hatten einfach keinen Bock darauf. »Pass auf«, so die Antwort, »warum etwas Neues? Es läuft doch. Die Leute wollen nur die alten, vertrauten Sachen hören, und das geben wir denen.« Selbst Günther Sigls Interaktion mit dem Publikum, die Unterhaltung mit den Adressaten, geriet zur Routine. Von Spontanität fehlte jede Spur. Zunehmend glitt dem Frontmann in Dauerschleife immer das Gleiche aus dem

Mund. Es waren alles unveränderte Formulierungen, immer gleiche Sprüche, die vor schier endloser Zeit eingeübt worden waren.

Ich warf es den Besuchern keineswegs vor, dass sie immer dasselbe hören wollten. Sie schwelgten auf derlei Veranstaltungen in Nostalgie und fieberten demnach nahezu ausschließlich den alten Hits entgegen. Neuem, wenn es denn etwas gab, hörten die Gäste emotionslos zu und vergaßen es anschließend schnell, ohne dem nennenswert Aufmerksamkeit zu schenken. Unbekannte Lieder nutzten die Leute höchstens als Pausenfüller, um sich mit Bier einzudecken.

Für mich wurde es irgendwann unerträglich. Eventuell hätte ich das alles noch auf mich genommen, wenn wenigstens bei der Resttruppe der Anspruch erkennbar gewesen wäre, noch gute Platten zu machen. Das entpuppte sich aber als frommer Wunsch. Im Vergleich zu mir, der weiter auf dem musikalischen Sektor wildern, bisher Unbekanntes ausprobieren und Erfahrungen integrieren wollte, war ihnen der Antrieb auf fortschreitende Entwicklung völlig abhandengekommen. Mir war es ein Graus, an ausgetretenen Pfaden festzuhalten. Stagnation bedeutete für mich Rückschritt. Wie sollte ich mich auf dieser Basis darin austoben, neue Grooves, neue Sounds zu entwickeln, dem Motor meiner Leidenschaft?

Ende der 80er beziehungsweise Anfang der 90er verließen Alben die Spider-Murphy-Gang-Schmiede, die

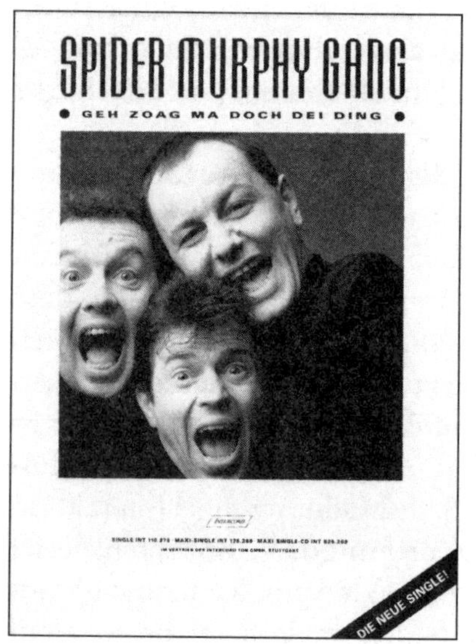

Singleauskopplung aus dem 1989er-Album »In Flagranti«. »Geh zoag ma doch dei Ding« war, wie vieles von uns in der Zeit, eher schwach.

meinen Geschmack, speziell kompositorisch, deutlich verfehlten. »Günther, was schreibst du für'n Scheiß!?«, entfuhr es mir mehr als einmal.

Der Termindruck brachte es mit sich, dass wir mittlerweile nebenher Platten machten. Es wurden mal eben zwischen Tür und Angel zehn Songs aufgenommen und das Ergebnis oberflächlichen Schaffens auf den Markt geworfen. Die Lust an dem, was die Spider Murphy Gang immer angetrieben hatte, war weg. Parallel dazu stiegen allmählich die Spannungen untereinander, Zerfallserscheinungen traten zutage. Ich erschien zum Teil aus Frust hackedicht zu den Proben und im Studio. Mir wurde die Bühne zu einem Graus, und ich betrat sie ausschließlich unter Einwirkung von Schnaps. Dadurch bedingt konnte es vorkommen, dass ich statt des verlangten Rhythmustempos ein Achtel nur einen Viertel-Takt trommelte. War ich vorher im Gegensatz zu Barny, der gerne einmal verschlief, zuverlässig gewesen, änderte sich das nun. Ich hatte nur noch Party im Kopf. Musik verschwand von der ersten Stelle meiner Prioritätenliste, was die Verstimmung der anderen zusätzlich schürte. In dieser Situation wäre eine Auszeit angebracht gewesen. Einfach zwei Jahre fort aus dem Korsett, eine Zäsur machen. Stopp – Pause – nix mehr. Das hätte Abstand bedeutet und die Chance gegeben, neuen, frischen Wind in den Alltagsmuff hineinzublasen. An BAP, Maffay oder Grönemeyer sah man, wie fruchtbar solche Unterbrechungen sein konnten.

Trotz Widerwille spielte ich die vorgegebenen LP-Songs ein, jedoch ohne den geringsten Elan. In letzter Konsequenz besaß ich genauso viel Stimmrecht wie die anderen, aber eben auch gleichzeitig genauso wenig. Demnach verstand es sich von selbst, dass ich mich dem Gemeinwillen unterordnete, auch wenn dieser sich gegen mich richtete.

Entsprechend dem – gelinde ausgedrückt – zum Teil sehr überschaubaren Niveau schlugen die Alben *In Flagranti (1989)* und *Hokuspokus (1990)* niedrige bis gar keine Wellen auf dem Markt. Die Zuhörer verzichteten auf uns, da die Zeit unserer Musikrichtung vorbei war, auch wenn wir um Anpassung rangen. Dass ich den Mist zusätzlich in der Rolle des Produzenten mitverschuldete, stimmte mich umso unzufriedener. *In Flagranti* und *Hokuspokus* spielten wir unter dem Dach der Stuttgarter Intercord ein, die im Vergleich zu Ariola noch illustrere Acts wie Depeche Mode, Erasure, PUR oder Metallica betreute. Deshalb sprang unser Qualitätsabfall noch krasser ins Auge. Das Stuttgarter Plattenlabel sollte 1994 von der EMI einverleibt werden, jenem Konzern also, der uns Anfang der 80er als Erster das Vertrauen geschenkt hatte.

Die groß angekündigte Tournee zu *Hokuspokus* verkam zu einem Trip der Bloßstellung, der Demütigung, der Erniedrigung. Die zunächst mit 30 Tagen angekündigte nationale Rundreise reduzierte sich mangels Interesses auf circa zehn Tage. Im Circus Krone sah man sich gezwungen, die Bühne vorzuziehen und den Bereich dahinter abzuhängen, weil sich der Saal nur zur Hälfte füllte. Zum Vergleich: Bei der *Tutti Frutti*-Tournee 1983 war das Zelt sechs oder sieben Mal hintereinander ausverkauft gewesen.

In solchen Augenblicken der unangenehmen Ernüchterung und anhaltender Flops schimpfte ich mich unausgesprochen einen Idioten, damals die Offerte vom BAP-Frontmann Wolfgang Niedecken ausgeschlagen zu haben. Welch eine Chance wäre es gewesen, zusammen mit einem tollen Menschen und Musiker kreativ zu arbeiten, der den Pfad des Innovativen nie verließ. Stattdessen brabbelte ich unbemerkt, zunehmend resignierend, immer öfter »I pack des nimmer. Lass den Kelch an mir vorüberziehen« oder Ähnliches vor mich hin. Gleichwohl entwickelten wir vereinzelt durchaus moderne Lieder für die damalige Zeit wie *Beate, Mümin, So a Nacht* oder *FFB*. Die finden bis heute meine Zustimmung.

Zum Thema Hitsingles: Mir waren die großen Erfolgsnummern zwar allesamt lieb und teuer, nur meine Favoriten aus dem Spider-Repertoire waren, bis auf *Schickeria,* andere. *Wer wird denn woana* rangierte unangefochten auf Nummer 1. Dahinter sammelte sich ein Grüppchen bestehend aus *Zwoa Zigarettn* (LP *Dolce Vita*, 1981), *Sommer in der Stadt, Liebe ist gesund, Freizeit*

81 (allesamt auf der LP *Tutti Frutti*, 1982), *Pfüati Gott Elisabeth* (LP *Scharf wia Peperoni*, 1984) und die besagten *Mümin* (LP *Wahre Liebe*, 1985) und *FFB* (LP *In Flagranti*, 1989).

Wichtig waren für mich vor allem die Komposition und der Text. *Mümin* handelte von Ausländerfeindlichkeit. *Freizeit 81* überzeugte durch einen geilen Groove, der gar nicht so einfach zu spielen war. Er forderte mich somit heraus, und das brachte mich dem Song umso näher. In dieser Art besaß jeder der aufgelisteten Songs eine Finesse, die auf mich einen Reiz ausübte.

Außerhalb der ganzen Querelen gab es zuweilen auch noch Spaß. Zum Beispiel während der Arbeiten am Album *In Flagranti* im Pilot Studio, dessen Mitbesitzer die ehemaligen Spider-Intimusse Armand Volker und Harald Steinhauer waren. Ständig wuselte der eigentlich für uns nicht mehr zuständige Steinhauer in den Räumlichkeiten herum und meinte, dem verantwortlichen Soundmixer und Tontechniker Ronald Prent ins Handwerk quatschen zu müssen. Dabei gehörte dieser zu den alten Hasen im Metier, die genau wussten, was sie taten. Noch heute klingt es mir in den Ohren, wie der Holländer schwer angefressen augenrollend die Nervensäge mit »Betweetster«, was dem deutschen »Besserwisser« entspricht, hinauszukomplimentieren suchte. Ich muss immer noch schmunzeln, wenn ich daran denke. Die Episoden gelebter Harmonie blieben jedoch Ausnahmen und fielen in der Gesamtbetrachtung der Situation kaum ins Gewicht.

Zugegeben: Einen großen Teil meiner sich steigernden gleichgültigen Haltung gegenüber dem unheilvollen Trend dürfte die Tätigkeit außerhalb des Bandgeschäftes gewesen sein. Lukrative Namen wie Nicki (*Drobn im Himmi herrscht Hochbetrieb*, 1985), Juliane Werding (*Nachtexpress*, 1986), Volker Lechtenbrink (*Wenn die Nacht kommt*, 1989), Marianne Rosenberg (*Dunkler als die Nacht*, 1991) und selbst Richard Sanderson (*Anytime at All, When the Night Comes*, 1990) schmückten inzwischen meine Referenzliste als Produzent und Texter. Gerade der letzte Interpret stellte in jenen Tagen eine gewichtige Hausnummer im Geschäft dar. Sein 1982er-Titel *Reality* aus dem französischen Kinoerfolg

La Boum – 1987 noch einmal neu aufgelegt – war international in den Charts weit vorne gewesen. In der Schweiz, Österreich und Deutschland hatte sich die Stehblueshymne sogar mehrwöchig auf Platz 1 eingenistet.

Neben dem Job an den Reglern unterstützte ich Nicki als Studioschlagzeuger, und über Juliane Werding hielt ich den Kontakt zu ihrem Manager und meinem Freund Tobi Pflug, der mittlerweile zu den Großen im Geschäft zählte. Die Arbeit mit Marianne Rosenberg brachte mich mit dem unvergessenen Ton-Steine-Scherben-Bandgründer Rio Reiser zusammen. Er textete, und ich komponierte. Etwa eine Woche lang wohnten wir beide im Berliner Hotel Schweizer Hof.

Das zweite Standbein außerhalb der Spider Murphy Gang wiegte mich in der trügerischen Sicherheit, unabhängig zu sein. »Was wollt ihr? Wenn euch meine Nase nicht passt, gehe ich halt. Ich brauche euch nicht! Ich kann auf eigenen Füßen stehen«, war meine unbewusste Überzeugung. Zu allem Überfluss war ich ohnehin grundsätzlich ein Angeber, der kaum jemanden als gleichwertig ansah. Womöglich nutzte ich bei bandinternen Auseinandersetzungen diese Hängematte der Selbstzufriedenheit als Diskussionswaffe und klopfte Sprüche der Güte, dass ich die Spider Murphy Gang unverzüglich »auf die Seite« legen könnte. Mir schwant heute, dass ich ein ziemliches Arschloch sein konnte. Genau weiß ich das aber nicht mehr. Jedenfalls ging es mir mehr und mehr auf den Geist, den Rest der Band zu sehen. Mein Bemühen stieg, ihnen aus dem Wege zu gehen. Glänzende Voraussetzungen für einen hausgemachten Krach, der dann auch zwischen Teilen der Spiders und mir ausbrach …

18

»FRANZ, AB HEUTE IS' SCHLUSS ...«

Ich bin raus!

In allen Zweckgemeinschaften gehören Unstimmigkeiten und Streit zum Alltag. Dabei kann es sich um Arbeitskollegen handeln, WG-Mitbewohner, die oftmals psychisch auffällige Containerbesatzung des RTL-2-Asiformats *Big Brother*, die Dschungelherde der RTL-Sendung *Ich bin ein Star – Holt mich hier raus* oder auch in vielen Fällen Familienmitglieder. Je länger solche Beziehungen andauern, desto mehr geht man sich aus dem Wege. Besteht die Möglichkeit nicht, Abstand zu nehmen, drohen im steigenden Maße heftige Auseinandersetzungen.

Da bildete unsere Band gerade nach der Umbruchphase der Karriere ab ungefähr 1987 keine Ausnahme. Es staute sich einiges auf, wenn wir in kurzer Folge durch die Wahrnehmung gemeinsamer Termine aufeinanderhockten. Ständig sah man dieselben Leute, die um einen herumscharwenzelten. Das zermürbte und verkürzte die Zündschnur bis zur Explosion eines Konflikts. War die Konfrontation, die oftmals nur kurz ausfiel, überstanden, beruhigte sich die Atmosphäre vorübergehend. Danach blieb es so lange einigermaßen gesittet, bis sich wieder genügend Aggression angesammelt hatte, die in Form von verbaler Reiberei abgelassen werden musste. Die Abstände zwischen den Ausbrüchen wurden umso kürzer, je länger wir unterwegs und je enger wir untergebracht waren. Man kam zunehmend nicht mehr miteinander klar. Also: Ganz normale Zustände, die auf lange Sicht dazu führten, dass wir uns nur noch als Kollegen sahen und nicht mehr als Freunde. Selbst Belanglosigkeiten gingen mir auf den Geist wie der immer noch andauernde Gesundheitsfanatismus vom coolen Günther Sigl. Permanent trieb er Sport, drehte joggend seine Runden, was überhaupt nicht meiner Kragenweite entsprach. Ansonsten zollte ich unserem Frontmann, neben der Tatsache, dass er wirklich ein netter Kerl war, unverändert großen Respekt. Im Gegensatz zu Barny. Ich stritt mich eigentlich nur noch mit ihm. Ludwig Seuss hielt sich unscheinbar im Hintergrund und verabschiedete sich nach den Gigs, wenn möglich, rasch in Richtung seines Hauses in Pasing. Einzig mit Willie Duncan verband mich Freundschaftliches. Wir zwei gewöhnten es uns an, gemeinsam zu Auftritten zu fahren. Willie war ein verrückter Hund, der spontan Blödsinn machte. Einmal schleppte er mich in ein sündhaft teures Restaurant und verunglimpfte die gebotenen Nahrungsgenüsse, indem er lauthals rief: »Habt ihr Salz? Habt ihr Saaaalz?!« Ein pikiertes Naserümpfen des Personals und der anderen Gäste war ihm sicher. Lukullisch surfte er sowieso auf sehr kleiner Welle. Seine fragwürdige Leibspeise Brötchen mit Kartoffelchips bewies das eindrucksvoll.

Irgendwie deichselte jeder in der Band in jenen Tagen sein eigenes Ding. Das hieß, je länger sich die Bandgeschichte fortsetzte, desto mehr spulten wir ohne emotionale Anteilnahme das Pflichtprogramm von acht Stunden im Studio gleich einem Bürojob ab, beziehungsweise gaben auf der Bühne routiniert 120 Minuten Vollgas. Anschließend zerstreuten wir uns in unterschiedliche Richtungen und mieden einander bis zum nächsten Termin.

Eifersüchteleien verschiedenster Art überlagerten langsam das zu Beginn der Karriere herrschende Idyll einer harmonischen Truppe, die sich für das Gleiche eingesetzt hatte. Diskussionen über Richtungsentscheidungen beeinträchtigten die Stimmung genauso wie die Einflussnahme des Mambo Musikverlages auf den Vertrieb unserer Songs. Die Verknüpfung stieß mir zunehmend übel auf, weil sie die Entfaltungsmöglichkeit anderer Bandmitglieder neben dem Frontmann, der am Verlag beteiligt war, bremste. Sämtliche Songs befanden sich in der Mambo-Obhut und somit unter der besonderen Handlungsgewalt von Günther.

Wie schon erwähnt, nervte mich am Ende der 80er-Dekade die fehlende Inspiration der Spiders kolossal. Ich trug das entwickelte Material aber als Bestandteil einer Gruppe solidarisch mit. Für mich verstand es sich von selbst, der Außenwelt als Einheit gegenüberzutreten, und ich nahm Abstand davon, mich hinter vorgehaltener Hand zu beklagen.

Klar, auch ich trieb den Unfrieden voran. Meine kompromisslose, teilweise sehr hemdsärmelige Art, mit der ich meinen Standpunkt innerhalb der häufig zähen Studioarbeiten umzusetzen suchte, stieß manchen vor den Kopf. Somit war ich schwierig im Umgang, manch einer sagte sogar, ich sei ein bösartiger Mistkerl vor dem Herrn. Mir lag es aber immer am Herzen, konstruktiv zu sein. Es sollte sich stets um den sachlichen Inhalt drehen.

Mir war es vergönnt, gut zu hören, und ich kritisierte bei Übungssitzungen unumwunden, wenn mir etwas schlecht vorkam, um dann eher anzuordnen als vorzuschlagen, wie etwas musikalisch umzusetzen sei. Ich gebe zu, dass mein dominantes Wesen nicht selten einem respektvollen Umgang und einem angemessenen Ton im Wege stand. Ein gehöriges Quantum an Scotch befeuerte den rüden Ton noch. Von dem genehmigte ich mir bereits vor den Proben um zehn Uhr vormittags das ein oder andere Gläschen und setzte den Konsum tagsüber kontinuierlich fort.

Eine erboste Reaktion auf mein Betragen vonseiten der Bandmitglieder hätte ich verstanden, eine offene Auseinandersetzung akzeptiert und geführt. Aber auf Umwegen zu erfahren, dass sich derlei Dinge wie »Jetzt muss ich bei der scheiß Band spielen, wegen der paar Mark« verbreiteten, brachte mich in Rage, reizte mich bis zum unbeherrschten Ausflippen. Dann gerieten sogar der eher besonnene Günther Sigl – dabei hatte er das gar nicht gesagt – und ich lautstark aneinander, wobei es jedoch nie persönlich wurde. Es drehte sich vornehmlich um geschäftliche Angelegenheiten wie Plattenverträge oder Medien- und Bühnenengagements.

Wäre ich jemand gewesen, der Dinge schnell vergisst, hätte ich über das lästige, aufrührerische Treiben eines Teils der Band hinwegsehen können. Fatalerweise hielt ich es aber eher mit dem

Münchener Kabarettisten Gerhard Polt, der einmal den Spruch von sich gegeben hatte: »Nachtragend bin ich nicht, aber ich vergesse nichts.« Auf diese Weise wuchs mein Groll, je mehr Ungereimtheiten dazukamen.

Zu allem Überfluss erdrückten mich zunehmend die enormen Bankverbindlichkeiten durch meine eigene Misswirtschaft. Ich konnte einfach in steigendem Maße nicht vernünftig mit Geld umgehen. In diesem Zusammenhang schmerzte mich weniger die finanzielle Last an sich, als vielmehr die Enttäuschung, die ich meiner Frau damit zufügte.

Meine zunehmenden Ausraster, Verhaltenskapriolen und Eskapaden wie Unzuverlässigkeit, Alkohol, Arroganz, Unbeherrschtheit und Unberechenbarkeit strapazierten das Verhältnis zwischen der Spider Murphy Gang einerseits und Franz Trojan andererseits bis auf das Äußerste. Hinzu kam meine wachsende Tendenz, mich zu prügeln, wenn wir unterwegs waren. Es reichte eine Kleinigkeit, und ich gab jemandem etwas auf die Glocke, was mir aus heutiger Sicht schrecklich unangenehm ist.

Irgendwann war es endgültig vorbei. Das Maß war voll. Entsprechend bat mich Günther Sigl 1992 in einem Schwabinger Café zum Rapport unter vier Augen. Schon bevor der Frontmann mir das Aus eröffnete, konnte ich mir den Grund des Treffens vorstellen. Gleich einer alten Ehe, in der man bereits im Vorfeld das Ende absieht, ahnte ich, dass der Split bevorstand. Und so trat es auch ein. »Franz, ab heute is' Schluss mit den Spiders, du bist raus aus der Nummer«, hieß es.

Günther hatte lange mit dem Schritt gewartet, obwohl er aus Kreisen innerhalb des Bandbetriebs schon lange bekniet worden war, ihn durchzuziehen. Sigl mochte prinzipiell keine Veränderungen, insbesondere in seinem persönlichen Umfeld. Deshalb hatte er meine alkoholbedingten, schwachen Leistungen ignoriert und mir die Treue gehalten. Außerdem besaß er im Verborgenen die Hoffnung, ich würde zu alter Stärke zurückfinden. In seinen Augen war ich ein Tier am Schlagzeug gewesen, ein anerkannter Könner. Mir war es seiner Meinung nach gelungen, einen eigenen, unverwechselbaren Stil mit Trojan-spezifischem Sound zu kreieren. So etwas wollte Günther nicht leichfertig aufgeben.

Die Überraschung über die auferlegte Abdankung hielt sich bei mir in sehr engen Grenzen, von Schock konnte keine Rede sein. Dennoch nahm mich die Unwiderruflichkeit mit und haute mich um. Tiefe Traurigkeit folgte, und es liefen die Tränen.

Ich verließ also meinen musikalischen Hafen, aber nicht – wie viele Versionen behaupteten – alleinig verschuldet durch permanente Trunkenheit, Drogen, Unzuverlässigkeit oder Schlägereien. Ebenso mitentscheidend waren für mich die fehlende Perspektive und die unüberbrückbaren Interessensdifferenzen innerhalb der Band. Außerdem raubten mir die anderen den letzten Nerv. Damit war nun Schluss. Ende. Finito. Basta!

Eine explizite ausgiebige Auflistung von Gründen der Ausbootung blieb aus. Günther und ich verstanden einander auch so. Alles geschah auf friedlichem, coolem, lässigem Wege, ohne Beschimpfungen oder eine dieser unsäglichen Trennungsfehden, wie sie häufig in der Öffentlichkeit ausgetragen wurden. Ich akzeptierte den Entschluss aus Respekt vor Günther und weil er mir ein finanziell sehr attraktives Angebot unterbreitete. Unter den Augen des Münchener Anwalts Doktor Axel Meyer-Wölden regelten wir vertraglich den Ausstieg. Sigl kaufte mir für 500.000 DM meine Beteiligung an der Spider Murphy Gang ab, die er mir in Raten zahlte.

Günther stand auch keine Alternative zur Verfügung, weil ansonsten die Marke »Spider Murphy Gang« vom Erdboden verschwunden wäre. Eine juristisch abgesegnete Vertragsklausel, für deren Gesamtanfertigung Meyer-Wölden seinerzeit wahnwitzige 20.000 DM zugeflossen waren, hatte das geregelt. Sie lautete, dass es einer Auflösung gleichgekommen wäre, sofern mehr als ein stimmberechtigtes Mitglied die Gruppe verlassen hätte … und Michael Busse war schon weg.

Apropos Gruppe: Der Rest der Band wusste zunächst gar nichts von meinem Rauswurf. Das geschah alles im Alleingang von Günther, so eine Machtstellung besaß er.

So mancher mag nun sagen: 500.000 DM? Wahnsinn, was für eine Summe, die Sigl zu berappen hatte! Man bedenke aber, dass er nach dem Erwerb meiner Anteile doppelt an den Spider-Murphy-Gang-Auftrittseinnahmen verdiente. Außerdem sprudelten die GEMA-Gebühren jährlich im beträchtlichen Maße, schließlich liefen unsere Hits immer noch gut. Somit dürfte sich die einmalige Ausgabe innerhalb einer überschaubaren Spanne amortisiert haben.

Am Rande sei erwähnt, dass Axel Meyer-Wölden 1997 56-jährig an Leberkrebs starb. Er war als Rechtsbeistand, Berater und Manager für Schauspielerin Marlene Dietrich, Fußballer Mehmet Scholl, Opernsänger Placido Domingo, Stardirigent Herbert von Karajan, Fernsehmoderator Reinhold Beckmann oder den rotschopfigen, dreimaligen Wimbledon-Sieger Boris Becker unersetzliche Vertrauensperson. Außerdem beackerte er geschäftlich gründlich das Gebiet der Musik, indem er im bayerischen Germering den GINI Verlag gründete. Unter diesem Dach wurden erfolgreiche Tonträger für Rondo Veneziano *(La Serenissima, San Marco)*, Al Bano & Romina Power *(Felicità, Sharazan)*, Ricchi e Poveri *(Made in Italy, Mamma Maria)*, Gazebo *(I Like Chopin, Lunatic)*, Den Harrow *(Don't Break My Heart, Charleston)*, Ofra Haza (*Im Nin' alu*) oder das Munich Symphonic Sound Orchestra, kurz MSSO *(Pop Goes Classic)*, produziert. Die Tochter von Axel, Sandy Meyer-Wölden, verschaffte sich später als kurzzeitige Freundin von Boris Becker und vorübergehende Ehefrau von Fernsehlästermaul Oliver Pocher Aufmerksamkeit in den bunten Blättern.

Ich bereute mein Ende bei der Spider Murphy Gang keine Sekunde. Warum auch? In den 15 Jahren plus jener Tingeltangelphase mit Stummick hatte ich Erfahrungen sammeln dürfen, für die andere Menschen drei Leben gebraucht hätten. Ein Leben auf der Überholspur, nur dem Prinzip Sex, Drugs and Rock 'n' Roll folgend.

Mir war das Glück beschieden gewesen, zum richtigen Zeitpunkt am richtigen Fleck die richtigen Leute getroffen zu haben.

Mit denen hatte ich auch noch die richtigen Lieder komponiert. Darauf war ich immens stolz, und das konnte mir keiner nehmen. Die Erstbesetzung der Spider Murphy Gang hatte zu den Sternstunden deutscher Popmusik gehört … war aber auch ein unerwartetes Glanzlicht für uns Bandmitglieder gewesen. Ich schätzte mich sehr glücklich und empfand große Dankbarkeit, dabei gewesen zu sein.

Nach dem Abgang bei den Spiders freute ich mich darauf, wieder kreativ zu arbeiten, Herausforderndes anzupacken. Allerdings versteckte sich Geselle Motivation unauffindbar. Mir stand zunächst der Sinn nach ausgiebiger Muße …

19

ZURÜCK IM GESCHÄFT

Eurovision Song Contest, Welthit und internationaler Star

»Steh auf, du faule Sau! Mach endlich was!«, herrschte mich meine Frau im Jahr nach der Trennung von der Spider Murphy Gang häufig völlig zu Recht stocksauer an, obwohl genug Geld auf unserem Konto lag. Ich hing nur zu Hause rum und nervte meine Umgebung, nicht weil ich herumnörgelte, sondern allein durch meine Anwesenheit. Das war meine Frau zuvor nicht gewohnt gewesen.

Es genügte mir, den ganzen Tag antriebslos auf der Couch herumzugammeln – in Bayern nennt man das Sandeln. Ich schaute fern, becherte wie ein Loch, rauchte wie ein Schlot und zeigte mich mit der Welt samt meiner Person unzufrieden. Mein Arsch verweigerte einfach, sich wieder zu erheben. Ganz schlimm.

Ich rutschte in ein Loch, war fertig mit der Welt und fühlte mich schlecht, auch wenn der Ausstieg bei der Spider Murphy Gang in der eigenen Verantwortung gelegen hatte.

Nur einmal, kurz nach meinem offiziellen Ausstieg, war es zu einer Wiedervereinigung der Urbesetzung gekommen. Infolge einer Charity-Veranstaltung in der Schwabinger Livemusikkneipe Podium hatten sich Günther, Barny, Michael Busse und ich für den guten Zweck zusammengefunden. Dann brach der Kontakt zu den Spiders völlig ab. Sämtliche ehemaligen Bandgefährten mieden es, sich zu melden. Kein Willie Duncan rief an, kein Jürgen Thürnau … niemand. Hatte mein rüder Umgangston und das damit verbundene Verhalten so viel Unentschuldbares hinterlassen, dass für Günther Sigl und seine Mannen dauerhaft keine Annäherung mehr möglich war? Die Situation verunsicherte mich, da mir eine Erklärung für die Dimensionen der Blockade fehlte. Gerade bei Willie Duncan machte es mich fassungslos, da wir die besten Freunde gewesen waren. Vielleicht wurde in meiner Abwesenheit zu viel Stimmung gegen mich gemacht, weshalb auch er Abstand zu mir halten wollte. Von Jürgen Thürnau kam mir zu Ohren, dass er sofort abwiegelte, sobald mein Name fiel. Dabei hatte ich seit Beginn der Zusammenarbeit immer zu seinen Fans gehört. Schon damals, als die Spider Murphy Gang erstmals mit ihm in Kontakt gekommen war und er noch beim Gerig Musikverlag in Leitungsfunktion sein Brot verdient hatte, war ihm meine Sympathie sicher gewesen.

15 Jahre in einer derart erfolgreichen Band wie den Spiders hinterlassen wehmütige Spuren. Keinen Zucker mehr in den Arsch geblasen zu bekommen störte mich nicht großartig. Gleichzeitig verschwand aber auch die Anspannung inklusive Orientierung im Tagesablauf.

Schuld an meinem lethargischen Zustand nach dem Ausstieg trug die Tatsache, dass ich mir keine konkreten Vorstellungen davon gemacht hatte, was nach dem Weggang von den einstigen Weggefährten anstehen könnte. Wahrscheinlich hatte mir in meiner hochmütigen Art vorgeschwebt, dass man mich vom Fleck weg für ein lukratives Projekt engagieren würde.

Nach Ablauf von 365 Tagen spielte mir das Schicksal wieder etwas Glück zu. Josef Bauer alias Sepp managte damals die sehr begabte Hamburger Sängerin Antje Hansen, die von Virgin Records mit einem Megavertrag ausgestattet worden war. Unter dem Dach eines der weltweit führenden Plattenlabels – 1970 Ausgangspunkt des milliardenschweren Vermögens von Richard Branson – betrieb Bauer seine eigene Marke namens Luna Musik. Sepp kannte mich aus vergangenen Tagen, da er Anfang der 80er-Jahre ganz kurz als Manager für die Spider Murphy Gang tätig gewesen war. Mit seinen am Telefon geäußerten Worten »Franz, ich brauche ein paar deutsche Songs. Du kannst die Platte auch produzieren« rannte er bei mir offene Türen ein, zudem mir heimatsprachige Musik sowieso sehr zusagte. Ruck, zuck saß ich danach zu meiner Erleichterung und sicherlich auch zur großen Freude der Familie am Mischpult eines Tonstudios und durfte mich aktiv dem Kosmos der schönen Klänge widmen. Endlich verdiente ich wieder Geld und machte Bekanntschaft mit netten Leuten.

In dem Bestreben, Antje groß herauszubringen, produzierten wir in vier Monaten die Single *Luxusbengel*, zu der ich die Stücke komponierte, samt LP-Songs. Nun mussten die Tracks nur noch eingesungen werden … Da rief Antje plötzlich an, um zu sagen: »Ich will nicht mehr. Ich will doch keine Sängerin werden.« Sepp und mir fielen im Aufnahmestudio die Kinnladen herunter! »Spinnt die jetzt, oder was?«, entfuhr es uns ungläubig. »Wir haben doch schon zigtausend Mark für das Studio und alles ausgegeben. Außerdem haben wir bereits den Vorschuss erhalten.« Es half aber nichts. Die Entscheidung stand, und der Longplayer erschien nie.

Glücklicherweise fand die Singlescheibe bei anderen verantwortlichen Personen Gefallen, weshalb sich für mich weitere Aufträge anschlossen. Damit war ich endgültig zurück im Geschäft. Ich komponierte hier, textete da, trommelte dort und fühlte mich pudelwohl.

Eine bevorzugte Stilrichtung der Musik gab es für mich nicht. Mir war es gegeben, mich chamäleonartig auf alles einstellen zu können. Lief mir volkstümliche Musik über den Weg, gab ich mich der Bergwelttümelei hin. Lugte Techno oder Goa-Trance hinter der Ecke hervor, produzierte ich auch das. Wurde eine praktische Jazzbegleitung verlangt, trieb mich mein breit gefächertes Interesse auch hier hinter das Schlagzeug. Hauptsache eine Einengung vermeiden und in alle Richtungen offen bleiben, das war mein Prinzip.

Wenn es um die Gestaltung von Musik ging, neigte ich zum Egoismus, da kannte ich weder Kompromiss noch Pardon. Innerhalb des Kompositionsvorgangs stand ich mit einem Song auf, schraubte an Ideen, variierte den ganzen Tag und ging mit ihm ins Bett. Ständig suchte ich nach passenden Wörtern, Tonabfolgen, Grooves.

Text- und Songsammlungen waren mir fremd, genauso wie die eigentlich gebräuchliche Vorgehensweise, sie irgendwo zu notieren. Ich verzichtete darauf, weil sich alles Wichtige im Oberstübchen festsetzte. Es konnte passieren, dass ich mitternachts mit einer Melodie, einem Refrain oder gar mit Liedstrophen im Kopf aufwachte. Wiesen die halbschlafdurchwirkten kreativen Schübe ausreichende Qualität auf, blieben sie unauslöschlich im Geiste hängen. Dabei merkte ich mir vor allem – kaum verwunderlich für einen Trommler – den Rhythmus und das Harmonieintervall wie zum Beispiel die Tonika in C-Dur etc. Sprach mich jemand im Prozess der Liedentwicklung an, konnte er sicher sein, an mir vorbeizureden. Ich war dann einfach der greifbaren Welt entschwunden. Völlig zu Recht beklagte sich dann meine Frau: »Du kümmerst dich nimmer! Du denkst nur noch an dich!«, woraufhin mir durch den Kopf schoss: Stimmt, aber ich scheiß drauf!

Bei aller Berechtigung, mich als Egoisten zu bezeichnen, weise ich von mir, ein Egomane gewesen zu sein. Dazu war mein frühkindliches, wirtshausgeprägtes Naturell viel zu gesellig. An Remmidemmi und Trubel gewöhnt, schreckten mich Menschen oder Menschenansammlungen nie. Im Gegenteil, ich suchte sie. Allein in Harlem oder sonst wo auf der Welt orientieren? Kein Problem. Ich quatschte die Leute an und wurschtelte mich durch.

Es ist die Basis allen künstlerischen Schaffens, selbstbezogen vorzugehen. Ansonsten entsteht nichts nennenswert Neues. Ob nun in der Musik, der Literatur, der Malerei, der Bildhauerei: Kreativität und Herdentrieb beißen sich.

Für mich stellte es keine Schwierigkeit dar, lange zu arbeiten. 14 Stunden am Tag schaffte ich locker. Eine lange Zeit der Reife brauchte jedoch die Erkenntnis, dass ich mich phasenweise dem »Dolce far niente« – dem süßen Nichtstun – hingeben musste. Als mir klar wurde, dass es die Mühe nicht wert war, fehlende Kreativität durch eifrigen Aktionismus zu überbrücken, verlegte ich mich in solchen Situationen auf das geduldige Warten. Ich verließ mich darauf, dass mir die Musen irgendwann wieder einen Kuss aufdrückten. Das konnte durchaus wochenlanges saufeskortiertes Ausharren bedeuten. Die Alternative des orientierungslosen Probierens hätte allerdings nur Mist bedeutet, dilettantische Stümperei. Der angstfreie Müßiggang lohnte sich immer, denn danach trug mich der anschwellende Ideenreichtum zu neuen Ufern. Es galt einfach nur, tapfer die Lage durchzustehen.

Nach Antje Hansen wirkte ich 1993 im Auftrag der Ariola München neben dem renommierten Liedtexter Michael Kunze (Peter-Maffay-Entdecker, *Fly Robin Fly*- und *Lady Bump*-Texter und vieles mehr) für die vielversprechende Gruppe Die Blauen Engel an der Nummer *Kleine Sünden* mit. Der Bandname hatte übrigens nichts mit dem Umweltsiegelmännchen zu tun, welches an vielen Produkten wie Putzmittelflaschen haftete. Die vier Dresdener waren ein Jahr zuvor beim Vorentscheid zum Eurovision Song Contest »Ein Lied für Malmö« in der Magdeburger Stadthalle lediglich der Gruppe Wind unterlegen gewesen. Ihr Lied *Licht am Horizont* hatte meines Erachtens von vornherein keine Chance gehabt, wenn man bedenkt, wer hinter den Erstplatzierten federführend gewesen war: die personifizierte Komponist-Texter-Dauerschleife Ralph Siegel und Bernd Meinunger. Die Stimmungstendenzen bei den Proben hatten ursprünglich meine Schützlinge vorne gesehen.

Meiner Ansicht nach gebührte dem Vater von Ralph Siegel – Ralph Maria Siegel – die größere Bedeutung in der Sippe. Seines Zeichens der Überkomponist der 30er- bis 50er-Jahre des vorigen Jahrhunderts (*Capri-Fischer, Ich hab noch einen Koffer in Berlin, Schön war die Zeit* …, insgesamt über 3.000 Schlager und 21 Bühnenstücke), hatte er den Grundstein des Imperiums durch den erfolgreichen Ralph-Maria-Siegel-Musikverlag gelegt. Der war 1972 von seinem Sohn übernommen und in Siegel-Musikverlage umgetauft worden. 1973 hatte Ralph Siegel zusätzlich den Verlag Jupiter-Records gegründet.

Die Blauen Engel galten nach dem Achtungserfolg beim Song Contest als Hoffnungsträger der Ariola, und ich durfte sozusagen einer der Schubkraftverstärker sein. Unglücklicherweise war den Ambitionen auf lange Sicht kein Glück beschieden, wie es so oft der Fall war. Das nachher auf ein Duo reduzierte Projekt sollte sich 1997 endgültig auflösen.

Anfang der 90er stellte mich der ehemalige Paintener Dämmstoff-Großindustrielle Werner Rygol als Juniorpartner in seine Münchner Musikstudios ein. Wir kannten uns schon aus Spider-Murphy-Gang-Tagen, weil wir diverse Male seine Dienstleistungen in Anspruch genommen hatten.

Nach der Übergabe der Firma an seine Söhne hatte sich der Seniorchef komplett umorientiert und war auf der Suche nach passendem Personal für sein »Spielzeug« gewesen. Die Musikstudios waren die größten ihrer Art in der bayerischen Landeshauptstadt und trugen die Bezeichnung Weryton Studios, entlehnt aus dem Namen des Gründers Werner Rygol. Gegen ein monatliches Entgelt und den Ausblick, nach dem Abschied des Besitzers die Leitung zu übernehmen, durfte ich mit dem Komponisten, Arrangeur und Produzenten Hermann Weindorf (unter anderem Komponist und Texter für Hansi Hinterseer, Florian Silbereisen und Produzent des 1983er Sommerhits *Vamos a la playa* vom italienischen Duo Righeira) zusammenarbeiten.

Die drei erlesen ausgestatteten Aufnahmeeinrichtungen mit der Tagesmiete von 3.000 DM waren immer ausgebucht. Alle Stars der Welt gaben sich in den Weryton Studios die Klinke in die Hand, ob die Namen nun Alphaville *(Big in Japan, Forever Young)*, Gianna Nannini *(Latin Lover, Bello e impossibile)*, The Clash *(London Calling, Should I Stay or Should I Go)* oder Shaggy *(Boombastic, Oh Carolina)* lauteten. Hubert von Goisern frühstückte immer gerne in den Räumlichkeiten, wozu er Unmengen an Brötchen, Lachs, Obst und Müsli auffahren ließ, die eine ganze Kompanie satt bekommen hätten. Ebenfalls zu den Kunden zählte die Band Roiderer, deren Mastermind Jutta Staudenmayer ebenso gut singen wie exzellent texten konnte. Ich begleitete die Band per Schlagzeug sowohl bei vielen TV-Auftritten als auch im Studio beim Einspielen der LP im Genre Bayerischer Pop. Überhaupt arbeitete ich nun sehr viel als Studiodrummer und besaß ein fest verankertes Megaset vor Ort. An dem konnte sich meine kraftvolle Spielfreude nach Herzenslust variantenreich austoben. Meine Zusammenarbeit mit den Klostertalern brachte mich auf einem Festival mit dem »König von Mallorca« Jürgen Drews *(Ein Bett im Kornfeld)* zusammen, der dort ebenfalls seine Brötchen verdiente. »Mensch, ich hätte auch gerne so einen tollen Drummer wie dich dabei«, schmeichelte er. Deshalb hatte Jürgen sofort einen Stein bei mir im Brett. Als sich kurze Zeit später unsere Wege am Ballermann kreuzten, vereinbarten wir kurzerhand meinen Besuch im Kult-Partytempel Oberbayern, wo ich allerdings von seinem Auftritt kein bisschen mitbekam. Stockbesoffen wie ich war, übermannte mich der Schlaf … und das bei voll aufgedrehter Beschallung. Dennoch ging Drews mit mir danach noch in eine andere Kneipe, die mir eigentlich aufgrund des fehlenden VIP-Ausweises verwehrt geblieben wäre.

Im Zuge des Weryton-Schaffens durfte ich einmal die Münchner Philharmoniker erleben, ein unglaublich beeindruckendes Erlebnis. Die beamten mich mit ihrem Vermögen, ihrem einheitlich-ausdrucksstarken Klangkörpers förmlich in andere Sphären. Blind folgten sie dem dirigierenden Hermann Weindorf, der auch das Arrangement geschrieben hatte, auf seinem Weg durch die musischen Welten. Das war für ein Orchester keineswegs selbstverständlich. Der erste Bratschist wusste auf meine Anfrage zu berichten: »Wenn da vorne einer steht, den wir nicht leiden können, so ein Hanswurst, dann spielen wir nur scheiße.« Der erste Geiger, ein Russe, bediente eine waschechte italienische Stradivari. Ehrfürchtig bat ich darum, diese einmal halten zu dürfen, was er mir ohne Umschweife gestattete. Das mich durchflutende Gefühl der respektvollen Nostalgie hallt bis heute in mir nach.

Auch außerhalb meiner hauptsächlichen Weryton-Wirkungsstätte betätigte ich mich als Gasttrommler. Zum Beispiel half ich dem bayerischen Musiker und Fernsehmoderator Werner Schmidbauer *(Live aus dem Alabama, Dingsda, Unter vier Augen)* in Tutzing dabei, den Song *Schwester* für sein Album *SchmidbauerS* einzuspielen.

1994 machte ich mit der Wahnsinnssängerin Katya Tresher, richtiger Name Katja Trescher, Aufnahmen, deren Material meiner Feder respektive meinem Geist entsprang. Die drei Produktionen *Gonna Do It All*, *Say Goodbye* und *Into My Life* landeten allesamt auf einer Maxi-CD und brachten mir internationales Flair ein, weil sie in vielen Ländern veröffentlicht wurden. In meinen Augen darf man den Leittitel *Into My Life* durchaus als Welthit bezeichnen, denn aus zahlreichen Ländern flossen mir GEMA-Gebühren zu. Sogar aus Japan krabbelten 3.000 bis 4.000 DM – oder waren es Yen? – auf die Habenseite meines Kontos. An Chartplatzierungen gemessen fiel das Projekt jedoch durch. Nur ist die persönlich empfundene Bestätigung zum Teil unabhängig von solchen Rankings. Richard Sanderson, für den ich eine Single und LP produziert hatte, rief mich zum Beispiel eines Tages aus China an und erzählte mir, er habe soeben in einem kolossalen Stadion vor verzückten Zuschauern meine Lieder interpretiert. So etwas machte mich mindestens ebenso stolz wie ein Hitparadeneinstieg. Aber man durfte selbstverständlich nicht vergessen, dass am Ende des Tages, bei allen ideellen Ansprüchen, die Kohle zählte.

Mittlerweile leitet Katja Trescher seit dem Jahre 2000 einen riesigen, noblen Beherbergungsbetrieb im Schwarzwald, den sie von ihrem Vater übernahm. Bevor sich mein Weg mit jenem der attraktiven Sängerin beruflich kreuzte, war ich zu Spider-Murphy-Gang-Zeiten bereits einmal Gast in dem Etablissement gewesen, als noch der Vater die Leitung innehatte.

Promotionarbeit für die Ariola führte mich 1995 zur Kölner Popkomm, jener internationalen Handelsmesse der Musik- und Unterhaltungsbranche, die heute in Berlin stattfindet. Ich schlenderte durch die Hallen und unterhielt mich mit diversen Fachkollegen, als sich mir plötzlich eine jubelnde Stimme näherte. »Jetzt habe ich es geschafft! Ich habe den Mambo Verlag für viel Geld an Sony verkauft!«, verkündete mir der Spider-Murphy-Gang-Manager Jürgen Thürnau begeistert und von Feierlaune beseelt. Damit wäre Thürnau der Weg in ein ruhiges Leben in seiner Villa in Gräfelfing geebnet gewesen. Der Clou seiner prächtigen Behausung bestand übrigens darin, dass vorgelagert ein Wohnhaus stand, welches vom imposanten Anwesen dahinter ablenkte.

Das nun mögliche Leben als Privatier entsprach aber nicht Thürnaus Wesen. Kaum verwunderlich also, dass er sich nach dem Geldsegen umso stärker auf das Projekt Crocodile Music Management GmbH fokussierte, in dem er Stars wie die Münchener Freiheit, die Spider Murphy Gang, Sandra und Enigma betreute. Der Verkauf des Mambo Verlages dürfte auch das Portemonnaie von Günther Sigl gefüllt haben. Der Frontmann verdiente dadurch und durch die Spider-Einnahmen enorm viel Geld. Neid lag mir jedoch fern. Günthers Geschäftstüchtigkeit und Umtriebigkeit hatten sich halt ausgezahlt. Davor zog und ziehe ich den Hut.

Abseits der wirklich ambitionierten Sangeskünstler nahm ich auch einmal den Weltfußballer 1990 Lothar Matthäus für ein Lied unter meine Fittiche, das er auch tatsächlich einsang … mehr oder weniger gelungen. Nach getanem Werk besuchten wir meine damalige Stammkneipe Wendekreis, Hort vieler Musiker, die Zerstreuung suchten. Als Lothar und ich es uns an der Bar gemütlich gemacht hatten, erschien die blonde Silvia Matthäus an der Seite ihres Mannes. Heute sieht das Beuteschema des 150-maligen Fußballnationalspielers bekanntermaßen völlig anders aus. »Lothar, du hast morgen ein Spiel. Du gehst jetzt nach Hause«, forderte Silvia in unmissverständlichem Ton, und in der Tat: Die Sportikone trollte sich. Und was machte die treusorgende Ehefrau? Sie trank mit mir weiter! Das Projekt Lothar-Matthäus-Platte blieb im Anfangsstadium kleben, weil der allmächtige FC-Bayern-München-Manager Uli Hoeneß einen Strich durch die Rechnung machte. »Lothar, das mit der Platte lässt du bleiben. Du hast momentan dafür keine günstige Presse, da passt das nicht.« Punkt. Damit war das Thema beendet.

Meine fünfjährige Juniorpartnerschaft im Weryton Studio fand Mitte der 90er bei einem runden Geburtstag des Besitzers Werner Rygol ein jähes Ende. Zum feierlichen Anlass veranstaltete das

Geburtstagskind ein Fest, bei dem auch Honoratioren der Stadt und der Region erschienen. Die besten Wünsche wurden übermittelt, nette Anekdoten ausgetauscht, Reden gehalten, Geschenke übergeben. Im Vorhaben, mich kreativ nicht lumpen zu lassen, war ich im Vorfeld erfolgreich auf der Suche nach einem Stimmenimitator gewesen. Der hatte in der Rede-, Ausdrucks- und Betonungsgewohnheit des Gastgebers vorgelegte Texte im Studio eingesprochen. Die missfielen dem Original jedoch zutiefst, was ich jedoch erst bemerkte, als es zu spät war.

Am Tage der Feier spielte ich die CD, mir keiner Schuld bewusst, ungefragt den Anwesenden vor. Eigentlich lachten auch alle im Saal, insbesondere die Frau des Geburtstagskindes. Einer schloss sich dem Vergnügen aber nicht an: Werner Rygol. Nun gut, vielleicht hätte ich den »Puff-Ficken-Arsch-Saufen-Grundton« etwas entschärfen sollen, empfand das Gebotene aber weitgehend als harmlos. »Das kannst du doch nicht machen!«, ranzte mich der Beschenkte an. »Hier sitzen ganz wichtige Leute: der Bürgermeister, der Landrat. Bist du deppert?!« Danach war der Ofen aus und der Riss unkittbar. Mir wurde sofort gekündigt.

Ich kam ins Grübeln. Sollte ich wirklich über das Ziel hinausgeschossen sein? Sah ich tatsächlich die Wirkung meiner Aktionen realitätsverzerrt? Zunächst zaghaft, dann immer deutlicher flüsterte mir eine innere Stimme die Erkenntnis ein: »Ey Trojan, ich glaube, das Kokain tut dir nicht gut. Das Zeug ist scheiße! Kapier endlich: Koks zerstört dein Gehirn, macht dich blöd im Kopf, einfach dappig. Des, was du machst und siehst, hat mit der Realität nix mehr zu tun. Hör auf mit dem Mist.« Ab der Sekunde ließ ich von einem Tag auf den anderen die Finger vom Schnee. Zugegeben: Mangelnde Geldreserven spielten beim Entschluss, aufzuhören und das auch durchzuhalten, eine wichtige Rolle. Gott sei Dank wurde es mir durch das Fehlen von Entzugserscheinungen erleichtert.

Ich kann aus meiner heutigen Sicht nur jeden vor dieser Droge warnen und raten, die Finger davon zu lassen. Kokain ist ein brutales Rauschmittel, das dich psychisch in den Bann zieht, dich dort festhält und dadurch fertigmacht. Klar, es war geil, sich nach der Einnahme unschlagbar zu wähnen … das hielt jedoch immer nur kurze Zeit an.

Nicht lange nach der Entlassung aus den Weryton Studios produzierte ich auf Anfrage eines schwerreichen Kölner Bauunternehmers einen Tenor. Der Auftraggeber betagteren Alters bewohnte mitten in der Domstadt eine ausladende Villa samt Köchen, Butlern, kostbaren Gemälden und allem Luxus, den man sich nur denken konnte.

Während der Künstler bei den Angestellten im Gesindehaus untergebracht wurde, erhielt ich eine bevorzugte Behandlung. Als einziger Passagier des zweistrahligen Privatjets der Marke GulfStream flogen mich zwei Piloten und eine Stewardess von München nach Köln. Dort empfing mich der Hausherr und verköstigte uns an der schicken Hausbar hochprozentig, wobei ich Scotch und er Whiskey trank. Innerhalb der Plauderei fanden wir Gefallen aneinander, weshalb das Treffen in ein gemütliches Gelage ausartete, in dem mir mein Gesprächspartner, sehr zur Verwunderung des langjährigen Butlers, das vertrauliche Du anbot. So etwas hatte der Wohlsituierte bis dato noch nie gemacht.

Auf einem der aushängenden Fotos entdeckte ich Franz Josef Strauß, worauf ich mich erkundigte, inwiefern der Hausherr mit dem verstorbenen CSU-Vorsitzenden verbandelt gewesen war. »Ich habe ihn zur Fliegerei gebracht«, lautete die Antwort. In solchen gesellschaftlichen Schichten sind einflussreiche Beziehungen das Nonplusultra, kam mir darauf in den Sinn. Unterdessen erinnerte ich mich gleichzeitig, dass Franz Josef Strauß tatsächlich begeisterter Pilot gewesen war.

Nicht von ungefähr zog der Bauunternehmer großkarätige Projekte an Land wie die Erweiterung des Dresdener Flughafens, die in der letzten Dekade des vorigen Jahrtausends dringend notwendig geworden war. Außerdem vermehrte er sein Vermögen durch schnelle, geschickte nationale und weltweite An- und Verkäufe von Immobilien wie den Kölner Traditionshäusern 4711 und dem Millowitsch-Theater, alles im Dienste der Gewinnoptimierung.

Von diesen Geschäften erzählte mir der Milliardär persönlich, und wie zum Beweis besuchten wir gemeinsam das Millowitsch-Traditionsschauspielhaus, wo ich Mariele, die Tochter des alten Patriarchen und »Kölsche Jung« Willy, traf und einen Plausch mit ihr hielt.

Das Ausmaß seines Einflusses offenbarte mir mein neuer Duzfreund auszugsweise bei einer Stadtrundfahrt in seinem natürlich von einem Chauffeur gesteuerten 600er Mercedes. Gemeinhin vermiesten einem bei solchen Touren Ampeln mit permanenten Rotphasen den Genuss eines reibungsfreien Ablaufs. Kein Problem für meinen Gastgeber: Kurzerhand öffnete er das Handschuhfach, ergriff eine dort befindliche Fernbedingung, tippte einen Knopf … und schon schaltete die Lichtanlage auf Grün. Es war unglaublich, welche Macht der ältere Herr innehatte.

Die Phase von Ende 1995 bis 1997 lässt sich fast in die Schublade »außer Spesen nix gewesen« packen. Ich werkelte zwar vor mich hin, nur erblickte kaum Spruchreifes und Erfolgversprechendes das Licht der Öffentlichkeit. Beispielhaft sei die Zusammenarbeit mit dem Arrangeur und Komponisten Tommy Amper genannt. Gemeinsam produzierten wir für Gunther Gabriel einen Song, den er auch im Münchener Westendstudio einsang. Jedoch wurde das Lied niemals auf Platte gepresst.

Die glorreiche Ausnahme von den Zusatzgeschäften bildeten Instrumentalstücke von mir, die der Filmkunstverlag München auf Vorrat kaufte. In gewissen Abständen presste dieser aus den erworbenen Kompositionen eine CD und bot sie weltweit Filmproduzenten oder Regisseuren an. Die Kreationen dienten im günstigsten Fall zur melodiösen Untermalung eines Films, einer Reportage, einer Dokumentation oder Ähnlichem. Tatsächlich wurden einige meiner Schöpfungen für einen japanischen Zeichentrickfilm genommen, an dessen Namen ich mich aber partout nicht erinnern kann.

Passend zur unglücklichen, trostlosen Zeit erlitt meine Mutter mit Mitte 60 einen Schlaganfall, der sie halbseitig lähmte. Von da an konnte sie kaum noch reden. Sie stotterte, saß im Rollstuhl und wurde von dreien meiner Schwestern, die vor Ort wohnten, unterstützt. Zusätzlich teilte ihr die Gemeinde eine Pflegekraft zu. Es war ein trauriger Lebensabend für die einstige Powerfrau, die wenige Jahre später, 1997, starb. Nach dem Tod meiner Mutter blieb der Kontakt zu meinen Geschwistern aus … wie überhaupt sich keiner von ihnen seit dem Ausstieg bei der Spider Murphy Gang bei mir gemeldet hatte. Ich wurde das Gefühl nicht los, dass mir in deren Augen sämtliche Attraktivität abhandengekommen war, weil das Rampenlicht fehlte. Es sei aber auch fairerweise erwähnt, dass ich meine Schwestern mit der Betreuung und Pflege der Mutter allein gelassen hatte.

Geerbt habe ich letztlich nur 2.000 DM, eine vergleichsweise lächerliche Summe, bedenkt man den Wert, den der Wirtshaus- und Hotelbetrieb zu Spitzenzeiten besessen hatte. Das Geld gab ich sofort meiner älteren Tochter, die davon ihren Führerschein bezahlte.

Bis dahin übernahm ich noch so einige Male Chauffeurdienste, die bisweilen für Verwicklungen sorgten. So war ich eines Nachts um zwei Uhr unterwegs, um meine Tochter von irgendeiner Party auf dem Lande abzuholen. Versehen mit einem dicken, schnellen BMW, verirrte ich mich auf dem Hinweg in einer Baustelle unseres Wohnortes. Das Ende vom Lied bestand darin, dass ich wenden musste. Damit gab ich einen prima Köder für eine Polizeistreife ab, zumindest war sie mir anschließend mit angeschaltetem Blaulicht auf den Fersen. Häh? Was wollen die denn von mir?, dachte ich genervt, ohnehin schon reichlich angespannt wegen des ungeplanten Umweges. Kurz entschlossen, weil mir die Lust auf jedwede Diskussion fehlte, gab ich ordentlich Gas. Bei der mir möglichen hohen Geschwindigkeit rückte die Signalleuchte in weite Ferne und war irgendwann nur noch als bloßer Färbungspunkt am Horizont erkennbar. Gleichwohl entschloss ich mich irgendwann anzuhalten, um auf die Streife zu warten. Als diese mich einholte, stieg ich unumwunden aus und schritt auf die beiden Polizistinnen zu. »Verfolgt ihr mich? Warum verfolgt ihr mich? Was wollt ihr von mir? Habe ich etwas angestellt?«, feuerte ich eine Entrüstungssalve ab.

»Sie hauen ab, das ist Fahrerflucht.«

»Fahrerflucht? Warum? Ich weiß doch nicht, dass ihr wegen mir das Blaulicht anhabt. Das könnte doch auch etwas anderes sein. Ein Einsatz oder so.«

»Ne, es geht um Sie.«

»Wieso?«

Das ganze Vorwurf-Abwehr-Blabla war so weitergegangen, bis die zwei Uniformierten ihren Nottrumpf zu ziehen glaubten:

»Sie machen jetzt einen Alkoholtest.«

»Wieso? Ich habe nix getrunken.«

»Das werden wir ja sehen. Sie blasen jetzt.«

Ergebnis der Farce: null Komma null Promille.

Verlegen starrten die beiden Polizistinnen, von denen eine aus Kulmbach stammte und mich nun erkannte, auf die Anzeige des Alkoholtests. Mittlerweile argumentativ munitionslos, entließen sie mich aus der Situation und wünschten mir eine gute Weiterfahrt.

Außer diesem Vorfall entwischte ich der Polizei noch mehrmals. Was sollten sie auch machen? Gegenüber meinem 535er BMW mit 300 PS wirkten ihre Einsatzwagen – VW-Bus oder Ähnliches – wie pedalmüde Trampeltrecker.

Eine kleine Abwechslung in der beruflichen Flautezeit ergab sich im Sommer 1996. Hans-Jürgen Buchner, der Haindling-Kopf, suchte für eine Fernsehsendung aus dem Kloster Banz, in der Nähe von Bamberg und Stätte vieler CSU-Tagungen, händeringend Ersatz für seinen Bassisten. Das war kein Geringerer als der Schauspieler Hans-Josef Braun *(Krambambuli, 1809 Andreas Hofer)*. »Franz, ich brauche dich, mein Bassist fällt aus«, sagte Hans-Jürgen, und meine komplette Ahnungslosigkeit, was das Instrument betraf, spielte überhaupt keine Rolle. Wie eigentlich immer in solchen Sendungsformaten wie *Songs an einem Sommerabend* griff man auch hier auf Vollplayback zurück.

Durch die Sendung führte der Liedermacher Reinhard Mey, ein brillanter Musiker, Komponist und wahnsinnig anständiger Mensch. Mit ihm unterhielt ich mich am Vorabend des Auftritts intensiv. Mey war ein Autofreak, investierte Unmengen an Freizeit, um an seinen Oldtimern herumzuschrauben. Bereits damals bereicherte ein weißer, zwölfzylindriger Jaguar mit roten Sitzen seinen Fuhrpark.

Die Zusammenkunft aller Teilnehmer am Vortag der Sendung geriet dermaßen feuchtfröhlich, dass die gesamte Haindling-Truppe samt mir einen Riesenschädel davontrug. Der begleitete uns tags darauf zwangsläufig auf die Bühne und machte uns das Leben schwer. Da sieht man es: Vollplayback hat auch Vorteile.

Manchmal traf ich in jener Zeit auch meinen alten Spezi und Ex-TRIO-Schlagzeuger Peter Behrens. Uns verband inzwischen nur noch das gemeinsame Schicksal des gesunkenen Sterns sowie die Alkohol- und Zigarettenvorliebe. Andere Drogen waren aus dem Spiel. Behrens lebte nach dem finanziellen Totalabsturz von Hartz IV. Heutzutage fristet er sein Dasein in Wilhelmshaven, lediglich von einer mickrigen Rente gestützt. Seine jüngsten Projekte sind die Autobiografie *Der Clown mit der Trommel,* mit der er bundesweit Lesungen hält, und ein neuer Song mit dem Titel *I Am The Nowhere Man*, den er zusammen mit Ecki S. eingespielt hat.

Im Gegensatz zu One-Hit-Promis hatte ich keine Probleme, von etablierten Showgrößen ein wenig vorgeführt zu werden. So geschehen bei Harald Schmidt, neben Thomas Gottschalk und Günther Jauch der erfolgreichste und bekannteste TV-Entertainer. Der hochintelligente Fernsehzyniker vom Dienst erwies mir die Ehre, mich in einer seiner *Late-Night-Show*-Ausgaben zu berücksichtigen. Er oder einer seiner Gagschreiber hatte mich zuvor in irgendeinem Hotel beim Auschecken erlebt und das Beobachtete direkt in seinem Format verwendet. Sinngemäß klang das so: Harald Schmidt: »Ich habe heute Morgen den Ex-Schlagzeuger der Spider Murphy Gang beim Begleichen der Hotelrechnung beobachtet. Auf die Frage der Rezeptionistin, ob er etwas aus der Hotelbar genommen oder Sexvideos geschaut hatte, antwortete er: ›Ich hatte alles! Schreiben S' alles auf!‹«

Nach der dreijährigen Durststrecke hatte ich 1998 erneut mit dem Vorentscheid zum Eurovision Song Contest zu tun. Das Finale sollte dieses Mal in Birmingham stattfinden, da 1997 Katrina and the Waves für England mit *Love Shine A Light* erfolgreich gewesen waren. Das Label Intercord in Person des A&R-Managers beauftragte mich, für den deutschen Wettstreit ein Lied zu konzipieren und umzusetzen. Meine Spürnase trieb die vielversprechende Münchener Sängerin Shana auf, und zusammen mit dem Texter Klaus Hirschburger und mir als Komponisten entwickelten wir die Nummer *Es regnet nie in Texas.*

Klaus Hirschburger hatte als Bassist zu den Gründungsmitgliedern der Neue-Deutsche-Welle-Combo von Hubert Kah alias Hubert Kemmler gehört. Durch ihn bekam ich das eine oder andere vom *Rosemarie-* und *Sternenhimmel-*Erfinder mit. Der Ärmste litt unter psychischen Problemen und musste entsprechende Medikamente einnehmen, um die Krankheit in den Griff zu bekommen. Ständig wirkte Hubert neben der Spur, einfach nicht bei der Sache, der normalen Welt enthoben. In den Weryton Studios brauchte er zum Teil eine Woche für einen Song, derart unsicher reagierte er auf neue Situationen und auf sein ganzes Leben.

Später saß ich einmal in einem Flugzeug neben ihm. Jeder Gesprächsaufbau wurde von Kemmler abgeblockt, so angespannt und verkrampft war er. Kurz vor dem Start merkte ich, wie meinem Sitznachbarn unkontrolliert der Schweiß ausbrach. Anschließend überfiel ihn urplötzlich heftige Übelkeit, gefolgt von starken Panikattacken mit Atemnot und allem Drum und Dran. Nur den intensiven beruhigenden Maßnahmen der Stewardessen war es zu verdanken, dass Hubert – zwar steif wie ein Brett, aber immerhin – den Flug überstand. Ein Small Talk zwischen uns blieb natürlich aus.

Im Veranstaltungsort zum Eurovision-Vorentscheid Bremen lernte ich im Hotel den »Schlagermeister« Guildo Horn kennen. Immer wenn wir miteinander sprechen wollten, zog er mich mit den Worten »Komm, komm, lass uns verpissen. Hier ist zu viel Presse« weg in einen ungestörten Raum. Netter Kollege.

Neben Axel Bulthaupt führte Nena durch den Abend, die sich nachhaltig meine Zuneigung erwarb. In den Proben zum Vorentscheid betonte sie ständig vor dem Auftritt unserer Sängerin: »Und jetzt kommt der tollste Song des Abends.« Verständlicherweise verbot ihr die Redaktion diese Ansage bei der Ausstrahlung wegen möglicher Einflussnahme der Zuschauer. *Es regnet nie in Texas* fiel beim Publikum jedoch durch und landete auf Platz 9 von 10.

Es überraschte wenig, dass 61,8 Prozent der Stimmen Guildo Horn an die Spitzenposition bugsierten, nachdem in den Wochen zuvor für ihn ordentlich die Pressetrommel gerührt worden war. Hinter dem Siegertitel *Guildo hat euch lieb* steckte der Fernsehmoderator, Entertainer und Songwriter Stefan Raab. Auch ihn durfte ich kennenlernen, und er stellte sich mir in der Bremer Hotelbar damit vor, dass ich ein Grund für sein Musikerdasein gewesen war. Raab hatte mich in seiner Jugend trommeln sehen, als ich zusammen mit der Spider Murphy Gang auf den Kölner Rheinterrassen einen Open-Air-Auftritt absolvierte. Nachdrücklich beeindruckt von mir, beschloss er, ebenfalls Musiker werden zu wollen, was ja dann auch eintrat. Der Moderator von *TV total* – eine seit 1999 auf ProSieben laufende Fernsehshow, die mir nicht sonderlich gut gefiel – zählte mittlerweile zu den besten Musikern und Komponisten, die wir im Lande hatten. Davon abgesehen, spielte Raab richtig gut Schlagzeug. Ein Multitalent, das mir gegenüber als angenehmer, abgeklärter, lässiger Zeitgenosse auftrat. Keine Spur von der öffentlichen Person, die albern und provozierend Sprüche klopfte. Durch sein Betragen war zwischen ihm und Moses P. ein unvergessener, öffentlich ausgetragener Streit entbrannt. In dessen Verlauf hatte der Rapper Stefan Raab nach der Echo-Verleihung 1997 wenig zimperlich das Nasenbein gebrochen.

In die Rolle des Lästermauls trat Raab innerhalb des Song Contests wieder auf, indem er sich das Pseudonym »Alf Igel« zulegte. Stellte man vor den Vornamen ein R und vor den Nachnamen ein S, war leicht zu erkennen, wen Raab damit auf die Schippe nahm. Der so Gebrandmarkte schnitt an diesem Abend mit den Positionen 6, 7, 8 ungewohnt schlecht ab, um nicht zu sagen, er erlebte ein Fiasko.

Das Lied *Guildo hat euch lieb* samt fulminant witziger Show brachte Deutschland bei der europäischen Endrunde den 7. Platz ein. Mitentscheidend für diese ansehnliche Position dürfte es gewesen sein, dass unser Land den anderen Nationen endlich einmal bewies, dass es sich keineswegs immer biierernst nahm. Es gewann die transsexuelle Dana International aus Israel, gewissermaßen ein Vorbote der bärtigen Travestie-Kunstfigur Conchita Wurst, die 16 Jahre später den Titel nach Österreich holen würde.

Die Pfade von Shana und mir sollten nach dem Vorentscheid zum Eurovision Song Contest noch weiter ausgebaut werden, indem wir gemeinsam eine Nachfolge-Single produzierten. Vorab bekam die Interpretin den Text zugesandt, und zum vereinbarten Termin fanden sich alle Beteiligten im Studio ein in der Erwartung, motiviert loszulegen. Nur eine Person zickte herum … Shana. »Der Text ist scheiße«, skandierte sie. Wie vor den Kopf gestoßen saß das Pärchen Tonmeister/Trojan da und schaute entgeistert. »Das musst du dir doch vorher überlegen!«, herrschte ich sie wütend an. »Das kostet hier doch ein Schweinegeld! Du hast den Text doch schon lange in der Hand. Warum sagst du das erst jetzt, wo wir schon im Studio sitzen?!« In der darauf folgenden heftigen Auseinandersetzung schaukelten Shana und ich uns so hoch, dass unsere Wortwahl jegliche gute Kinderstube vermissen ließ. Zum Schluss warf ich die Hoffnungsträgerin hinaus, womit das Ende besiegelt war. Der Vertrag wanderte von einer Sekunde zur nächsten in den Papierkorb.

Da der Austausch bisher so gut funktioniert hatte, setzten Klaus Hirschburger und ich unsere gemeinsame Arbeit fort. Cathrin hieß unser nächstes Projekt. Dabei handelte es sich um eine wunderhübsche, stimmlich sehr beeindruckende, 15 oder 16 Jahre alte Künstlerin, zu deren 1999 erschienenem Album *Looking for Shelter* wir *Deep In Your Eyes* beisteuerten. Darüber hinaus landeten auf derselben CD noch *I Wanna Be Kissed* und *High On Cloud Nine*, die ich mit Peter Bischof-Fallenstein (auch Musik und Text für Bernie Pauls *Oh No No* oder Milli Vanillis

Girl I'm Gonna Miss You) schrieb. Die aus Ingolstadt stammende Sängerin hatte von der EMI einen Wahnsinnsplattenvertrag über 100.000 Euro bekommen. Das Label erhoffte sich neben dem deutschlandweiten auch einen internationalen Durchbruch, und sie landete in der Tat, ebenso wie Katya Tresher, in Japan einen »GEMA-Hit«. Zugegebenermaßen hatte Cathrin das Zeug zu einem Weltstar und wäre vielleicht sogar heute an der Spitze der Etablierten anzutreffen.

Auch Cathrin nahm am Vorentscheid zum Eurovision Song Contest teil, und zwar 1999 mit dem Titel *Together We're Strong*. Damit belegte sie nachträglich den zweiten Platz, weil die blinde Siegerin Corinna May disqualifiziert wurde. Deren Gewinnertitel *Hör den Kindern einfach zu* war zwei Jahre zuvor bereits in englischer Sprache veröffentlicht worden. Auf diese Weise rückte alles wieder in gewohnte Bahnen: Das Duo Ralph Siegel / Bernd Meinunger schickte auf Wählergunst ihren Vertreter, die Gruppe Sürpriz, zum Finale nach Jerusalem. Dort erreichte diese einen bemerkenswerten dritten Platz. Wer weiß, wie es gekommen wäre, hätte erneut Stefan Raab teilgenommen …

Während meiner Arbeit als Produzent, Texter und Komponist traf ich auf viele sehr gute, renommierte Studiomusiker, von denen ich mir einiges abschaute. Curt Cress war so einer, ein begnadeter Schlagzeuger, einer der Besten, die wir hatten. Er war perfekt in Groove und Timing, eine regelrechte »Timing Machine«. Dem war meine uneingeschränkte Anerkennung sicher, auch wenn sein Trommeln gerade wegen der Mustergültigkeit manchmal etwas blutleer daherkam. Tina Turner *(We Don't Need Another Hero, Simply The Best)* bediente sich seiner Dienste genauso wie Klaus Doldinger (Titelmusik zu *Das Boot* oder *Die unendliche Geschichte*), Stephan Remmler (*Alles hat ein Ende, nur die Wurst hat zwei)* oder Saga *(Scratching the Surface, Wind Him Up)*. Die kanadische Rockformation hatte besonders Anfang der 80er Menschenmassen begeistert und im Studio beim Einspielen ihrer großen Hits den Fähigkeiten des deutschen Schlagzeug-Paganini vertraut.

Die Wege von Curt und mir kreuzten sich oft im riesengroßen Hightech-Pilot-Studio. Das lag in der Münchener Innenstadt am Viktualienmarkt und Cress war einer der Mitbesitzer. Nach der aktiven Zeit versuchte der Trommelpapst, auf anderem Wege groß im Business einzusteigen. Curt kaufte zunächst Werke von unbekannten, vielversprechenden Komponisten. Anschließend protegierte er sie und nutzte somit sein weit verzweigtes Netzwerk im Geschäft. Schließlich kannte Cress Gott und die Welt. Das war grundsätzlich ein cleverer Gedanke. Ob er damit Erfolg erzielte, entzieht sich meiner Kenntnis.

Trotz aller Betriebsamkeit in den 90ern blieb mir der große Wurf als Produzent verwehrt. Durch verschiedene Entwicklungen Ende des Jahrzehnts begann sich meine Einnahmesituation zu verschlechtern. Die spitzte sich darüber hinaus in den 2000ern durch weitere Trends negativ zu …

20

CASTINGSHOWS UND INTERNET

Die Zeiten ändern sich

Big Brother, RTL II (Erstausstrahlung 28. Februar 2000), *Popstars,* ProSieben (Erstausstrahlung September 2000 noch auf RTL II und erst ab der 3. Staffel auf ProSieben), *Deutschland sucht den Superstar,* RTL (Erstausstrahlung 9. November 2002), *Star Search,* Sat.1 (Erstausstrahlung 5. Juli 2003, nur zwei Staffeln), *SSDSGPS,* ProSieben (Ausstrahlung Ende 2003 bis Anfang 2004, Kürzel steht für »Stefan sucht den Super-Grand-Prix-Star«, initiiert von Stefan Raab), *Das Supertalent,* RTL (Erstausstrahlung 20. Oktober 2007) … diese Formate hatten alle für mich eines gemeinsam: Sie bildeten in ihrer Gesamtheit einen wesentlichen Bestandteil meines wirtschaftlichen Niedergangs. Sie zogen mir das Geld aus der Tasche. Warum? Von da an wollte keiner mehr meine Künstler, die sich den Formaten verweigerten. Aber der Reihe nach.

Eigentlich begann das Unheil mit der Ausbreitung des Internets. Damit verbunden war die zunehmend um sich greifende Möglichkeit, online kostenlos in den Besitz von aktuellen Titeln zu kommen. Jedermann lud sich die ihm zusagende Musik auf Festplatten, neudeutsch auch »downloaden« genannt. Andererseits wurde das Medium für eigenes Material genutzt, indem man selbst erstellte Lieder samt Video plus das Herunterladen anbot. In dieser Goldgräberstimmung erschien ein Musikclip inklusive Tonmeister und Produzent antiquiert, uncool, einfach überflüssig. Dann doch lieber direkt YouTube, MyVideo, sämtliche soziale Netzwerke ansteuern zwecks persönlicher Anpreisung. Folglich sanken die Plattenabsätze kontinuierlich.

Digitale Technik und das Verfahren des Sampelns kosteten im Studio zudem vielfach gute Instrumentalisten den Job, inklusive Schlagzeugern wie mich, da sie deren Arbeit übernahmen. Live konnten die Computer einen guten Musiker aber natürlich nicht gleichwertig ersetzen. Zum Glück.

Alle, die geeignete Hard- und Software besaßen, durften sich nun als Komponist, Texter, Arrangeur fühlen und der Welt den neusten Hit schenken, beziehungsweise ihr diesen per Mausklick ohne zu bezahlen zum Eigenkonsum klauen. Beliebigkeit anstelle von Qualität, Massenware anstelle von Exklusivität.

Die erste Folge bestand darin, dass viele Plattenfirmen, für die ich arbeitete, in anderen aufgingen. Beispielsweise wurde Ariola von Sony übernommen, und Virgin München schloss ebenfalls seine Tore. Gleichzeitig fielen mir damit die Ansprechpartner weg, die mich bis dahin mit den Tonträger-Majorlabels in Verbindung gehalten hatten. Es wurde immer schwieriger, erfolgreich Klinken zu putzen, und bei der EMI herrschte hinsichtlich einer Zusammenarbeit sogar komplette Windstille. Ich frage mich bis heute, wo die Kontaktpersonen geblieben sind. Was machen die jetzt? Bekommen die samt und sonders Hartz IV? Kaum vorstellbar. Es waren doch alles versierte Leute in ihrem Metier, stellvertretend sei hier Udo Lange von Virgin genannt.

Künstlern, die ich massenwirksam auf den Markt bringen wollte, standen aufgrund der Entwicklung nur noch wenige finanziell potente und medial lukrativ verknüpfte Abnehmer gegenüber … eigentlich mit der Universal Music Group, der Warner Music Group, dem Sony Music Entertainment nur noch drei … und die scheuten jegliches spekulatives Risiko. »Wenn wir investieren«, so war deren Einstellung, »dann muss ein garantierter Erfolg dabei herauskommen.« Alternativ auf kleinere Plattenlabels zu setzen erschien mir wenig attraktiv, da sie nicht ausreichend finanzielle Mittel investieren konnten.

Unter diesen Voraussetzungen kam den großen Anbietern die Castingshowscheiße wie gerufen. Auf der Fernsehplattform präsentierten sich Woche für Woche Menschen im besten Alter, die im günstigsten Falle gut aussahen und singen, tanzen oder sonstwie performen konnten. Am besten vereinigten sie gleich mehrere dieser Fähigkeiten auf sich. Bisweilen genügte es aber auch, eine ausschlachtbare extrovertierte Macke zu haben. Es war eher von geringem Interesse, ob die Protagonisten Küblböck & Co. wirklich singen konnten. Es interessierte auch kaum, ob eine musikalische Ausbildung oder sonstiges ernst zu nehmendes Talent vorlag. Das Wichtigste war ein irgendwie gearteter Unterhaltungswert. *DSDS*-Juror Dieter Bohlen würzte die gebotenen Leistungen dann mal mit sanfter, mal mit scharfer, mal mit unverschämter, mal mit menschenverachtender Note, und schon sausten die Einschaltquoten in schwindelerregende Höhen. Die anderen Jurymitglieder und deren Meinung erweckten eher den Eindruck, schmückende, vernachlässigbare Staffage zu sein. Die *Bild*-Zeitung schmeckte das Ganze in der Nachbereitung öffentlichkeitstauglich ab, und schon war das Gesamtevent rund. Die Kandidaten wurden effektheischend zur Schau gestellt, wie Zuchtvieh am Nasenring durch die Arena gezogen, und das auch noch umrahmt von Knebelverträgen. Eine vorzügliche Strategie, um den Boden für einen zukünftigen Charterfolg zu bereiten.

Die menschlich-emotionale Seite rückte an die Spitze der Aufmerksamkeit, ob nun jene des Mitleids, der Schadenfreude, des Neids, des Gönnens, des Widerwillens … Hauptsache der Zuschauer wurde möglichst umfassend in einen Kokon der Anteilnahme eingesponnen.

Folgerichtig griffen die großen Plattenfirmen bei Musikproduzenten dankbar zu, die in derlei Shows direkt oder mittelbar ihre Finger rührten, allen voran natürlich beim Pop-Titan Dieter Bohlen. Alle wollten nur noch die gecasteten Leute aus dem Fernsehen haben und verzichteten auf Künstler mit gewachsener Substanz. Die endlos scheinende Präsenz auf der Mattscheibe heuchelte Kompetenz vor.

Die Voraussetzung für die Chance, einen Plattenvertrag zu erhalten, kehrte sich vollends um. Das Prinzip lautete: Schein anstelle von Sein. »Bist du im Fernsehen, dann nehmen wir dich. Wenn nicht, dann Good-bye. Dann bist nicht genug gepusht. Das ist wichtig, so kurzfristig der mögliche Erfolg auch sein mag«, tönte es mir – auf einen simplen Nenner gebracht – aus sämtlichen Zimmern der potenziellen Abnehmer entgegen. Ein sehr bedenkenswerter Prozess, der vieles in der bisherigen Musikwelt zerstörte, aber traurige Realität war.

Für mich blieb nur noch ein sehr schmaler Grat der Ausbreitung. Meinen Schützlingen fehlte die erwünschte telegene Bekanntheit, mochte sie ansonsten auch die ganze Palette wichtiger Fähigkeiten des Geschäfts auszeichnen.

Big Brother-Insassen wie der peinlich-prollige »The Brain« Zlatko (Zitat: »Shakespeare kenn ich schon. Aber wenn du mich jetzt frägsch, ob der Filme gemacht hat oder Dokumentationen …«), die ewig gut gelaunte Frohnatur Jürgen, der pöbelnd-aufschneiderische »Nominator« Christian (»Heute nominiere ich Prinz von und zu Valium Walter«) oder der schmierig-zwielichtig wirkende Macho Alex Jolig landeten reihenweise Hits. Davon zeugten Nummern wie *Ich vermiss' dich wie die Hölle* (Zlatko, vier Wochen Platz 1), *Großer Bruder* (Zlatko & Jürgen, vier Wochen Platz 1), *Es ist geil, ein Arschloch zu sein* (Christian, eine Woche Platz 1), aber auch *Ich will nur Dich* (Alex Jolig, bis auf Position 3). Selbst *DSDS*-Dauerkandidat und penetrante Nervensäge Menderes Bağci brachte es zu veritabler Berühmtheit. Er überzeugte nicht etwa durch ein irgendwie beeindruckendes Können, sondern durch pure Hartnäckigkeit.

Aus dem Sammelbecken musikalischer Castingshow-Verbrechen stach für mich aber ein Lied positiv heraus, und zwar *Can't Wait Until Tonight* aus dem Jahr 2004. Der von Max Mutzke interpretierte und von Stefan Raab produzierte Song war aus meiner Sicht ein Meisterwerk, einfach spitze.

Durch den Trend, grundsätzlich auf Schnelllebigkeit und Oberflächlichkeit zu setzen, erwirtschafteten meine Produktionen immer weniger und rutschten bergab Richtung Minusgeschäft. Ich verdiente nichts mehr, sondern zahlte eher drauf. Das versperrte mir auch die Rückkehr in die Weryton Studios, welche sich nach dem altersbedingten Abgang Rygols inzwischen in den Händen der Weindorf-Brüder befanden. Wie gerne wäre ich durch den Kauf von Anteilen in das lukrative und produktive Geschäft an vertrauter Wirkungsstätte eingestiegen. Mir fehlten jedoch die Moneten.

Der Anfang vom Ende begann. Selbst Namen, die lange Zeit als Attraktionen gegolten hatten, lockten niemanden mehr. Die von mir betreute Juliane Werding – ehemals eines der besten Pferde im Stall der WEA Hamburg – oder Nicki etc. gehörten der Vergangenheit an. Deren Züge waren abgefahren. Zu ihrem Glück blieben sie allerdings finanziell weich gebettet zurück. Auch die Spider Murphy Gang bekam ab Beginn des beschriebenen Wandels in der Musikszene kaum noch Plattenverträge.

Mein letztes Projekt mit der Ariola fiel in der Publikumsgunst genauso durch wie jenes, das ich im Zeitraum von 2000 bis 2002 zusammen mit der Virgin in München gestaltete. Beim zuerst Genannten erinnere ich mich noch, dass es eine tolle Sängerin war, mit der ich ein Techtelmechtel unterhielt. Aus irgendeinem Grund wollte sie unbedingt an den großen Gitarristen von Udo Lindenberg herankommen. Komischer Vogel, die Frau. Warum das Virgin-Projekt nicht funktionierte, blieb mir ein Rätsel. Die im Mittelpunkt der Förderung stehende Münchener Gruppe Cagey Strings war richtig gut, und ich schrieb denen einen Song, der beim Radiosender Antenne Bayern zum Marathon-Hit avancierte. Das bedeutete nichts anderes, als dass er in Dauerschleife lief. Das eigentlich als B-Seite zum Song *Jetzt oder nie* geplante Stück *Oh Rosalie* schallte mehrmals am Tag über den Äther. Darüber hinaus befanden sich auf dem zugehörigen Antenne-Bayern-Sampler noch drei weitere Lieder von mir. Demnach hätte doch alles glatt laufen müssen. Tat es aber nicht. Der Rubel weigerte sich beharrlich zu rollen.

Im Zuge der wechselnden Rahmenbedingungen änderten sich auch die Künstler. Sie mieden es für mein Gefühl plötzlich, dass ich als Begleiter Hand an ihre Karriere legte. Das leuchtete, mit Abstand betrachtet, aber völlig ein. Mir haftete das Etikett »out«, »nicht angesagt« oder »wenig Erfolg versprechend« an.

Diese nüchterne Betrachtung gelang mir damals aber noch nicht. Verständnislos registrierte ich nur intuitiv die Distanzierung der Interpretinnen und Interpreten, ohne es weiter zu hinterfragen. Mir war es auch zu mühselig, eine schlüssige Erklärung dafür zu finden, warum sich die bis dato mit mir interagierenden Konzerne zurückzogen. Ich beließ es bei der für mich bequemen, jedoch dämlichen Einstellung, selbst keine Schuld zu haben.

Gemäß meinem Credo, abzuwarten, bis sich die Lage wieder normalisierte respektive sich Erfolg einstellte, wartete ich geduldig ab. Schließlich hatte sich dieses Konzept bei ausbleibender Kreativität bisher als tragfähig erwiesen. »Es wird schon etwas kommen. Läuft doch eigentlich alles super. Warum sollte sich daran etwas ändern?«, kreiste mir mantraartig benebelnd im Kopf herum, und zwar so lange, bis ich den Anschluss komplett verlor.

Als ich den gravierenden Erfolgsabfall bemerkte, war der Abstand zu angesagten Personen und wichtigen Institutionen im Business schon so groß, dass es eines enormen Aufwandes bedurft hätte, diese Kluft wieder zu schließen. Eigenes Engagement, persönliches Auftreten, Vorstellen bei potenziellen Auftraggebern und althergebrachtes Anbiedern wäre nötig gewesen, um einen schwerwiegenden Karriereknick als Produzent, Komponist, Texter und Schlagzeuger abzuwenden. Der Weg heraus aus dem Loch konnte nur über Eigeninitiative gehen, welche aber einen erfolglosen Kampf gegen meine Trägheit ausfocht. Zu dem Versuch, mich aufzuraffen, kam es einfach nicht. Meine Arroganz, Eitelkeit und Verklärung gaben mir vor, es nicht nötig zu haben, hinter anderen herzulaufen. Rückbetrachtend muss ich zugeben, dass dieses blinde Vertrauen darauf, die Aktivität anderer würde mir wieder aus dem Sumpf helfen, reichlich naiv, sogar dumm war.

Darüber hinaus gab es auch noch die Charakterschwäche des Jähzorns, die meine Situation mit verantwortete. Zumindest konnte ich das nicht ausschließen. Das eine oder andere Mal rastete ich wegen Nichtigkeiten und Trivialitäten rabiat aus. Dann flammte die »Trojan Power« auf. Der unverzeihliche Wesenszug machte mich unberechenbar, zu einem Pulverfass auf zwei Beinen. Das schreckte sicherlich ab, genügte neben der arroganten

Lethargie aber nicht, die um sich greifende Distanzierung meiner Person gegenüber zu begründen.

Mein aufbrausendes Temperament war nie böse gemeint. Ich sah es sogar als harmlos an und fand die Ausbrüche in der Nachbetrachtung immer lustig. Vielleicht sah ich mich selbst auch ganz anders, als andere mich wahrnahmen. Möglicherweise unterschied sich also meine Selbsteinschätzung gravierend vom Fremdbild. Inwiefern die Schere auseinanderklaffte, war für mich schwer bis unmöglich zu beantworten. Mir fehlte nahezu jegliche Vorstellung davon, welche meiner Eigenarten konkret die Talfahrt forcierten. Hätte mir damals jemand plausibel meine Versäumnisse, meine Schwächen, meine Vergehen vor Augen geführt, wäre es mir ein Leichtes gewesen, all die Vorwürfe zuzugeben und mich gegebenenfalls zu entschuldigen. Das wäre problemlos gelaufen. Leider sprach mit mir aber keiner darüber, und ich war nicht in der Lage, mich selbst zu analysieren. Zusammenfassend litt ich wohl an so etwas wie mangelndem Reflexionsvermögen in Einheit mit Selbstverherrlichung.

Um meiner Kreativität trotz der widrigen Rahmenbedingungen eine Plattform zu geben, richtete ich mir ein eigenes Musikstudio ein. Dazu kaufte ich die Gerätschaften eines kompletten Wery-ton-Studios. Ungefähr 300 bis 400 Meter von unserer schönen Behausung entfernt mietete ich in einem Hinterhof eine Unterbringung, in der die Sachen wie Mischpult, Keyboard, Synthesizer und Schlagzeug ein neues Zuhause fanden. Mein Gedanke war, mir eine kontinuierliche und erschwingliche Einnahmequelle zu verschaffen, und durch den Umzug umging ich die ansonsten permanent anfallenden teuren Studiomieten.

Auf der Suche nach Inspirationen für neue Projekte, der Zusammenarbeit mit anderen Künstlern oder einfach um gute Musik zu hören, schlenderte ich oft im Münchener Nachtcafé umher, das Ende 2005 seine Tore schloss. Im Jahre 2004 fand dort eine LP-Premiere statt, bei der unter anderem Roald Raschner aufspielte. Der hatte just in dem Jahr die Gruppe Haindling verlassen. Seit der Gründung 1983 war er ihr 21 Jahre als Keyboarder,

Klavierspieler, Gitarrist, Sänger verbunden gewesen. Nun wollte er sich verstärkt um seine eigenen Projekte kümmern.

Unter den geladenen Gästen befanden sich ausschließlich Musiker, und wie es unter ihnen üblich war, kifften und koksten sie auf Teufel komm raus. Aus welchen Gründen auch immer blieb ich an diesem Abend nahezu clean und beschränkte mich auf zwei kleine, leichte Weißbiere. Die härtere Drogenzeit lag ja sowieso hinter mir, wo sie auch bleiben sollte. Am Ende der Veranstaltung ging ich zu meinem Wagen, aber eine Polizeikontrolle unterbrach meinen Aufbruch. Das Ergebnis des Alkoholtests unterstellte mir 0,54 Promille, was mir lediglich ein verständnisloses Kopfschütteln entlockte. Meiner Neigung als Großmaul die Ehre gebend, stänkerte ich: »0,54 Promille? Wie soll das gehen bei zwei kleinen, leichten Weißbieren? Das glaube ich euch nicht.« Umgehend verfrachtete man mich wie einen kleinen Ganoven auf die Wache, wo man mir in einem riesigen Raum auftrug, in einen überdimensionierten Computer zu pusten. Das diente zur exakten Feststellung der Blutethanolkonzentration.

Darüber hinaus verstieg sich einer der Polizisten, von mir einen Haartest zur Überprüfung sonstigen Drogenkonsums wie THC (Tetrahydrocannabinol; hauptsächlich verantwortlich für die berauschende Wirkung der Hanfpflanze) zu verlangen. Selbstzufrieden und arrogant lehnte ich mich zurück, grinste mein Gegenüber an und dozierte eher, als dass ich nüchtern feststellte: »Du« – mir war die nahbare Anrede in Fleisch und Blut übergegangen, weil man das Du in Künstlerkreisen wie selbstverständlich benutzte – »für einen Haartest brauchst du eine richterliche Verfügung. Ich war zehn Jahre lang kokainsüchtig, ich kenne mich da aus.« Der anschließende dumme Blick des Bullen ließ mich vor Vergnügen fast einnässen, aber mein Anstand hinderte mich glücklicherweise daran.

Nach völliger Ausnüchterung brachten mich die beiden Polizisten zurück zu meinem Auto. »Herr Trojan, gute Nacht«, verabschiedeten sie sich noch freundlich. Ich hätte aber wetten können, dass ihnen andere, weniger wohlgesinnte Formulierungen auf der Zunge lagen.

Zugegebenermaßen war an diesem Abend das Glück auf meiner Seite gewesen. Die Gewohnheit lang vergangener Tage hätte mir ein weitaus höheres Maß an stimmungsbeeinflussenden Mitteln abgetrotzt. Dann wäre nicht nur der Führerschein weg gewesen, sondern auch meine Lebensqualität stark gesunken. Die Bestrafung hätte nämlich darin bestanden, regelmäßige Amtsarztbesuche zur Überprüfung des Drogenkonsums abzuleisten. Eines bestätigte mir der Vorfall jedenfalls sehr deutlich: Man musste sich wehren. Ansonsten bestand die Gefahr, dass andere Menschen nach Belieben mit dir umsprangen.

Der Umzug in ein eigenes Studio tat der Abwärtsspirale keinen Abbruch. Aufträge blieben Mangelware bis Fehlanzeige, von Künstlerbetreuung ganz zu schweigen. Obzwar per Telefon und E-Mail Leute nach Songs fragten, wofür ich dann Musik machte, ging es nie in die konkrete Umsetzungsphase. Das entsprach bedauerlicherweise dem Normalfall in der Szene. Es herrschte bei mir in jeder Hinsicht Ebbe: beruflich, sozial, persönlich. Ich brachte noch nicht einmal die Motivation auf, meinem Studio zum Anlocken potenzieller Kunden einen griffigen, plakativen Namen zu verpassen. Die Position verwaister Arbeitsaufgaben füllten Alkohol und Zigaretten in rauen Mengen. Es ging nur noch bergab.

21

NIEDERGANG UND ABSTURZ

»Tiefer geht's nimmer«

Ausgestattet mit dem nötigen Equipment nebst Wissen wartete ich darauf, Künstlerinnen und Künstler betreuen zu dürfen. Mir wäre es auch recht gewesen, selbst als Musiker in anderen Aufnahmeräumen oder live in Aktion zu treten. Die Aufträge ließen aber auf sich warten, flossen nur sporadisch oder blieben temporär ganz aus. Schlagzeugengagements in der Partyband *Ohlala*, der Partycombo Die Derbys, der Rockformation The Rocking – Harry Band (2005), der Gruppe The Zeitgeist und gelegentlich bei Hermann Dunkel And The CCR Tribute Band (Anfang 2006 bis Mitte 2009) gewährleisteten bei 200 bis 300 Euro pro Auftritt Monatseinnahmen von circa 1.500 bis 2.000 Euro.

Die Derbys waren die Hausband des angesagten Bratwurst Glöckl, das in der Nähe der Marienkirche in München lag. Es war die Stätte, an der ich ein einziges Mal nach dem Entsagen vom Kokain noch einmal schwach wurde. Bei der Party dreier sehr berühmter deutscher Schauspieler spielten wir auf, und in der Toilette war eine Kabine ausschließlich zum Schniefen reserviert. Ständig lag dort eine fertige Linie zum Verbrauch parat. Da konnte ich einfach nicht Nein sagen und schlug zu beziehungsweise sog ein.

Viele Prominente besuchten das Bratwurst Glöckl wie der Starkoch Eckart Witzigmann oder der 2005 ermordete schillernde Modedesigner Rudolph Moshammer. Neben der allgegenwärtigen Daisy, seiner Hündin in Handtaschengröße, hatte Letzterer auch stets eine Dame im Schlepptau, um vom Gerücht, er sei homosexuell, abzulenken.

Michi Beck, Wirt des Kneipenrestaurants, hatte den Laden Ende der 80er übernommen und mithilfe dieser wahren Goldgrube ein Leben in Saus und Braus geführt. Champagnerpartys im P1, Box in der Allianz Arena, Fuhrpark mit Bentley und Ferrari stellten nur einen kleinen Auszug seiner extravaganten Gewohnheiten dar. Mag sein, dass er dadurch den Überblick verlor. Zumindest fuhr Michi das Glöckl finanziell gegen die Wand. Damit konnte er die monatliche Leibrente, die er seinem Vater versprochen hatte, nicht mehr einlösen. Fortan hing dieser am Tropf von Hartz IV. Staatsanwaltschaftlich wegen Unregelmäßigkeiten bei der Insolvenz verfolgt, flüchtete Beck zusammen mit seiner philippinischen Frau nach Manila. Zu allem Überfluss verließ ihn dort die Gattin nach 17 Jahren Ehe. Das alles sollte der als sehr emotional geltende Michi nicht mehr verkraften und sich schlussendlich Anfang 2009 erhängen.

Der Verdienst, den ich in den verschiedenen Tanzbands erzielte, reichte natürlich nicht, um große Sprünge zu machen. Ich fischte im trüben Niemandsland und schob schlechte Laune. Daran änderten auch vereinzelte spaßbringende Tanzbandauftritte mit den Derbys in Bodo's Backstube auf dem Münchener Oktoberfest nichts. Im Gegenteil, sie brachten mich zum Teil unliebsam in Versuchung.

Tagsüber diente Bodo's Backstube dazu, den Gästen mittels Kaffee, Gebäck, Kuchen und Torte das Geld aus der Tasche zu ziehen. Abends wechselte das Programm in Party nonstop. Konstant blieb nur eines, und zwar ein Tisch, auf dem permanent ambienteverzierend eine volle Magnumflasche Champagner stand. An dieser Tafel nahmen Tag für Tag ausschließlich die größten Luden der Stadt Platz, natürlich stets in Begleitung der hübschesten Mädels, die man sich vorstellen konnte. Über die wachten wiederum eigens angestellte Leibwächter, welche die Schönheiten vor dem lüsternen Übergriff und dem gierigen Antatschen des gemeinen Wiesn-Pöbels abschirmten.

»Hey Trojan, du bist ein geiler Drummer. Hier nimm!«, wendete sich einmal einer der Bordsteinschwalbenzüchter nach einem Trommelauftritt an mich und drückte mir ein 10-Gramm-Tütchen Kokain in die Hand. Zu dumm nur, dass mich das Verlangen, jenes Zeug zu konsumieren, verlassen hatte und es mir wichtig war, weiter sauber zu bleiben. Deshalb durfte sich irgendein Bedürftiger über ein Geschenk von mir freuen. Damals wäre jeder Haartest auf Drogen bei mir negativ ausgefallen.

Ich sah die Zuhälter im Zelt nie besoffen, obwohl sie sich ausgiebig dem Koks hingaben und gleichzeitig tranken, was das Zeug hielt. Immer herrschte Remmidemmi bei dem feierfreudigen Haufen. Die waren alle richtig gut drauf und genossen das Leben. Keine Spur von der kriminellen Energie, welche ihnen ansonsten innewohnte.

Auf Dauer ermüdeten mich die Zeltbeschallung und die biergeschwängerte Veranstaltungsatmosphäre bei der Derbys-Truppe. Den ganzen Abend nur für Ufftata-Ufftata beziehungsweise Humba-Humba-Tätärä-Mucke zu sorgen, machte mich auf lange Sicht bekloppt. Es half auch nichts, dass sich in den Bands wirklich gute Musiker verdingten. Ich gewann zwar vielen Stilrichtungen der Unterhaltung etwas ab, probierte gerne aus, brauchte aber auch die Abwechslung. Die Auftrittsorte beim Oktoberfest unterforderten mich. Ich packte das nicht mehr, war schon lange dem Alter des bloßen Bespaßungsdienstes entwachsen. Mein Selbstverständnis verlangte von mir – wenn schon –, in einer richtig geilen, kreativen, innovativen Band zu spielen. Es meldete sich aber keiner. Meine gewohnte musikalische Umgebung hatte ich vergrault. Vielleicht war sie der Meinung, dass der Trojan wegen Alkoholproblemen keine gute Leistung mehr zeigte, dass er womöglich sogar ganz in Unzuverlässigkeit und Weltfremdheit abgerutscht sei. Aus meiner Sicht hatte ich aber nie ein Problem mit dem Hochprozentigen. Typisch uneinsichtiger Abhängiger.

Passend zur verfahrenen Situation verfiel ich wieder darauf, zu Hause wie ein nasser Sack dahinzuvegetieren. Damit flammte zwangsläufig das alte Diskussionsthema wieder auf. »Mensch Franz, kannst du dich nicht endlich mal wieder aufraffen, etwas zu tun!?«, versuchte meine Frau, auf mich einzuwirken. Das alte

Geschmonze halt. Allerdings traf der verbale Hinterntritt ins Schwarze.

Längere Zeit konnte ich den Lebensstandard durch Erspartes noch halten. Der anhaltende Misserfolg fraß dieses Polster jedoch allmählich auf. Dazu gehörte auch die Summe, über welche ich durch den Verkauf der beiden Bauherrenmodellwohnungen verfügte. Schlussendlich hatte ich sie weit unter Wert anpreisen müssen, um überhaupt noch finanziell flüssig zu sein. Außerdem waren mir deren Schuldabzahlungen unmöglich geworden. Am Ende dieses schicksalhaften Trauermarsches kündigte mir meine Frau eines Tages im Jahr 2007 – zugegeben nach Jahren des Verzeihens und manchmal auch des Mitleids – an, samt Kindern in eine andere Wohnung zu ziehen. Der Bruch war lange abzusehen gewesen, denn das Feuer des Zusammengehörigkeitsgefühls hatte schon lange aufgehört zu brennen.

Genau zum gleichen Zeitpunkt durfte ich beim 75. Geburtstag des bis heute nie angemessen gewürdigten Gitarristen Paul Würges *(Olympic Nights)* einen persönlichen Höhepunkt erleben. In der angesagten Gaststätte Heide-Volm in Planegg nahe München veranstaltete er eine Riesenparty. Geladene Gäste wurden gegen ein Entgelt von 30 Euro in den rund 1.000 Menschen fassenden Festsaal eingelassen. Die Hütte war restlos ausverkauft.

Neben dem Gastgeber samt seiner Band spielte eine junge Gruppe aus dem Osten. Der »special guest« jedoch toppte für mich alles und trieb mir einen wohligen Schauer der Erinnerung und Nostalgie über den Rücken: The Comets, die ehemalige Band von Bill Haley, dem personifizierten Urknall des Rock 'n' Roll. Im Grunde genommen hatte er mit *Rock Around the Clock* die Spider Murphy Gang erst möglich gemacht.

Bis auf den Pianisten Johnny Grande, der im Jahr zuvor verstorben war, lebten von den Comets alle noch. Hätte sich der Gitarrist Franny Beecher nicht kurz vor Antritt der Reise einer Augenoperation unterziehen müssen – er wurde von Jackson Haney vertreten –, wären sogar 80 Prozent der Originalbesetzung da gewesen. Joey D'Ambrosio (Saxofon, 70 Jahre), Marshall Lytle

(Kontrabass, 70 Jahre) und Dick Richards (Schlagzeug, 81 Jahre) tourten gerade mit Ergänzungsmusikern weltweit und waren für ihren Freund Paul Würges extra aus Paris angereist. Die drei legten trotz des hohen Alters einen Megagig ab, ein Feuerwerk der Spielfreude.

Der Höhepunkt sollte für mich aber erst noch kommen. Nach der Show der Comets enterte der Gastgeber die Bühne. Er bedankte sich für die ihm erwiesene Ehre, dass die alten Haudegen so grandios aufgespielt hatten, und rief dann: »Hey, außerdem ist mein alter Freund Franz Trojan da. Komm, Franz, geh rauf auf die Bühne!« Unter Applaus schritt ich mit wackeligen Knien nach vorne, behaftet mit der Frage, was ich da oben überhaupt sollte. Ich konnte doch wohl schlecht Dick Richards seinen angestammten Platz wegnehmen. Gott sei Dank befanden sich am Ort des Geschehens aber zwei Schlagzeuge, sodass sich jeder von uns austoben konnte. Auf diese Weise durfte ich mich in die Comets-Truppe einfügen, und es war ein Riesenvergnügen, mit diesen alten Rock-'n'-Roll-Legenden zu spielen. Mein 81-jähriger Trommlerkollege massierte die Felle wie ein junger Gott. Wir präsentierten ein Schlagzeugsolo und ergänzten uns fantastisch. Dick legte acht Takte vor, ich antwortete mit acht Takten, dann wieder Dick, anschließend erneut ich … wir trieben uns gegenseitig zu immer neuen Höhepunkten, und der Saal kochte parallel dem Siedepunkt entgegen. Es war der Wahnsinn und für mich ein unvergessliches Erlebnis.

Beim Zechen nach der Show – ein ungeschriebenes Musikergesetz – erzählte mir Marshall Lytle, dass die Jungs 1954 für das Einspielen von *Rock Around The Clock* in New York jeweils gerade einmal 17 Dollar bekommen hatten. Man lasse sich das langsam im Kopf herumgehen: Der Song war ein Megaseller, gehört zu den bekanntesten Tracks aller Zeiten! Dafür einen derartigen Hungerlohn zu bekommen, kann man nur als Hohn bezeichnen.

Ursprünglich hatte die Begleitband von Bill Haley mit Rock 'n' Roll nichts am Hut gehabt. Sie war eher im Jazz beheimatet gewesen. Deren Vertreter swingten und groovten vornehmlich, was die Instrumente hergaben, anstatt ordentlich Gas zu geben.

Im März 2007 hatten die Interpreten von *Rock Around the Clock, See You Later, Alligator* und *Shake, Rattle And Roll* ihre Anwesenheit in Deutschland genutzt, um den Grundstein für das weltweit erste und einzigartige Bill Haley Museum in Münchens Stadtteil Milbertshofen zu legen. Im Oktober desselben Jahres sollte es von Bill Turner, bis 1976 Leadgitarrist der Comets, eröffnet werden. Seitdem beherbergt die Ausstellung Hunderte von Fotos, (Goldene) Schallplatten, Originalinstrumente, Auszeichnungen … eben alles, was ein Bill-Haley-Fanherz höher schlagen lässt.

Als ich vom Aufenthalt in München zurückkam, bot sich mir ein unwirkliches Bild. Quasi über Nacht war meine Frau ausgezogen und hatte die ganzen Möbel mitgenommen. Ich sah nur völlig leer geräumte Zimmer, die kurz zuvor noch, wenn auch für mich trostloses, Leben versprüht hatten. Mir war das zwar alles andere als wurscht, ich habe sehr gelitten, aber so läuft das eben, dachte ich bei mir. Die gemeinsame Zeit war zu lang gewesen. Wir hatten uns auseinandergelebt, hatten uns immer mehr auf verschiedenen Wegen befunden, waren unterschiedlichen Interessen nachgegangen. Kein Wunder, dass man sich dann aus den Augen verlor. Gehässig-verärgert fügte ich im Stillen hinzu: Das ist so typisch. Kohle weg – Frau weg.

Bei näherer Betrachtung sah die Sachlage aber anders aus. Mit der Anklage versuchte ich nur, mein Gewissen zu beruhigen, denn als ich länger und reflektierter nachdachte, verstand ich die Entscheidung meiner Gattin nur zu gut. Um mir selber gegenüber ehrlich zu sein, musste ich zugeben, dass ich viel zu oft enttäuscht hatte. Welche Frau kann schon dauerhaft ein Eheleben ertragen, in welchem der Mann wie selbstverständlich fremdgeht, ausgiebig säuft, faulenzt, Gleichgültigkeit gegenüber der Familie zeigt, sich immer bei anstehenden Aussprachen verdrückt und zur Krönung kein Geld nach Hause bringt? Letzteres war allerdings nie der springende Punkt.

Im selben Jahr bekam ich, soweit ich mich erinnern kann, die Anfrage, ob ich bereit wäre, zum 30. Jubiläum der Spider Murphy Gang zu trommeln. »Na, i hob koa Lust. Mit den Spiders mach i nix mehr. Des is' vorbei, weil die Umstände dagegen sprechen«, antwortete ich. In Wirklichkeit lehnte ich ab, weil sich in mir eine unüberbrückbare Hemmschwelle auftat. Wie sollte ich denen denn nach der ganzen Zeit des fehlenden Kontaktes gegenübertreten?, sinnierte ich.

Zwei Jahre nach der Trennung 2007 zog meine Frau den endgültigen Schlussstrich, indem sie die Scheidung einreichte. 30 Jahre Ehe lagen hinter uns … obwohl … die Hälfte musste man abziehen, denn ich war ja kaum zu Hause gewesen. Gleichwohl: Die Abwesenheit hatte nichts daran geändert, zusammen zu sein.

Unter der Mithilfe eines Rechtsanwaltes einigten meine Frau und ich uns auf gütliche Art. Durch meine Unbeschwertheit und Leichtsinnigkeit hatte ich den einstigen Reichtum im Erdinger Moos versenkt. Deshalb war es mir unmöglich, ihr und den Kindern etwas an Unterhalt zu zahlen. Umgekehrt wollte ich auf gar keinen Fall finanzielle Unterstützung von meiner Exgattin einfordern. So viel Stolz besaß ich immerhin. Schließlich reichte der Verdienst ihrer Arbeit gerade so, um selber durchzukommen. Es war das einzige Mal in meinem Leben, dass ich in Absprache mit der Mutter meiner Kinder die Dienste eines Winkeladvokaten nutzte. Der vertrat uns gemeinsam und verhinderte es, dass der Staat unverhältnismäßig mitkassierte. Womöglich hätte die Gerichtsverhandlung ansonsten länger gedauert als nötig.

Die für eine Person viel zu große und unbezahlbare Wohnung gab ich auf und machte es mir in meinem Studio gemütlich. Ein Bett und ein Kleiderschrank fanden dort Platz, und ein Bad war ebenfalls vorhanden. Das genügte mir, um zufrieden zu sein … zumindest so lange, bis mir geldliche Unregelmäßigkeiten auch dieses Refugium entwendeten. Meine Exfrau bezahlte bis dahin sowohl ihre Wohnung als auch das Studio, damit ich ein Dach über dem Kopf besaß. Dabei hatte sie selbst kaum Geld und verkaufte sogar ihr Auto, um weiter Unterstützung bieten zu können. Irgendwann aber reichten die Mittel nicht mehr aus.

Der Vermieter wollte die Unterkunft erfolgreich weitervermieten. Er pochte auf Eigenbedarf, und ich lieferte mit den ausbleibenden Zahlungen zusätzlich einen Grund für meine Entfernung. Dabei hätte ich die Schulden begleichen können. Nur trudelten bei mir stets verzögert schubweise Geldbeträge ein wie zum Beispiel GEMA-Zahlungen. Just in dem Moment, als die Kündigung einflatterte, bekam ich wieder etwas. Da die Kommunikation zwischen dem Wohnungsbesitzer und mir nur noch über den rechtlichen Beistand lief, eilte ich hoffnungsfroh zu den Anwälten, deren Kanzlei sich schräg gegenüber befand. Ich wedelte mit den Scheinen und rief freudestrahlend: »Hallo Jungs, ich will bezahlen.« Mitleidig und ernst beschied man mir aber die unumstößliche Entscheidung ihres Klienten: »Zu spät, raus!«

Innerhalb einer Woche musste ich alles geräumt haben. Es begann eine Episode der vorübergehenden Notlösungen, denn es blieb mir versagt, längerfristig planen zu können. Zunächst durfte ich zwei bis drei Wochen bei einem Freund namens Andi wohnen, der mir auch beim Umzug half. Den brachten wir in einem geliehenen VW-Bus über die Bühne. Mein heiß geliebtes, 40 Kanäle umfassendes, vier Meter langes Mischpult veräußerte ich gezwungenermaßen. Nachdem der Hausbesitzer von Andi spitz bekam, dass ein Untermieter dort wohnte, verweigerte er sein Einverständnis. Danach kam ich bei zwei Schlagzeugkollegen in einem Dorf unweit von München unter. Auf einem mächtigen Bauernhof wohnten die beiden in einer Art WG, zu der auch die Ehefrau des einen zählte. Nach ungefähr zwei bis drei Wochen ergab sich die Möglichkeit, zurück in meinen ursprünglichen Wohnort zu ziehen. Ein Bekannter hatte ein Einfamilienhaus geerbt, welches er alleine bewohnte. Hier konnte ich mit meinem gesamten Mobiliar samt dem Rest meines Studios in der ersten Etage einziehen und mich ausbreiten. Auf einen Mietvertrag verzichteten wir … was ich zu meinen Gunsten aber besser gemacht hätte, denn mein Bekannter war meiner Meinung nach ein Psychopath. Er lebte davon, Dealer zu sein, schlief bis zwölf Uhr mittags und verbrachte den Rest des Tages Bier saufend und kiffend, ohne etwas zuwege zu bringen. Eigentlich hätte mir das egal sein können, nur bezahlte ich ziemlich viel für die Unterkunft und übernahm darüber hinaus noch die Kosten für die Heizung, Einkäufe etc. Deshalb traute ich mich, ihn eines Tages beim Abendessen anzupflaumen: »Wie kann man nur so leben wie du!? Du liegst bis zwölf Uhr mittags im Bett, kiffst und säufst dann und verpennst den ganzen Tag!« Verärgert und missmutig verließ der so Angegangene den Tisch und ging nach unten. Unmittelbar darauf erschien der Hausbesitzer wieder. Er war mit einem langen Messer bewaffnet, das er mir an den Hals hielt. »Verpiss dich, verlass sofort mein Haus!«, schleuderte er mir hysterisch schreiend entgegen. Der Aufforderung kam ich sogar nach, allerdings erst nachdem ich ihm mittels eines geschickten Handgriffs das Stichwerkzeug entwendet hatte.

Von Stund an kam ich nun nicht mehr in die Wohnung hinein, in der sich aber noch meine sämtlichen Habseligkeiten befanden. Ich stand völlig unversorgt da. Die prekäre Lage trieb mich sogar zur Polizei, um mir Rat zu holen. »Gehen Sie zum Gericht und belangen Sie den Vermieter. Der muss Sie hineinlassen«, gaben die Beamten mir mit auf den Weg. Die Umsetzung des Vorschlags war mir jedoch zu blöd. Außerdem wusste ich nicht, wohin ich die Gegenstände hätte bringen sollen. Dementsprechend blieb alles vorerst an seinem Platz.

Nach dem Rausschmiss stand ich vor einem dunklen Loch, einem kompletten Desaster. Ich war sozial und beruflich im Abseits, allumfassend ruiniert und wusste nicht mehr weiter.

Wie gut hätte ich damals Hilfe gebrauchen können. Mit Sicherheit wussten sehr viele Menschen von meinem Niedergang, wozu auch angeblich treue Weggefährten, vermeintliche Begleiter durch dick und dünn gehört haben dürften. Leider bewahrheitete sich an mir die Weisheit »Wenn du Erfolg hast, hast du viele Freunde. Wehe aber, er verlässt dich …«. Auf dem Höhepunkt meiner Karriere war ich gern gesehen gewesen, hatte Einladungen zu allen möglichen Anlässen bekommen. Man hatte mich auf ein Podest gehoben, und mir war das zweifelhafte und vergängliche Abzeichen der Wichtigkeit angeheftet worden. Ganz unten wollte niemand etwas von mir wissen, sondern man kehrte mir den Rücken zu.

Zum Beispiel ließ mein ehemaliger Bandkollege und WG-Partner vergangener Spider-Murphy-Gang-Tage Günther Sigl nichts von sich hören. Das ärgerte mich besonders. Bereits daran gewöhnt, dass der Rest der Band mich ablehnte, sah ich Günther immer noch als Freund an, allein schon wegen der langen, zusammen durchlebten Vergangenheit. Mir war nie ein schlechtes Wort über die Band, insbesondere über ihn, über die Lippen gekommen. Die Umstände waren sogar so, dass ich seit meinem Ausstieg kein Konzert der Gruppe besucht hatte, mir somit selbst die Grundlage einer Kritik nahm. Warum also diese Ignoranz? Am liebsten hätte ich Günther in einem Telefonat direkt nach den Ursachen der Reserviertheit gefragt, was ohne Schwierigkeit möglich gewesen wäre, denn ich besaß seine Nummer … Meine Unsicherheit blockierte jedoch den Griff zum Hörer. Außerdem kannte Günther schließlich auch meine Rufnummer …

Besonders traurig zeigte sich die Abkehr an meinen Schwestern, die – alle gut verheiratet – in gesicherten Verhältnissen und schönen Häusern lebten. Mir vermittelte sich der Eindruck, dass ich ihnen ehedem gut genug gewesen war, um von mir profitieren zu können und sich mit mir zu brüsten. In der dunklen Phase herrschte nun Funkstille.

Meine Exfrau kappte ebenfalls jede Verbindung zu mir, und damit verlor sich auch der Kontakt zu meinen Töchtern, die ich abgöttisch liebte. Ich machte den beiden aber keinesfalls Vorwürfe. Im Gegenteil, deren Reaktion war verständlich, hatte der Stern, unter dem unsere Ehetrennung vollzogen worden war, doch atmosphärisch schlecht gestanden.

Bei allen Vorwürfen und Verwünschungen, die ich gegenüber meiner Umgebung absonderte, ertappte ich mich aber auch oft bei dem selbstbezichtigenden Gedanken: Ey Franz, dass alle sich von dir abwenden, ist die Quittung für dein jahrelanges mieses Verhalten. Da brauchst du dich nicht zu wundern.

Zu allem Überfluss ritt ich mich noch tiefer hinein. Im August 2009 kaufte ich in einer Drogeriemarkfiliale ein. Ravioli, Zahncreme, Spaghetti wanderten in meine Tüte, und ich schlug den Weg zur Kasse ein. Welcher Teufel mich ritt, mir dort reflexartig, wie in Trance zusätzlich eine Zigarettenschachtel im Wert von 5,75 Euro in die Jackentasche zu stopfen, bleibt mir bis heute ein Rätsel. Alle anderen Sachen landeten ordnungsgemäß auf dem Laufband und wurden von mir bezahlt.

Wie es kommen musste, ertappte mich eine Verkäuferin. »Sie haben eine Zigarettenschachtel eingesteckt«, stellte sie mich unvermittelt zur Rede. Erschrocken holte ich sofort das Objekt heraus und gab es, Unheilvolles ahnend, zurück. »Tut mir leid«, bat ich um eine Entschuldigung, »das wollte ich nicht. Ich muss wohl in Gedanken gewesen sein.« Die Frau schenkte meinen Beteuerungen jedoch keinen Glauben, obwohl mir der Nachweis gelang, dass mein Geld zum Bezahlen der Glimmstängel gereicht hätte.

Es folgten eine Anzeige und mehrere Gerichtstermine vor einem Amtsgericht unter der Anklage »Diebstahl von geringwertigen Sachen«. Dem Prozess standen sage und schreibe drei Weiber vor: die Richterin, die Staatsanwältin und eine Schreiberin. Eine schöner als die andere. In die Vorsitzende hätte ich mich glatt an Ort und Stelle verlieben können. Neben dem Triumvirat waren auch Zeugen geladen, und auch die Presse saß im Saal. Also alles am Start. »Ich verstehe nicht«, sagte ich erstaunt zur Richterin, »dass wegen so einer Marginalie solch ein Bohei gemacht wird.« Darüber lachte sie herzlich. Durch meine sofortige Geständigkeit und gezeigte Reue ging der Prozess vergleichsweise rasch über die Bühne. Am Ende verdonnerte das Gericht mich zu 225 Euro, zahlbar in 15 Tagessätzen à 15 Euro. Hinzu kamen 155 Euro Prozesskosten, sodass schlussendlich eine Gesamtsumme von 380 Euro im Raum stand.

Wenig später stand im *Freisinger Tagblatt* öffentlichkeitswirksam und brachial-reißerisch zu lesen: »Wegen einer Schachtel Kippen: Ex-Schlagzeuger von der Spider Murphy Gang verurteilt«. Von dort schwappte die Welle deutschlandweit bis nach Holland. Das Magazin der *Süddeutschen Zeitung*, der *Münchner Merkur*, Die *Tageszeitung*, *Bild am Sonntag* etc. kümmerten sich liebend gern um das Thema.

Am Ende der Verhandlungen nebst Folgewirkungen stand ich im Jahr 2010 endgültig vor den Trümmern meiner Existenz. Man könnte auch sagen, ich war völlig am Arsch. So lange hatte es bis zum absoluten Nullpunkt gedauert. Geld, Familie, Behausung, alles war weg. Noch nicht einmal etwas zu essen konnte ich mir zu dem Zeitpunkt leisten, weil wieder einmal einer der temporären finanziellen Engpässe herrschte. Es versorgte mich kein Trommelengagement, GEMA-Zahlungen erfolgten erst im weiteren Verlauf des Jahres, und ein Produktionsauftrag lag auch nicht an. Den hätte ich ohnehin nicht erfüllen können, denn mein Studio stand mir ja nicht zur Verfügung. Somit war es mir noch nicht einmal vergönnt, das alltägliche Leben bewerkstelligen zu können.

Die Talfahrt hatte nach langsamem, zögerlichem Beginn zum Schluss plötzlich dermaßen an Rasanz zugelegt, dass die Entwicklung wie eine Lawine über mich hereinbrach. Gleich einer steilen Rutsche bergab hatte mir die kontinuierlich zunehmende Geschwindigkeit zum Schluss jede Gelegenheit genommen, die Dinge zu erkennen, geschweige denn wahrzunehmen und zu verarbeiten. Niemand, der das nicht erlebt hatte, konnte sich vorstellen, wie sich so etwas anfühlte. Von der Spitze des Prominentenolymps zum abgebrannten, vereinsamten Sozialfall. Vom Spitzenverdiener zum Wohnungslosen. Das hatte ich mir in meinen kühnsten Träumen nicht vorstellen können. Seit meiner Jugend war es mir – bis auf kleine Unterbrechungen – immer gelungen, über ein gutes, zumindest ausreichendes Auskommen zu verfügen. Und nun das.

In der Folge kreiste ich orientierungslos um mich selbst und wusste nicht wohin. Nach meiner verzweifelten Anfrage um Hilfe verwies mich die Verwaltung meines Wohnortes in das ortsansässige Obdachlosenheim. Ich brauchte einige Zeit und Überwindung, es mir einzugestehen, aber es war wirklich die einzige Zuflucht für Menschen in meiner Situation.

Die öffentliche Hand übernahm lediglich die monatliche Zimmermiete in Höhe von 50 Euro, anstatt mir wenigstens Hartz IV zu zahlen. Das bestätigte einmal mehr meine schlechten Erfahrungen mit dem Amtsschimmel. Nimmermüde hatte das Finanzamt während der Erfolgsphase meine Einnahmen in Höhe von mehreren Hunderttausend Mark oder Euro zerpflückt, um auch noch den letzten Tropfen aus mir herauszupressen. Jetzt aber, in der Situation der Bedürftigkeit, taten Arbeits- und Sozialamt wiederum alles, damit ich möglichst wenig staatliche Subvention genießen durfte.

Im Sinne der Behörde war das sogar richtig. Ich war zwar vorübergehend mittellos, aber aufgrund der immer wieder einmal fließenden Gelder, die mir als Produzent, Komponist, Texter zustanden, fiel ich – streng genommen – aus dem Rahmen der Unterstützungswürdigkeit heraus. Außerdem verfügte ich noch über Wertgegenstände, auch wenn sie unerreichbar unter Verschluss waren.

Die Unterbringung im Obdachlosenheim war für mich die Materialisierung von emotionaler Brutalität und Grausamkeit. Ein unbehaglicher Schauer durchfuhr mich beim Bezug meines Zimmers, wenn es denn diesen Namen überhaupt verdiente. Mir erschien die Bezeichnung »Einzelzelle« passender. Ein Bett mit altem Bettzeug ohne Bezug, ein Tisch, kein warmes Wasser und Dusche auf dem Flur. Das war es. Mehr nicht. Ein Albtraum in schillernden Farben … die schillernden Farben von Mistfliegen.

Es brach die schlimmste Zeit meines Lebens an. Bereits morgens startete ich um acht Uhr in den Tag mit dem ersten Bier und beendete ihn mit einer Flasche Wodka. Dazwischen dehnten sich die Sekunden, Minuten, Stunden zu einer Ewigkeit. Es kam mir vor, als würde die Zeit nur widerwillig vergehen. Ständig beschäftigte mich die Frage, wie ich den Tag in der Gesellschaft von nahe-

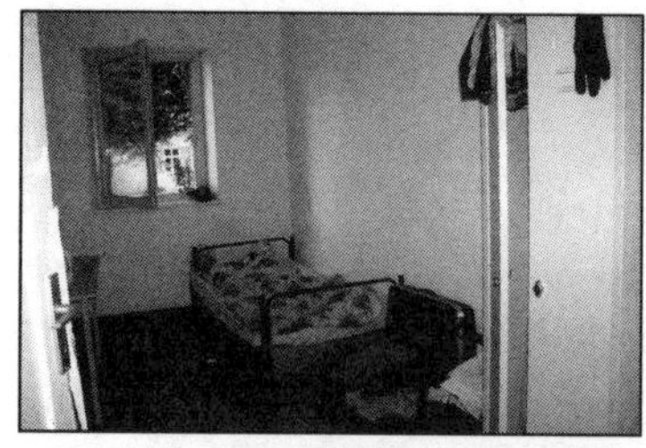

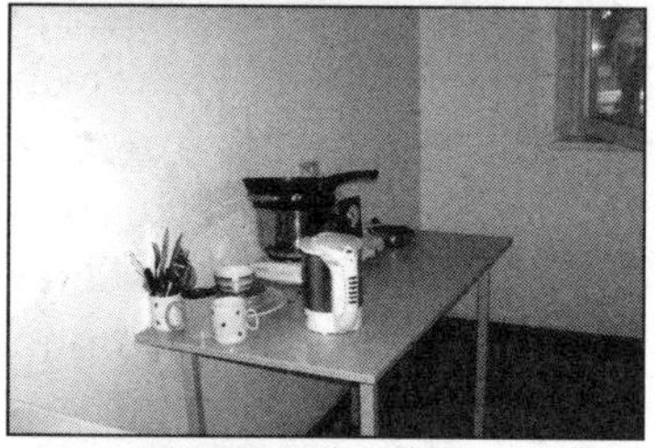

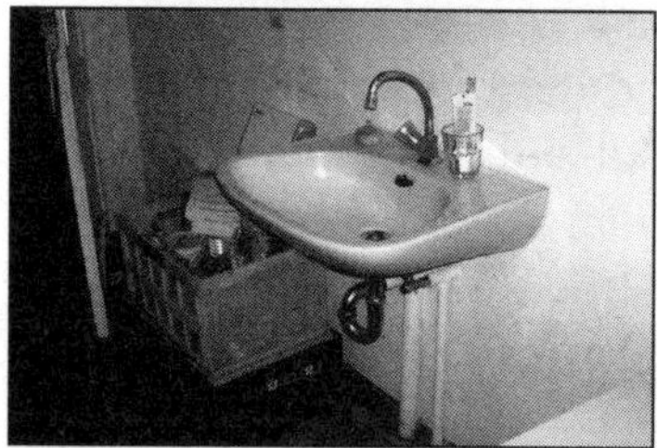

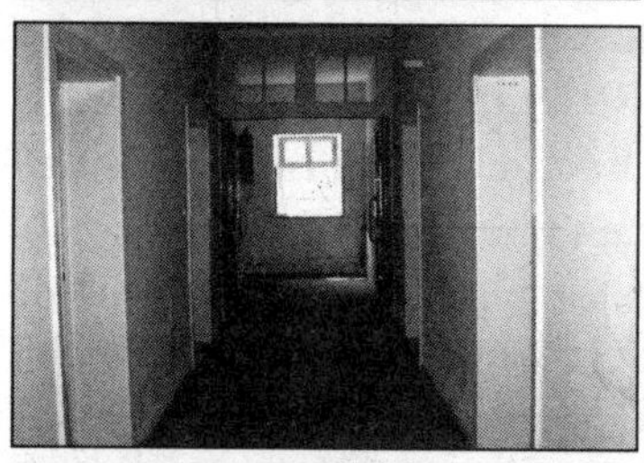

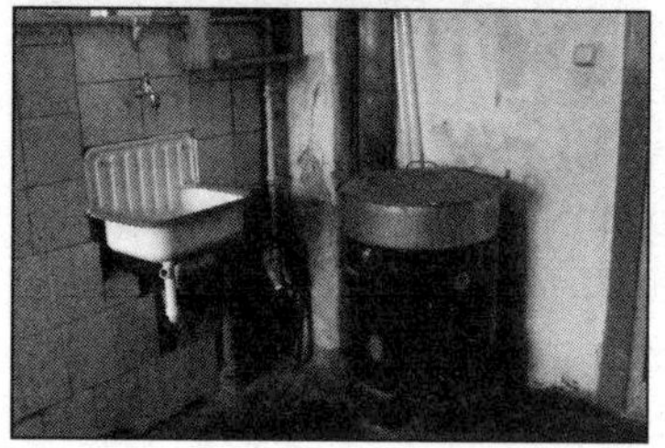

zu 100 Prozent Alkoholikern, in deren Bann ich unglückseligerweise während meines Aufenthaltes schlitterte, herumbringen sollte. Sämtliche Umstände frustrierten mich und zogen mich hinunter. Sogar meine geliebte Musik ging mir im besoffenen Zustand – meiner Dauerverfassung – auf die Nerven. Ich hatte einfach keinen Bock, keine Leidenschaft mehr. Der Tran des Alltags benebelte mich gefühlte 24 Stunden und dröhnte mich zu. Meine Gedanken bekam ich kaum einmal geordnet. Um diesem Hort gelebter Hoffnungslosigkeit zu entkommen, versuchte ich ständig, im Ort eine kleine 2- oder 3-Zimmer-Wohnung zu ergattern, die mir aber niemand anvertraute. Die ablehnende Reaktion der Vermieter dürfte kaum überraschen, denn der Ruf von Obdachlosenheimbewohnern war alles andere als gut. Die pragmatische Frage »Wer garantiert mir die Miete und die Unversehrtheit der Wohnung?« übertünchte die möglicherweise vorhandene Bereitwilligkeit.

Die Zustände im Obdachlosenheim, in dem ich untergebracht war, waren entsetzlich für mich.

Immer wieder betrachtete ich ungläubig die Situation. Tiefer in den Keller kann es nicht mehr gehen, außer ins Grab, durchfuhr es mich. Aber für die Urne respektive den Sarg schien mir die Zeit noch nicht reif. Also rappelte ich mich irgendwann auf und besann mich stärker auf das spärliche Angebot an Lebensfreude. Dieser Einstellungswechsel diente mir als Weg bergauf. Mir wurde klar, dass die Lebensqualität nur eine Frage der Perspektive, des Blickwinkels war. Anders ausgedrückt: Ich flüchtete mich in Galgenhumor.

Um Alternativen bemüht, ging ich ins Rathaus und bat um Beistand. Ich sprach mit einem alten Bekannten von mir, und der empfahl: »Pass auf, Trojan, probiere es mal mit einer Betreuung. Dass dir mal jemand raushilft aus dem ganzen Schlamassel.« – »Gute Idee«, gab ich zur Antwort, »ich schau mir mal an, was passiert.«

Wie versprochen, leitete mein Ansprechpartner die Angelegenheit ans Amtsgericht … Moment mal, wieso Amtsgericht?,

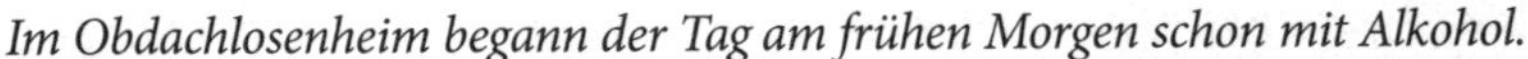

Im Obdachlosenheim begann der Tag am frühen Morgen schon mit Alkohol.

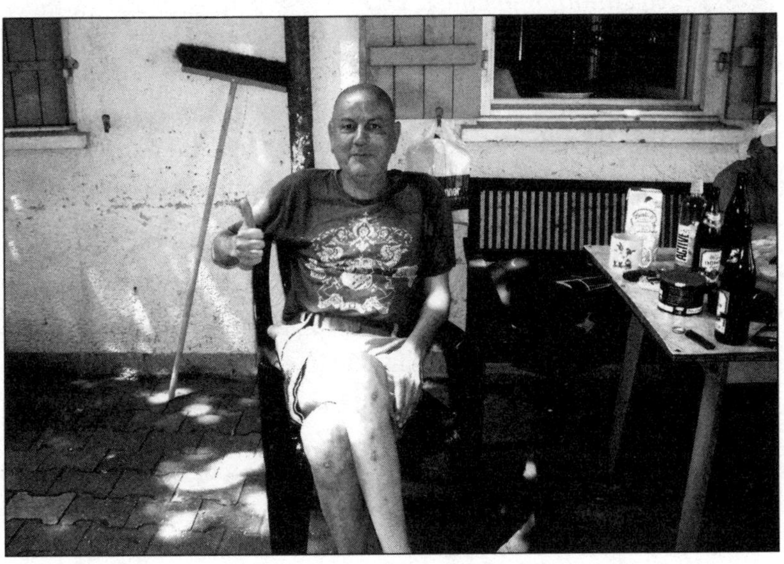

mögen einige nun denken. Das lag daran, dass ich wegen der Diebstahlangelegenheit aus dem Jahr zuvor immer noch die verhängte Strafe zu zahlen hatte. Ich versäumte es aber ständig, die Sache aus der Welt zu schaffen, und hockte somit immer noch auf den Gerichtsschulden.

Bevor mir die helfende Hand von Amtsseite bewilligt wurde, musste festgestellt werden, ob und in welcher Art ich eine Fachkraft benötigte. Deshalb traf ich im Sommer 2010 mit einem offiziell beauftragten Psychiater zusammen, der untersuchte, ob ich noch alle Tassen im Schrank hätte. Wir redeten zwanglos über Gott und die Welt, der Seelenklempner schrieb fleißig mit und verabschiedete sich ebenso harmlos, wie er mich begrüßt hatte.

Eine Woche später konnte ich dem zugesandten Befund vom Amtsgericht – auf das Wesentliche konzentriert – schwarz auf weiß entnehmen: »Herr Trojan leidet unter Anpassungsstörungen.« Anpassungsstörungen? Wie soll ich das denn verstehen?, stutzte ich und schaute im Internet nach. Dort stand in freier Übersetzung: *Anpassungsstörungen können durch extreme Umstände entstehen, beispielsweise wenn jemand stirbt oder man sich in einer Notsituation befindet. Dann verändert man sein soziales Verhalten, kann aggressiv oder depressiv werden.*

Na bitte! Ich fühlte mich ertappt, das traf doch alles auf mich zu … seit meiner frühen Jugend. Ich hatte also von Anfang an die ideale Voraussetzung, Rockmusiker zu werden! Wäre mir vorher bewusst gewesen, dass meiner Passion ein Leiden zugrunde liegt, hätte ich mich ja permanent krankschreiben lassen können.

Tatsächlich wurde mir aufgrund der schriftlichen Aussage des Psychiaters eine Betreuerin zugeteilt. Endlich jemand, der mir aus der Misere hilft!, freute ich mich. Jetzt kann es losgehen, zurück zum Glück! Ungeduldig wartete ich auf die Dinge, die da kommen mochten. Und siehe da … es geschah … NICHTS! Statt sich wie angedacht um die ganzen behördlichen Belange zu kümmern, eine Wohnung ausfindig zu machen, Krankenkassenangelegenheiten zu erledigen, kurz zusammengefasst meine Resozialisierung in die Wege zu leiten, brillierte die Betreuerin in Passivität. Ich fragte mich, was das Ganze mit Fürsorge zu tun haben sollte. Kein bisschen Bemühen, mich aus dem Sumpf herausziehen zu wollen, war zu spüren. Das hätte ich auch selbst gekonnt. Geistig vereint in gegenseitiger Antipathie, schissen wir dementsprechend darauf, gemeinsam das Ziel meiner Rückkehr ins normale gesellschaftliche Leben anzupeilen. Über die ganzen Monate ihrer Zuständigkeit sah ich die Frau nur ein einziges Mal, und das auch nur kurz.

Solange »Madame Phlegma« das Zepter schwang, versäumte sie es nicht nur, nützlich in Erscheinung zu treten. Nein, sie legte mir sogar noch Steine in den Weg. Ich erhielt eine Bevormundung erster Güte, die einer Entmündigung sehr nahe kam. Unter der Fuchtel der Staatsdienerin durfte ich kaum noch etwas entscheiden, was mich betraf. Das Konto wurde meinem Zugriff entzogen, und mir war es untersagt, Verträge zu unterschreiben. Ich musste mir die Erlaubnis einholen, falls mir der Sinn danach stand, irgendwo hinzufahren … lächerlich und sehr erniedrigend für einen freiheitsliebenden Menschen wie mich.

Gute 50 Jahre hatte ich ohne eine derartige staatlich-erzieherische Zurechtweisung auskommen können, und nun musste ich so etwas ertragen. Du lieber Himmel!

Letztendlich durfte ich mich nicht beschweren. Ich hatte durch meine sorglos gesetzte Unterschrift selbst dafür gesorgt, dass mir vorübergehend die Eigenverantwortung aberkannt worden war. Hätte ich den Antrag auf einen Vormund unsigniert gelassen, wäre mir einiges an Wut erspart geblieben. Dummerweise nervten mich Behördenangelegenheiten aber, vor allem wenn – wie in diesem Fall – meine Trunkenheit Ruhe einforderte. Ich unterschrieb dann generell alles, was man mir vorgelegte, um mich anschließend zurückziehen zu können. Mein Gedanke war dann, dass mich nach der Abzeichnung alle kreuzweise am Arsch lecken konnten!

Trotz der bevormundenden Behandlung und der Einengung bewahrte ich mir meine innere Unabhängigkeit. Einsperren oder mich sonst wie zu drangsalieren änderte daran nichts. Wahrscheinlich war es das, was meine Freunde und all diejenigen, die mich kannten, meinten, wenn sie davon sprachen, dass mir selbst in der düsteren Zeit der Obdachlosigkeit samt Vormundschaft der Schelm im Nacken lauerte. Ich schien willfährig alles über mich ergehen zu lassen und lebte nichtsdestotrotz nach meinen Vorstellungen. Es kümmerte mich im Grunde einen Dreck, was die Obrigkeit verlangte. Folgerichtig warfen mir unterschiedliche Seiten vor, die Dinge des Lebens zu locker zu nehmen. Mir würden selbst wichtige Angelegenheiten keine Ernsthaftigkeit abringen. Dem widersprach ich. Mir war Seriosität schon wichtig, nur trat ich Aufgaben entspannter entgegen. Ich zerbrach mir nicht vor lauter Sorge den Kopf. Das war schon immer meine Direktive gewesen … Davon unbenommen erledigte ich die Pflichten über vier Jahrzehnte hinweg zuverlässig, sofern man den Profi in mir fragte.

Am Ende des persönlichen Niedergangs fand ich mich mit der Verabschiedung meines sozial-rechtlich abgesicherten Status ab. Ich hing oft im sehr geräumigen Garten des Obdachlosenheims herum. Gemütlich in die Sitzgelegenheiten nahe eines Grills gefläzt, erübrigte die katastrophale Lage einen Gedanken an Arbeit beziehungsweise eine Auseinandersetzung mit meiner Passion Musik. Ich ging immer mehr dazu über, behäbig den Tag an mir vorüberziehen zu lassen, am liebsten in Gesellschaft meines Lieblingsschlägerfreundes, dessen Name hier nichts zur Sache tut. Mein Kumpel war ein schrankgroßer Hüne, der auf eine Vergangenheit als Schwergewichtsboxer und verurteilter Gewaltstraftäter zurückblickte. 14 Jahre hatte er wegen eines Deliktes im Zuchthaus gesessen. Der wusste genau, wo hingeschlagen werden musste, wenn es darum ging, andere außer Gefecht zu setzen. Einmal war ihm in meiner Anwesenheit ein Taekwondo-Meister blöd gekommen. Der war der Meinung gewesen, meinen Kumpel körperlich maßregeln zu müssen, da er sich in einer Kneipe danebenbenommen hatte. Dem fernöstlichen Kampfsporthühnchen war anschließend gar nicht genug Orientierungszeit geblieben, so rasch war es gerupft und zu Boden befördert worden. In einem anderen Fall war ein Schaffner der Deutschen Bahn klugerweise einer Konfrontation mit dem Exboxer und mir ausgewichen, obwohl er uns in einem Zugabteil rauchend und saufend erwischt hatte. »Ey Lochstanzer, hau lieber ab. Ist gesünder für dich«, waren unsere Worte gewesen.

Eigentlich gehörte der ehemalige Knastinsasse zu den meganetten Zeitgenossen, wenn auch zu den ausgewiesen arbeitsscheuen. Er konnte keinen Autoführerschein vorweisen, weil er zu bequem war, die Theorie- und Praxisstunden abzuleisten. Seine kleine Wohnung bezahlte der Staat, und ansonsten schleifte ihn Hartz IV durch den Monat. Anstrengungen mied er. Er war eine faule Sau, wie sie im Buche stand.

Bei besagtem Freund klagte ich nun, dass sich meine finanziellen Verhältnisse zunehmend prekärer gestalten würden. Ein Bekannter von mir aus derselben Stadt, der auf den Namen Hans hörte, hatte Anteil daran. Trotz mehrmaligen Aufforderns dachte er augenscheinlich nie daran, die Leihgabe in Höhe von 200 Euro zurückzuzahlen. »Weißt du was, zu dem fahren wir jetzt und holen die Kohle«, fackelte mein Schlägerfreund nicht lange und drängte mich, mit ihm zum Haus des Schuldners zu gehen.

Vorübergehend hatte Hans ebenfalls im selben Heim gewohnt. Es war ihm mittlerweile jedoch gelungen, in der Nähe eine Art Wochenendhaus zu beziehen. Dort klingelte ich. Als die Tür geöffnet wurde und das Gesicht des Schuldners im Rahmen erschien, sann ich darauf, erneut meiner Forderung verbal Nachdruck zu verleihen. Bevor ich jedoch dazu kam, zischte von hinten eine Faust knapp an meinem Ohr vorbei – wusch! –, gefolgt von einem dumpfen, schmatzenden Ton – schmong!

Mein Begleiter hatte in der Einsicht, Erklärungen würden nicht helfen, direkt die nächste, körperliche Überzeugungsstufe gewählt und seine Faust blitzschnell in das Gesicht des ungewollten Gastgebers befördert. Wie vom Donner gerührt, kippte der Getroffene steif nach hinten um. Da ich mir keine weiteren Ausreden oder vertröstenden Beteuerungen anhören wollte, schnappte ich mir den Autoschlüssel von Hans und zog in seinem Wagen von dannen. Mein Kumpel, der sich außerdem den Hund vom Hausherrn packte, setzte sich auf den Beifahrersitz. Mit dem beschlagnahmten Pfand mussten wir vorliebnehmen, weil Hans glaubhaft kein Geld zur Auslösung der Verbindlichkeiten zahlen konnte.

Zurück im Obdachlosenheim, versteckten wir zwei das Auto und die Töle und machten es uns wieder im Garten bequem. Zusammen mit ein paar Heimbewohnern feierten wir den Coup ausgiebig mit dem gewohnten Bier-Schnaps-Sortiment. Ungefähr eineinhalb Stunden später trudelte die Polizei ein. Der verprügelte Hans hatte den damals in Olivgrün uniformierten »Freund und Helfer« gerufen. Sie verhaftete mich mit den Worten »Trojan, Sie kommen mit« wegen Autodiebstahls. Mein Saufkumpan bekam die Freifahrt im Einsatzwagen wegen Körperverletzung.

Entsprechend meinem Zustand ergab die Blutalkoholkontrolle 1,4 Promille. Zurückgerechnet auf den Zeitpunkt der Entwendung des Autos, reichte die Konzentration immer noch aus, um den Führerschein an Ort und Stelle einzukassieren. Das ließ mich umso verständnisloser reagieren, je länger ich darüber nachdachte. Woher wollten die Staatsdiener verlässlich wissen, wer am Steuer gesessen hatte? Ohne Anhörung nahm die Gegenseite wie selbstverständlich an, dass ich der Fahrer gewesen sei.

Am nächsten Tag nutzte ich auf dem Revier die Gelegenheit, in die Offensive zu gehen, und bestritt, das Auto gelenkt zu haben. Bei der nüchtern abzugebenden Schilderung zum Tathergang lautete an entsprechender Stelle meine Frage: »Wie kommen Sie darauf, dass ich gefahren bin? Haben Sie Zeugen?« Die konnten die Vernehmenden nicht vorweisen, starteten aber irritiert den hilflosen Versuch einer Gegenoffensive mit: »Der Kläger hat aber gesagt, dass …« Daraufhin schnitt ich ihnen barsch das Wort ab: »Der kann viel erzählen, wenn der Tag lang ist.«

»Wie ist dann das Auto zu Ihnen gekommen?«

»Keine Ahnung, vielleicht hat er es selbst hingefahren und wollte das Geld bezahlen?«

Wohl oder übel waren die Polizisten gezwungen, diese Version zu akzeptieren. Meinen Lappen behielten sie dennoch ein. Seitdem besaß ich keine Fahrlizenz mehr. Daran, dass das so blieb, war ich selbst schuld. Zunächst wusste ich nicht, wie man an den notwendigen Antrag auf Wiedererlangung kam, und anschließend ging mir der Antrieb, mich dafür einzusetzen, verloren.

Vom Vorwurf des Diebstahls entband man mich schließlich endgültig, weil Hans angab, ich hätte das Fahrzeug nicht widerrechtlich entwendet, sondern lediglich mitgenommen.

Die Tage und Wochen gingen ins Land, und ich hauste in der trostlosen Unterbringung vor mich hin. Hoffnungslosigkeit herrschte, und keinerlei Perspektive versprach Besserung … bis das Schicksal endlich den Weg bergauf wies.

22

DIE HELFENDEN HÄNDE UND DER LOTSENDE GEIST VON LISSY

Es geht wieder bergauf

»Franz Trojan vor Gericht, verurteilt, pleite, obdachlos!« – so oder ähnlich rauschte es durch den Blätterwald von *Münchner Abendblatt*, *Bild* und anverwandten Gazetten. Die Printpresse hatte mich als Erstes im Obdachlosenheim entdeckt und nahm mich in die Interviewmangel. Spätestens Anfang Juli 2010 wusste ganz Deutschland um meine verkorkste Situation. Eine ganz miese Berichterstattung in allen Facetten brach über mich herein, die mir in Einheit mit den anderen, schlechten Lebensumständen ganz übel aufstieß. Damit nicht genug, zog der sensationsheischende Arm des öffentlich-rechtlichen Fernsehens von ARD *(BRISANT)* und ZDF *(37 Grad)* nach. Hinzu gesellten sich die skandalsuchenden Privatsender wie RTL *(Explosiv)*. Jeder filmte und fotografierte mich vor der Kulisse des Obdachlosenheims, untermalt vom Tenor des in die Kriminalität abgestürzten ehemaligen Stars. Erbarmungslos! Eine scheiß Presse war das. Solch eine Zeit wünschte ich meinem ärgsten Feind nicht. In meiner Verzweiflung liefen mir manchmal unaufhörlich die Tränen. Diese Art der Zurschaustellung, diese Blöße hatte ich mir nie geben wollen. Bis dahin hatte ich bestimmt, wen ich fickte. Jetzt fickte mich das Leben zurück.

Wie tröstlich war es da, dass sich vereinzelt alte Weggefährten erinnerten und sich meldeten. Juliane Werding zählte dazu, was mich sehr freute. Für sie hatte ich 1986 den Song *Nachtexpress*

Die Presse über mich, als ich im Obdachlosenheim war, fiel grausam aus. (BILD am Sonntag, 4.7.2010) komponiert und getextet. Ich saß in einem Biergarten zusammen mit meinem Lieblingsschlägerfreund, als sich Juliane nach meinem Befinden erkundigte, aufgescheucht durch die schlechte Presse. Ich war sehr glücklich über den Anruf, und wir wechselten ein paar Worte, bis mir die Idee kam, den Hörer unter Auslassung jedweder Vorbereitung meinem Kumpan zu reichen. Der sprach ausschließlich unseren Landesdialekt, und zwar in tiefster Einfärbung. Kein Blatt vor den Mund nehmend, sprudelte es aus ihm heraus. Für jede Person außerhalb Bayerns war das Erzählte phonetisch komplett unverständlich. Noch heute höre ich es auf Entfernung verzweifelt aus der Muschel plärren: »Hey hey Franz! Kann der kein Hochdeutsch? Ich verstehe kein Wort.«

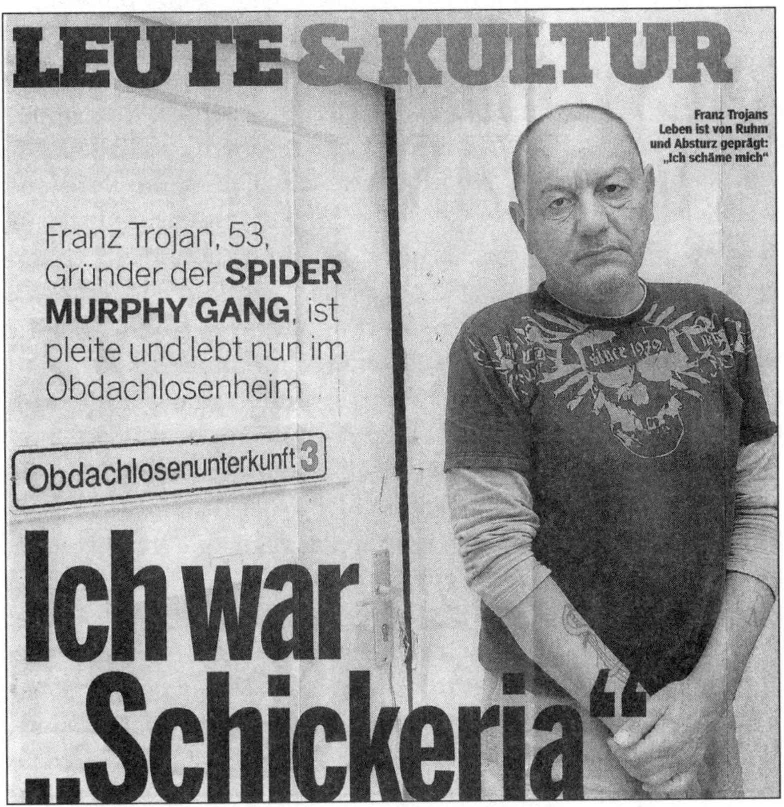

LEUTE & KULTUR

Franz Trojans Leben ist von Ruhm und Absturz geprägt: „Ich schäme mich"

Franz Trojan, 53, Gründer der **SPIDER MURPHY GANG**, ist pleite und lebt nun im Obdachlosenheim

Ich war „Schickeria"

Neben Juliane Werding meldete sich auch einer der Well-Brüder bei mir, also einer der führenden Köpfe der bis 2012 aktiven legendären bayerischen Musik- und Kabarettgruppe Biermösl Blosn. Er stellte mir in Aussicht, dass die Truppe etwas mit mir machen wollte. Zwar verlief das Vorhaben, wie vieles im Metier, im Sande, aber die entgegengebrachte gut gemeinte Aufmerksamkeit tat unverschämt gut.

Meine Strafe wegen Zigarettendiebstahls inklusive Prozesskosten zahlte selbstlos ein netter älterer Herr aus dem rheinischen Hilden nahe Düsseldorf. Auch er hatte sich zuvor nach meinem Befinden erkundigt. Lothar Kaltenborn, so sein Name, war enger Vertrauter und ehemaliger Privatsekretär des einstigen Schlagerstars Manuela (*Schuld war nur der Bossa Nova, Küsse unterm Regenbogen*) gewesen. Der trällernde Schützling Kaltenborns hatte 1973 skandalös auf sich aufmerksam gemacht, weil durch sie ein Redakteur der *ZDF Hitparade* beschuldigt worden war, 20.000 Mark Bestechungsgeld für einen Auftritt verlangt zu haben. Die Aktion hätte Manuela lieber bleiben lassen, denn anschließend war Doris Inge Wegener, so der richtige Name der Künstlerin, wegen Verleumdung angeklagt worden. Sie hatte vor Gericht verloren, war von den Sendern boykottiert worden, und am Ende hatte sich die bloßgestellte Sängerin gezwungen gesehen, in die USA zu fliehen. Lothar Kaltenborn verstarb im Januar 2014.

Auch außerhalb des Promibetriebs, und sogar gerade dort, traten unerwartet viele Menschen mit mir in Kontakt. Sie nahmen unterstützend und motivierend Anteil an meiner Situation. »Halte durch!«, schrieben sie mir. »Du schaffst wieder den Weg nach oben!« Unglaublich, wie viele Fans mir die Treue hielten. Entgegenkommende Menschen schenkten mir Möbel, Kleidung und Bettzeug. Ich war gerührt.

Ein Hotelier aus dem Schwäbischen schrieb mir handschriftlich einen Brief, in dem er mir den Job des Hausmeisters in seinem Hause offerierte, obwohl er mich überhaupt nicht kannte. Wenn der gewusst hätte, wie wenig handwerkliches Geschick mich auszeichnete. Diesbezüglich besaß ich zwei linke Hände mit lauter Daumen. Ich hätte vielleicht sogar Schwierigkeiten gehabt, einen Schraubenschlüssel richtig herum zu halten. Also: völlig ungeeignet!

Eine ganz besondere, hilfreiche, zupackende Rolle spielte für mich die 46-jährige Beate. Sie arbeitete als Reinigungskraft und Leiterin der Kleiderkammer des Sozialdienstes Gröbenzell, einer circa 20.000 Einwohner zählenden Gemeinde im oberbayerischen Landkreis Fürstenfeldbruck. Die Gute war drei Dekaden zuvor, so ihre Aussage, ein großer Spider-Murphy-Gang-Fan gewesen und hatte drei Jahre lang jedes Konzert von uns besucht. Es war Beate unvergessen, dass die Band sich seinerzeit sehr entgegenkommend einem rollstuhlfahrenden Freund gegenüber gezeigt hatte. Darüber hinaus hatte ich ihr einmal 50 Mark zugesteckt, als sie arbeitslos geworden war. Dabei konnte ich mich nicht erinnern, ihr sonderlich nahe gewesen zu sein.

Die Schlagzeile über mich in der täglich erscheinenden Münchener Boulevardzeitung *tz,* »Mein Leben ist ein Albtraum«, brachte Beate zur Entscheidung: Da muss ich helfen! Damals war der Franz gut zu mir, jetzt helfe ich ihm, mochte Beate gedacht haben. Kurzentschlossen griff sie mir selbstlos unter die Arme. Sie brachte Klamotten und Essen, räumte auf, putzte und kaufte ein. Ein Geschenk des Himmels.

Für uns beide stand fest, dass eine tiefgreifende Hilfe nur möglich war, wenn mir die Chance geboten wurde, dem tristen, deprimierenden Aufenthaltsort zu entfliehen. »Okay, du kannst bei mir wohnen, aber zu klaren Vorgaben!«, bot mir Beate an, was ich dankbar akzeptierte. Der nächste Besuch meiner personifizierten Rettung bildete dann auch gleichzeitig meinen vorläufig letzten Tag in der Obdachloseneinrichtung. Beate fuhr in Begleitung ihrer Freundin Renate vor, innerhalb von drei Minuten verstaute ich meine Habseligkeiten, und danach verließen wir grußlos den Ort meiner grenzenlosen Tristesse.

In Maisach, unweit von Gröbenzell, westlich von München gelegen, bewohnte Beate ein großes Altbauquartier, in dem sie mir ein eigenes, geräumiges Schlafzimmer zuwies. Im Gegensatz zu meiner bis dato zuständigen Betreuerin von Staatsseite kümmerte sich meine jetzige Obdachgebende tatkräftig. Sie regelte, telefonierte, schrieb Briefe, gab Regeln vor und disziplinierte. Sie sah einfach zu, dass es aufwärts ging. Deshalb trug ich mich mit dem Gedanken, Beate als neuen Vormund vorzuschlagen. Der alte musste weg. Zu einer konkreten Umsetzung des Gedankens kam es aber nicht.

Die ersten beiden Tage in neuer Umgebung verbrachte ich schweigend, rauchend, sinnierend auf dem Balkon. Mein Blick ging bei schönem Wetter – die Sonne strahlte zum Start meines nächsten Lebensabschnitts warm vom Himmel – über die umliegenden grünen Wiesen. Die Psyche bemühte sich, die persönliche Katastrophe der jüngsten Vergangenheit zu begreifen, um sie anschließend verarbeiten zu können.

»Meine Güte, ich bin ja richtig braun geworden, sehe gesund und vital aus!«, stellte ich nach dem 48-Stunden-Trip fest und richtete die Gedanken wieder auf Tatendrang und Zukunft. Kontinuierlich normalisierten sich die Dinge, und als eine Freundin von Beate die Wohnung mit der Gitarre in der Hand betrat,

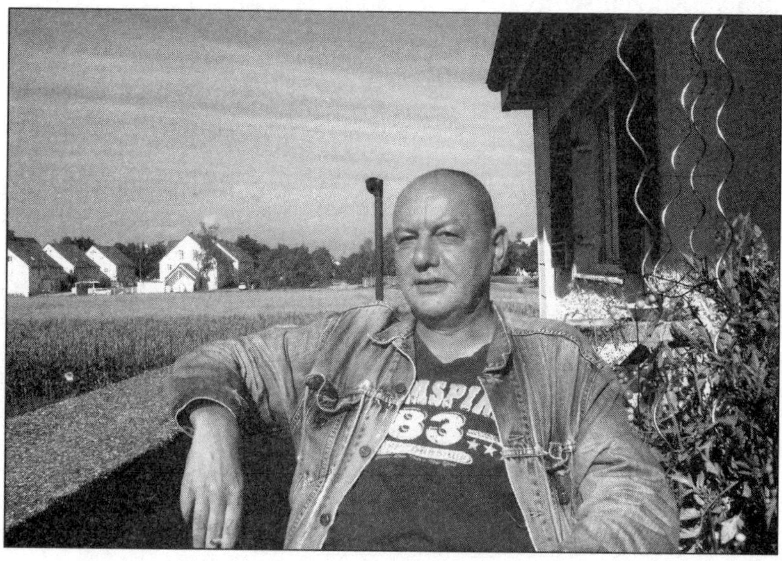

schnappte ich mir das Saiteninstrument und begann, herumzuzupfen. Und siehe da: Es machte mir wieder Spaß.

Darüber hinaus nahm ich nach zweitägigem Herumschleichen um die Wanne ein ausgiebiges Bad, eine Wohltat, deren Existenz ich fast schon vergessen hatte. Zwei Monate lang war ich zuvor ungewaschen geblieben, weil es im Obdachlosenheim an Duschgelegenheiten gemangelt hatte. Noch nicht einmal ein frei zugänglicher Wasserschlauch war im Garten gewesen. Kein Wunder also, dass der Schmutzrand, den ich nach der Körperwäsche hinterließ, ungefähr 25 Zentimeter betrug! Aber danach war ich ein neuer Mensch.

Meine positive Wandlung und mein angenehmes Betragen in den ersten zwei Tagen überzeugte Bea davon, es längerfristig mit mir zu probieren.

Klimpernd vor mich hin summend, fing ich nach einer langen Zeit der Abstinenz wieder an, zu komponieren und Songs zu

In den Tagen bei Beate fand ich nach der Obdachlosenzeit langsam wieder zu mir, auch der Spaß am Komponieren kam zurück.

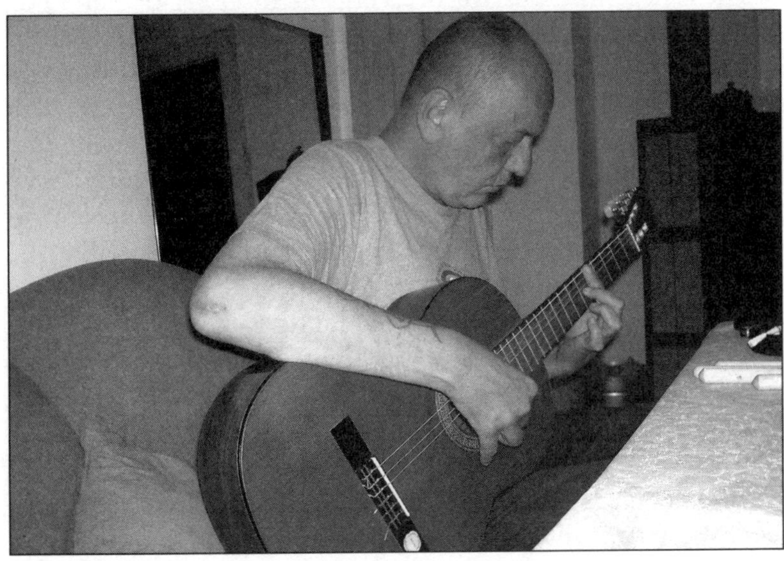

entwickeln. Gott sei Dank, ich bin wieder im richtigen Leben!, seufzte ich erleichtert in mich hinein. Dazu wären mir größere Mengen an untergärigem, hopfenhaltigem Motivationswasser, auch Bier genannt, lieb gewesen. In dieser Hinsicht legte mir die Herrin des Hauses allerdings Daumenschrauben an. Sie erinnerte mich an unsere Vereinbarung, die Menge auf zwei Flaschen am Tag zu reduzieren. Auf die Einhaltung dieser klaren Vorgaben pochte Beate. Sie nannte das lauwarmer Entzug. Mir kam er bitterkalt vor. Beates störrische Konsequenz und mein aufbrausendes, Freiheit einforderndes Gemüt prallten bei diesem Thema oft aufeinander, weshalb wir uns zunehmend häufig stritten. Unter diesen Umständen war mein Auszug absehbar, sobald sich eine Alternative abzeichnete, die musikalische Beschäftigung nebst ungezwungenerer Entfaltung, Verpflegung und ein Dach über dem Kopf versprach. Dabei wusste ich rational, dass bei mir eine harte Hand nötig war. Nun gab es neben der vernunftbetonten Seite aber auch die emotionale, vom Bauchgefühl geleitete. Die meldete sich immer schnell bestimmend zurück, wenn für mich das Gröbste an Unannehmlichkeiten überstanden war. Künstler eben.

Die Gelegenheit des Wechsels ergab sich in Person von Rudi, einem seniorenblonden, langhaarigen, langbärtigen Doggenliebhaber. Der hatte mich als glühender Verehrer meiner Kunst im Obdachlosenheim besucht und versprochen, mich aus dem Schlamassel herauszuholen. Rudi hielt Wort und stellte den Kontakt zu AMUSIKA her, die mir seiner Ansicht nach helfen konnten. Damit trat Lissy Dicks in mein Leben, die meine zukünftigen Geschicke entscheidend positiv beeinflussen sollte. Die Gute betrieb im nordrhein-westfälischen, gut 38.000 Einwohner zählenden Kamp-Lintfort eine Plattenfirma nebst Musikverlag namens AMUSIKA. Auf Betreiben von Rudi rief sie mich an, wir kamen ins Gespräch und funkten gleich auf einer Wellenlänge. Ich verliebte mich direkt in ihre Stimme. Toll! Sympathisch!, ging es mir während des Telefonats durch den Kopf.

»Weißt du was, Franz? Deine Kenntnisse und Vorstellungen im Umgang mit Musik samt Produktion und deine grundsätzliche

Einstellung gefallen mir. Versuchen wir es miteinander. Komm doch mal vorbei. Dann zeige ich dir meine Welt. Oder soll ich dich abholen?«, war die schnörkellose, zupackende Reaktion von Lissy am Ende der mehrmaligen Fernsprechunterhaltung. Ich erwiderte: »Okay, schaun mer mal.« Gesagt, getan, schickte Lissy ein Pärchen vorbei, welches mich im Privatwagen aus Maisach abholte.

In Kamp-Lintfort angekommen, akklimatisierte ich mich erst einmal ein paar Tage. Anschließend erklärte mir Lissy ihre Aufgabenfelder und schilderte, wie sie vorging, um die Rundumversorgung eines Künstlers sicherzustellen. Gleichzeitig entwarf sie die Möglichkeit, wie ich in dieses Gesamtgefüge hineinpassen könnte. Ihr Strategiedenken schaffte es spielend, mich um den Finger zu wickeln und zum endgültigen Bleiben zu bringen: eigenverantwortliche Produzententätigkeit mit Künstlern, ohne Hineinreden von mannigfaltigen anderen Meinungen, Unter-

Im Jahr 2010 ging es von Beate zu Lissy einer neuen Zukunft entgegen.

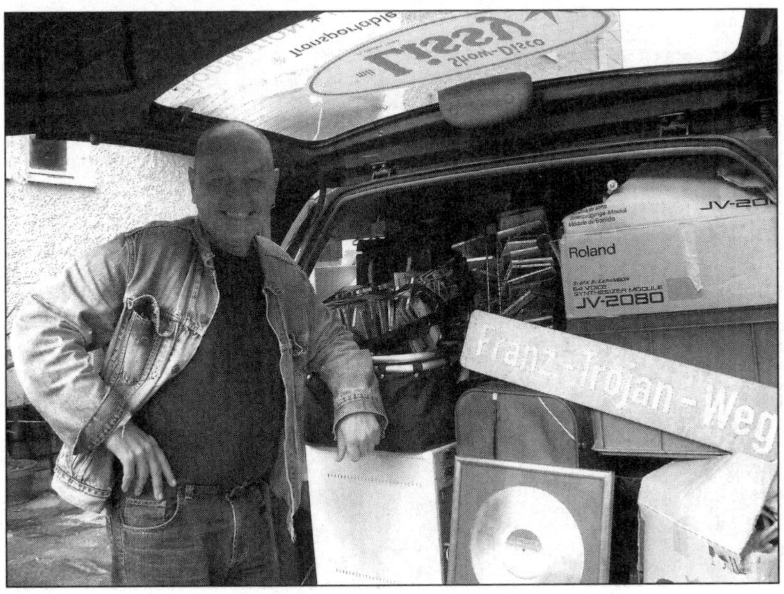

stützung und Förderung meines Comebacks in Form von CD, Bühne, Fernsehen, Rundfunk, Presse, freie Kost und Logis, ungebundenere Entfaltungsmöglichkeiten im Alltag … das alles klang sehr verführerisch. Demgemäß erklärte ich anstandslos mein Einverständnis, an der Umsetzung der Pläne tatkräftig mitwirken zu wollen. »Schön, dann bleib erst einmal hier, mach dir ein genaueres Bild von der Situation vor Ort, ich mache mir ein genaueres Bild von dir, und danach sehen wir weiter«, meinte Lissy daraufhin.

Nachdem ein paar Wochen ins Land gegangen waren, gewannen wir gemeinsam den Eindruck, dass es funktionieren könnte. Folgerichtig fuhren ein Bekannter von Lissy und ich im AMUSIKA-Van noch einmal nach Maisach, um meine wenigen Habseligkeiten abzuholen. Ich verabschiedete ich mich von Beate und versicherte, dass ich ihr für alles, was sie für mich getan hatte, ewig verbunden sein würde.

Tja, und so begann ein neuer Lebensabschnitt für mich.

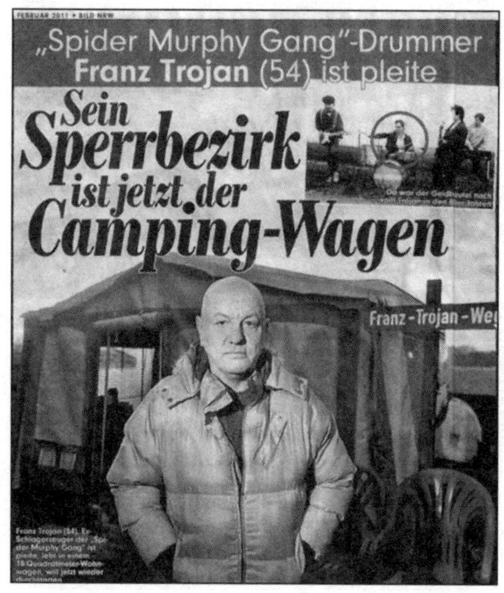

„Spider Murphy Gang"-Drummer **Franz Trojan** (54) ist pleite

Sein Sperrbezirk ist jetzt der Camping-Wagen

Auch die Printmedien verfolgten mit Interesse meine Bemühungen, zurück ins Geschäft zu kommen (Februar 2011, BILD).

23

UMZUG UND LEBEN AUF DEM CAMPINGPLATZ

Der Weg zurück ins Geschäft

Direkt nach der Übersiedlung zu Lissy im Jahre 2010 gingen wir zwei ans Werk und nahmen gemeinsame Produktionen in Angriff. Dabei wurde die abgesprochene Abgrenzung der Betätigungsfelder eingehalten. Ich kümmerte mich weitgehend um die Musik und die Angelegenheiten, die direkt damit im Zusammenhang standen. Lissy widmete sich dem gesamten Rest, wie Vertrieb, Werbung, CD-Pressung, Kontakte zu Radio- und Fernsehsendern, Bemusterungspost, Beschaffung von Künstlern und Kunden etc.

Um ungestört arbeiten zu können, stellte ich mithilfe von Lissy beim regional zuständigen Amtsgericht den Antrag, meine staatliche Betreuung zu wechseln. Auf Vorschlag der Justiz übergab ich mich in die Obhut von Rechtsanwalt Helmut N. aus einem Nachbarort von Kamp-Lintfort. Der erledigte seine Sache auch wirklich gut.

Zunächst war ich in einem Gästewohnwagen von Lissy und ihrer Lebenspartnerin Karin untergebracht, wobei ich das renovierte Tonstudio direkt vor meiner Nase hatte. Kurz darauf sorgten die beiden für noch mehr Komfort durch einen Mobilheimkomplex mit Anbauküche. Außerdem stand auf dem circa 3.000 Quadratmeter umfassenden Anwesen ein 100 Quadratmeter großes Wohnhaus. Auf dem Gelände befanden sich neben weiteren Gebäuden noch eine Gartenanlage samt großem gold- und koifischbestücktem Teich sowie ein großer Swimmingpool, den Lissy in Begleitung eines Fernsehteams der TV Serie *Ab ins Beet* gebaut hatte.

Gerade an schönen, warmen Sommertagen machte ich mir gerne das gebotene Idyll bewusst. Wenn mein Blick von der ruhig gelegenen Anhöhe über die Umgebung schweifte, fehlte nur noch ein kühles Bierchen in der linken Hand, eine Fluppe in der rechten und vor mir ein Teller mit leckerem Gegrillten. Dann herrschte Glückseligkeit! Herrlich!

Das erste größere Projekt der gemeinsamen Arbeit mit Lissy lautete: Franz Trojans Weg zurück ins Geschäft! Ich sollte allen noch einmal zeigen, dass ich es draufhabe. Die Strategie sah zwei Stränge vor. Zum einen musste ich durch Medienbericht-

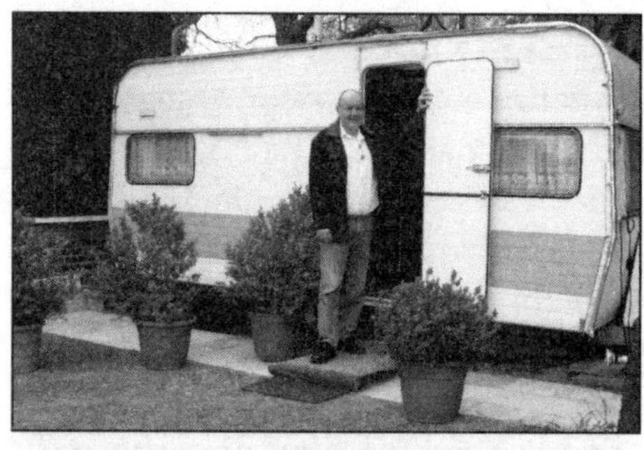

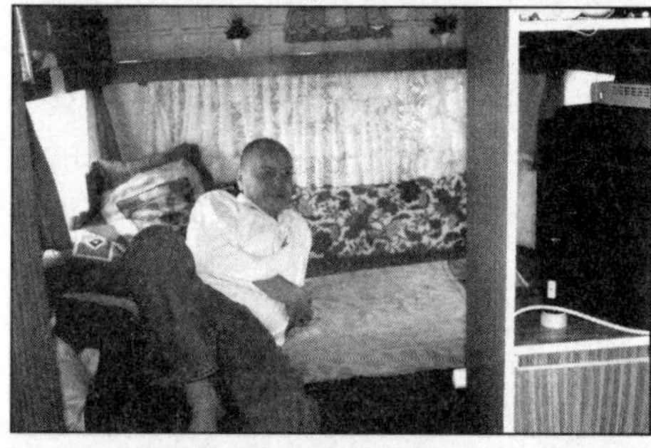

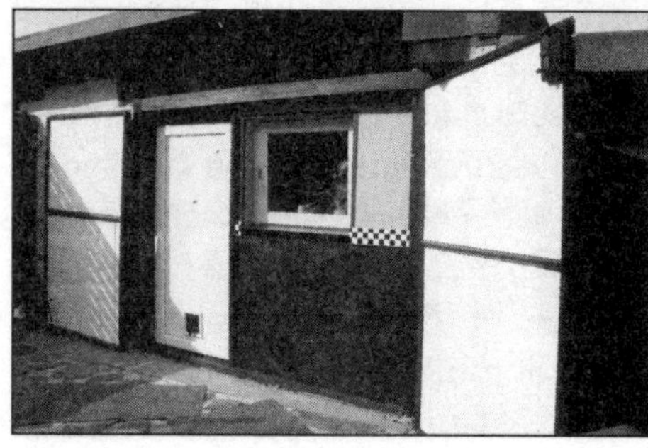

Meine Unterkunft in Kamp-Lintfort wuchs vom Gästewohnwagen bis zur kleinen Herberge.

erstattung wieder in den Fokus der Öffentlichkeit. Das Auge der Allgemeinheit sollte auf mich gerichtet werden. Was gibt es da Geeigneteres als Fernsehsender? Die erzielten die größte Breitenwirkung. Parallel zu diesen Bemühungen seitens Lissy lag es an mir, gute, eingängige neue Lieder zu komponieren und zu produzieren. Ein herausstechender Song sollte zunächst genügen. Die Langrille würde sich gegebenenfalls circa ein halbes Jahr später anschließen.

Entsprechend der Leitlinie fragte Lissy verschiedene Medienstationen an. Die uns daraufhin entgegengebrachte Aufmerksamkeit erschlug uns fast und bescherte unerwartet viele Zeitungs- und TV-Termine. Die ließen an Relevanz, Anzahl und Kontinuität nichts zu wünschen übrig: Ende August 2010 Teambesuch vom ARD-Boulevardmagazin BRISANT, Anfang September 2010 Mitschnitt des Auftritts beim Großevent Kaarst Total mit anschließendem Galaabend im VIP-Bereich des Düsseldorfer Park Inn Hotels, Mitte Dezember 2010 Aufnahmen zum RTL-*Spiegel TV*-Bericht »Ein Bayer am Niederrhein« (Ausstrahlung 16. Januar 2011 unterstützt von der Premiere des Trojan-Songs *Auf'm Weg*), Anfang Februar 2011 Artikel in der NRW-Ruhrgebietausgabe der *Bild*-Zeitung »Sein Sperrbezirk ist jetzt der Camping-Wagen« und Bericht im Regionalteil von *Guten Abend RTL*.

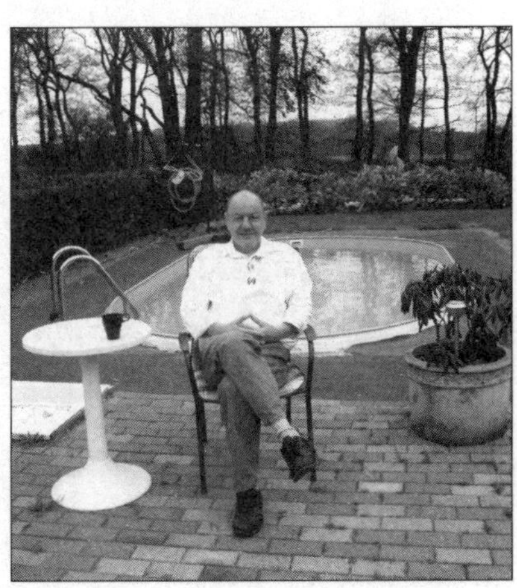

Ich genoss das Idyll auf dem Anwesen von Lissy.

Erst nach dieser Öffentlichkeitsoffensive griff ich aktiv in den Promotionprozess ein, indem mein Lied *Auf'm Weg* offiziell am 11. Februar 2011 auf dem Markt erschien. Darin ging es um meine Abrechnung mit der verhassten Lebenssituation. Ich verlieh dem Wunsch Ausdruck, die einengenden Fesseln zu zerreißen, und zeigte mich optimistisch, bereits auf dem Weg in eine bessere Zukunft zu sein. Der Song drückte alles mich derzeit Bewegende aus. Dabei war mir stets wichtig, sowohl musikalisch als auch textlich den Massengeschmack zu treffen. Hier der Text:

I wär so gern aloa weit weg von hier im Nirgendwo
Dort wo mi koaner kennt und i so leben kann, wiar i denk
Weil jeder wui nur Geld von mir, dös halt i nimmer aus, i schwör
I setz mi in an Flieger nei, habts mi gern, ihr Geier, tuat ma leid

Jetzt bin i auf'm Weg, I woas, es is ned leicht, doch koaner halt mi auf
Jetzt bin i auf'm Weg, I woas, es geht vorbei, jetzt kommt die guade Zeit
Irgendwann hab a i a bisserl Glück und jetzt kommt die guade Zeit

Lieg da am weißen Strand mit dir aloa im Märchenland
Koa heit, koa morgn, nur leben, was kanns denn da no scheeners gebn
Und irgendwann bleib I dann da, wia meine Freind scho gsunga ham
Und koaner wird mi wieder sehn, weil dös Leben is einfach wunderschön

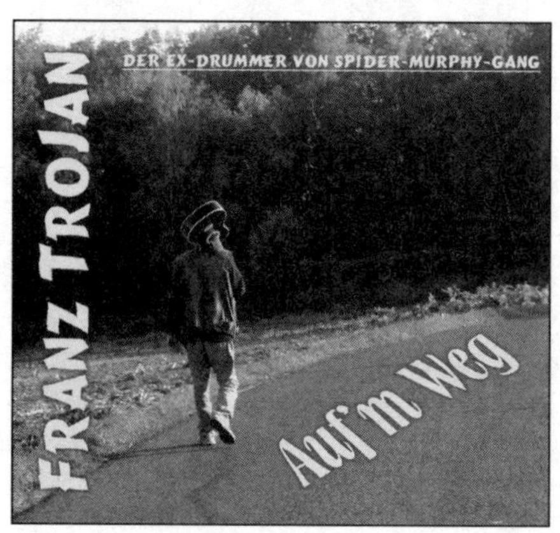

Meine erste Single nach langer Zeit heißt »Auf'm Weg« und erschien im Februar 2011.

Das mediale Herumreichen ging weiter: Ende Februar 2011 Sat.1-Frühstücksfernsehen und *Rheinische Post*, Ende März 2011 *Freisinger Wochenblatt*, Anfang Mai 2011 Gast bei der renommierten SWR-Talksendung *NACHTCAFÉ* zum Thema »Herkunft – fürs Leben geprägt«, in der sich auch Walter Kohl, Sohn von Helmut Kohl, die Ehre gab.

Das Gefühl der Anerkennung setzte sich auch auf musikalischer Ebene fort. Tatsächlich enterte meine musikalische Bestandsauf-

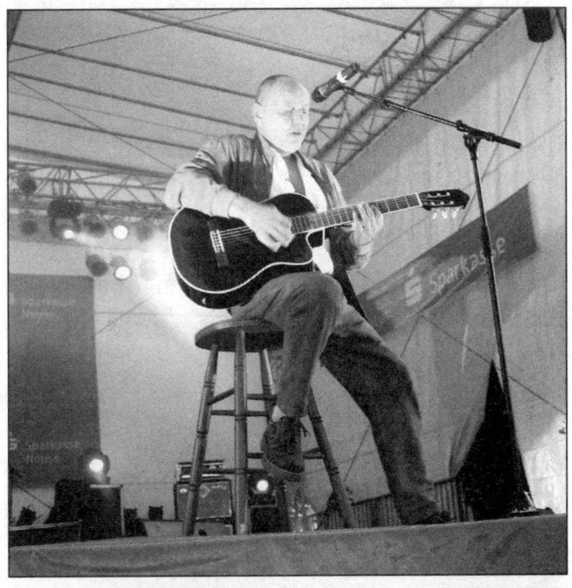

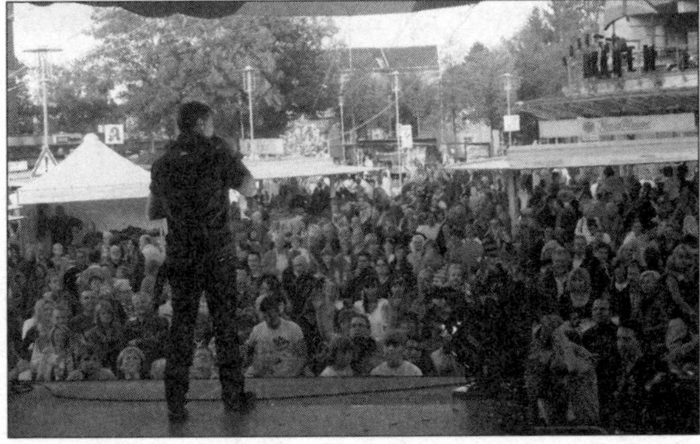

Einer meiner Auftritte während des Comeback-Versuchs war 2010 beim Event »Kaarst total«.

nahme *Auf'm Weg* im Mai 2011 die Spitzenposition der Charts … wenn auch nur bei dem wenig bekannten Ranking der VDM (Verband Deutscher Musikschaffender) namens »Charts99«. Nichtsdestotrotz genoss ich den angenehmen Schauer des belegbaren Respekts.

Mitte September 2011 erfolgte der zweite Teil meiner aktiven Bemühungen eines Comebacks. Das von mir entwickelte Album *Wieder im Glück …* erschien offiziell auf dem Markt. Bei der ersten Präsentation des Longplayers Anfang August 2011 war sogar ein ZDF-Kamerateam gekommen. Das hatte Aufnahmen für einen Beitrag über mich gemacht, der just im Format *37 Grad* ausgestrahlt wurde.

16 Titel umfasste *Wieder im Glück …* und ich erhoffte mir vor allem von *S'Brisal einen weiteren Schub meiner Popularität.* Der provozierend gemeinte Text des geilen Songs barg meiner Ansicht nach genügend Sprengstoff, um auf dem Index zu landen. Warum nicht noch einmal eine vergleichbare – wenn auch natürlich deutlich abgeschwächte – Entwicklung wie mit *Skandal im Sperrbezirk* erleben? Damals war es das Thema Rotlicht, Prostitution, Nutten gewesen, während *S'Brisal* vom ungehemmten Kokainmissbrauch handelte. Ein Verbot schürt Neugier. Die erhöht das Verlangen, die CD zu besitzen. Das wiederum bedeutet nichts anderes als steigende Verkaufszahlen. Die beste Werbung also.

Tatsächlich blieb der Effekt aber aus. Die Zeiten hatten sich geändert. Ein ehemaliger Star, der von zügellosem Drogenkonsum sang … damit lockte man keinen mehr hinter dem Ofen hervor. Es gehörte eher zur akzeptierten Normalität.

So musste ich mit ansehen, wie der vielversprechende Beginn der Werbekampagne eines »Franz-Trojan-Revivals« innerhalb eines guten Jahres wie ein Strohfeuer abbrannte. Der durchschlagende Erfolg blieb aus. Eine erkleckliche Schuld daran dürfte die Art der Berichterstattung gehabt haben. Über die Vielfalt und den Umfang des medialen Interesses, bei deren Auflistung hier im Buch ich noch nicht einmal für Vollständigkeit gesorgt habe, gab es nichts zu meckern. Allerdings rückten sämtliche Artikel und

Reportagen, vereinfacht wiedergegeben, gebetsmühlenartig die Schlagzeile »Ehemaliger Star landet in der Gosse« in den Mittelpunkt. Andere Aspekte, deren stärkere Betonung mir wichtig war, standen im Schatten der Betrachtung. Zum Teil fanden sie überhaupt keine Erwähnung.

Die medialen Meinungsmacher bedienten unangemessen stark die sensationslüsterne Gier der Menschen. Grundsätzlich strebten die meisten der Leser oder Zuschauer es an, sich im Vergleich zu anderen gesellschaftlich und sozial höher einstufen zu können. Dieser Befriedigung wurde umso besser entsprochen, je tiefer die Vergleichsperson gefallen war. Vorher noch der Star, zu dem neidvoll aufgeschaut worden war, nachher nur noch die jämmerliche Figur, die lediglich zum Gegenstand eigener Überlegenheit taugte. Somit blieb ich den Leuten als gescheiterte Existenz in Erinnerung, statt die Gelegenheit zu erhalten, die Ergebnisse meines Neustarts nachhaltig zu zeigen.

Bei allen Fernsehteams, die mich in Kamp-Lintfort bei der AMUSIKA aufsuchten, war der Ablauf strukturell wie am Reißbrett entworfen. Dem galt es vorbildlich zu folgen. Dabei unterschied sich die Qualität der öffentlich-rechtlichen von der privaten Ausrichtung zwar graduell, aber nicht tendenziell. Statt eines reflektierten Gesprächs sah ich mich einem Bombardement abgehackter Fragen ausgesetzt. Die unterbanden jeden Redefluss und schlugen stets in die Themenfurche »Der abgestürzte Star«. Es war schon erstaunlich – nein, eher bestürzend – zu sehen, wie unflexibel jede TV-Truppe mehrstündiges Aufzeichnungsmaterial auf eine ungefähr vierminütige Version einander überdeckender Handlungsfäden hinunterstrich. Kurzum: Langweilige Abspularbeit eines dramaturgischen Armutszeugnisses.

Der in meinen Augen zu befolgende journalistische Anspruch einer ausgewogenen Darstellung bekam unablässig Tritte in den Hintern. Vorgeheuchelte Anteilnahme machte die Angelegenheit nicht besser. Die Seriosität verlor sich umso mehr, je deutlicher der private Charakter des jeweiligen Senders ausfiel. Gerade bei solchen Vertretern zählte nur die Quote, damit lukrative Werbekunden gehalten beziehungsweise geködert werden konnten. Es galt das Motto »Die Einschaltbeteiligung steigt in gleichem Maße, wie niedere Instinkte angesprochen werden«.

Grundsätzlich stellte sich die Frage, inwiefern es hinnehmbar war, dass der Unterhaltungswert zugunsten ökonomischer Interessen jede Form von Anstand, Ethik, Schutz vor öffentlicher Ächtung zerstörte. Durfte zum Beispiel Dieter Bohlen ungestraft vor Millionen von Zuschauern in *Deutschland sucht den Superstar* oder *Das Supertalent* zum Teil charakterlich labile Heranwachsende in schnoddrig-verachtender Weise brachial ihrer Träume berauben? Reihenweise warf er ihnen Sprüche übelster Sorte an den Kopf. Kostproben? Na gut: »Das Einzige, was du hier zu suchen hast, ist der Ausgang!«, »Wir suchen hier nach Pralinen, und dann stehen da immer irgendwelche Lutscher!«, »Das Einzige, was du kannst, ist als Geruch auf'm Fischkutter arbeiten!«, »Ne Stimme zum Niederknien, aber nur, damit man sich nicht auf die Füße kotzt!«, »Du musst vor allem auch zu Haus mal in den Spiegel gucken. Das sieht ja aus, als wäre in deinem Gesicht irgendein Tier verendet«... Solche Erniedrigungen fanden vor unser aller Augen und Ohren in den Castingshows statt.

Ich beging den Fehler und lieferte mich im September 2012 freiwillig dem Urteil der Jury von *Das Supertalent* aus. Die bestand aus Thomas Gottschalk, Michelle Hunziker, dem sogenannten Poptitan ... und nicht zu vergessen das instruierte Publikum.

Warum ich mir das antat? Na ja, der Aufstieg zurück ins Rampenlicht hatte stagniert, mehr noch, ich war wieder aus dem Blickfeld einer breiteren Masse herausgerutscht. Selbst die Bewerbung für den öffentlichen RTL-2-Psycho-Containerknast *Big Brother* im Jahr 2011 unter dem Leitfaden »The Secret – das Geheimnis« war gescheitert. Also entschlossen Lissy und ich uns, es auch beim *Supertalent* zu versuchen.

Die Verantwortlichen der Sendung gaben tatsächlich eine Zusage, allerdings nur unter der Voraussetzung, dass ich *Skandal im Sperrbezirk* in Gesang-Schlagzeug-Kombination einübte. Widerwillig akzeptierte ich die Forderung, fertigte das Playback an und schickte es nach Berlin, dem Ort der Aufzeichnung.

Zum anberaumten Termin erschienen Lissy, Karin und ich in der Hauptstadt, wo wir am Ankunftsort direkt in die Arme von Thomas Gottschalk, Michelle Hunziker und Dieter Bohlen liefen. Nach einer gefühlten Ewigkeit sahen die beiden gebürtigen Kulmbacher sich endlich einmal wieder. Es gab ein freudiges, nettes »Hallo«, und wir umarmten uns herzlich. Alles war locker, völlig lässig, so wie früher. Es machte Lust auf mehr ... aber das Geschäft unter der Führung der Sendungsleitung grätschte dazwischen. In geschulten, bewährten, wahrscheinlich spannungsfördernden Routinen schottete man mich von Lissy und jedwedem bekannten Gesicht ab. Angeblich diente es dazu, mir Raum für den Auftritt zu geben. Ich sollte mich ungestört und entspannt vorbereiten können. Unglückseligerweise bot man mir Alkohol an. Den abzulehnen war mir unmöglich, denn ich war süchtig. Ging man davon aus, dass RTL von meinem zwanghaften Drang wusste, in großen Mengen Hochprozentiges zu trinken, und paart das mit der Tatsache, dass man Lissy von mir fernhielt, dann lag die Vermutung einer sensationsheischenden Manipulation nahe. Konnte es sein, dass es Absicht war, einer angestachelten, aufgeputschten, reißerischen Meute im Saal jemanden zu präsentieren, der sich besoffen zum Deppen machte? Und dieser Prügelknabe sollte ich sein?

Als ich an der Reihe war, dirigierte mich mein biologisches Navigationssystem schwankend, torkelnd, stolpernd, nur noch mit Mühe und Not, aber immerhin unbeschadet zum Schlagzeug auf die Bühne. In bekannt abfälligem Ton warf mir Bohlen die Frage »Sag mal, bist du betrunken?« hinterher. Wie auf Befehl grölte der tobende Mob. Zu allem Überfluss versagte auch noch die Technik. Als ob der gesanglich und musikalisch deutlich misslungene Vortrag – dermaßen atemlos, schief, ungehobelt kam er daher – nicht genügte. Wäre dem Publikum die Möglichkeit gegeben worden, mich mit faulem Obst oder wahlweise vergammeltem Gemüse zu bewerfen, die Menschen hätten das unter Pfeifen und Johlen mit abartigem Vergnügen getan. So blieb es bei einem unwürdigen, enttäuschten Abgang, begleitet von Beschimpfungen schlimmsten Kalibers. Ich glaube, in den Amphitheatern der Antike muss es bei »Brot und Spielen« prinzipiell genauso gewesen sein.

Es war so grausam, es war so schlimm. Mich trieb nur noch der Gedanke an: Weg hier! Raus aus dieser scheiß Fernsehshow!

Draußen stoppte ich kurz und drehte mir schnell eine Zigarette. Ich inhalierte hektisch und schweißüberströmt den beruhigenden Qualm bis zum letzten Zug. Als Lissy und Karin mit dem Van vorfuhren, hieß es für mich nur noch: »Lass uns bloß abhauen!«, und so fuhren wir von dannen. Was für ein Fiasko! Mir hatte schlicht und ergreifend der Überblick gefehlt, worauf ich mich eingelassen hatte.

Es war allein dem kollegialen, fürsorglich-solidarischen Einsatz Thomas Gottschalks zu verdanken, dass dieses erbärmliche Schauspiel keinen Weg auf den Bildschirm fand. »Geht das über den Sender«, so der Showmaster und Entertainer hinter den Kulissen, »dann scheide ich aus der Jury aus!« Danke,

Beim »Supertalent« traf ich meinen alten Kumpel und Jury-Mitglied Thomas Gottschalk wieder. Toller Mensch.

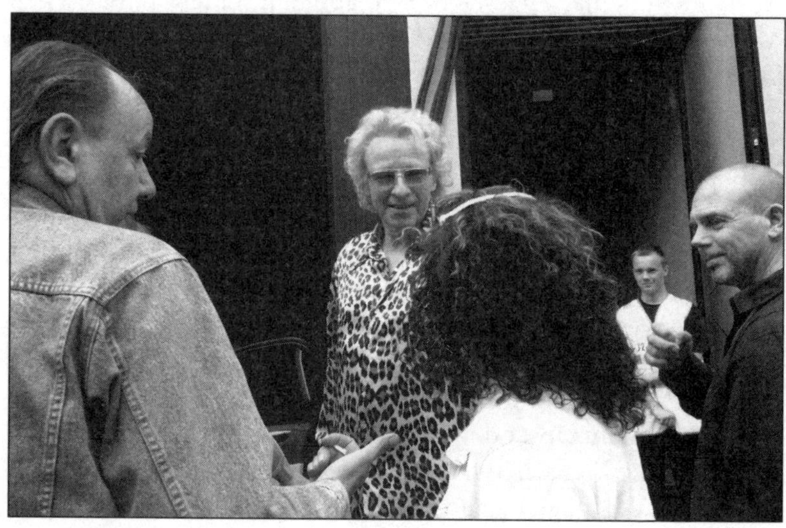

Thomas! Verständlicherweise scheute ich ab dem Vorkommnis aufgrund der vielen negativen Darstellungen den Fokus der breiten Massen.

Eine der wenigen Ausnahmen bildete meine Teilnahme an einem Event anlässlich des 20-jährigen Bestehens der Wohnungslosenhilfe des internationalen Bundes. Die Veranstaltung fand im Oktober 2012 in Berlin statt, und wir hatten dafür schon lange vor dem *Supertalent*-Debakel zugesagt. Um trotz Bedenken Rückgrat zu zeigen, fuhr ich hin. Zusammen mit Gunter Gabriel absolvierte ich einen 90-minütigen Gig, ohne vorher geprobt zu haben. Entgegen meinem anfänglich mulmigen Gefühl machte es unfassbar viel Spaß. Der glänzende Entertainer, der sein unterprivilegiertes Publikum freundschaftlich ins Programm einbezog, imponierte mir. In einem Fall holte Gunter einen Obdachlosen nach oben auf die Bühne und sang mit ihm. Danach wies er seine Managerin an, den Gastauftritt sehr zur Freude des Empfängers mit 100 Euro zu entlohnen.

20 Jahre internationaler Bund in Berlin. Ich spielte mit Gunter Gabriel, einem glänzenden, sehr kumpelhaften Entertainer. Es war ein großer Spaß für mich.

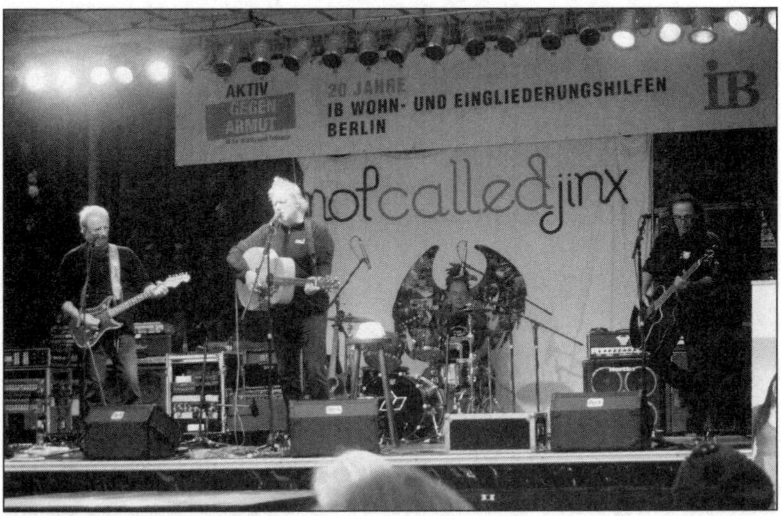

Hätte sich im Anschluss an die Veranstaltung die Gelegenheit ergeben, dauerhaft meine Dienste bei solch einer Band einzubringen ... ich wäre sofort eingestiegen!

Aus der Medienschelte jener Tage nahm ich einen Beitrag explizit heraus, und zwar jene Dokumentation über mich, die das Bayerische Fernsehen in der Reihe *Lebenslinien* Mitte März 2013 erstmals ausstrahlte. Ausführlich und wohlwollend räumten die Regisseure Peter Glas und Chris Hofer zusammen mit dem Produzenten Luca Verhoeven und seinem movefilms-Team dem Projekt so viel Zeit ein, wie eine ausgewogene Betrachtung erforderte.

Mag nun der eine oder andere beim Namen des Produzenten Luca Verhoeven denken: Der Name kommt mir bekannt vor ... dem kann ich nur zustimmen. Ja genau, es handelte sich um den Sohn von Senta Berger und ebenjenem Michael Verhoeven, der

Innerhalb der Dokumentation über mich im Sendeformat »Lebenslinien« für das bayerische Fernsehen traf ich unter anderem auf meinen einstigen Weggefährten und Spider-Murphy-Gang-Sänger Günther Sigl.

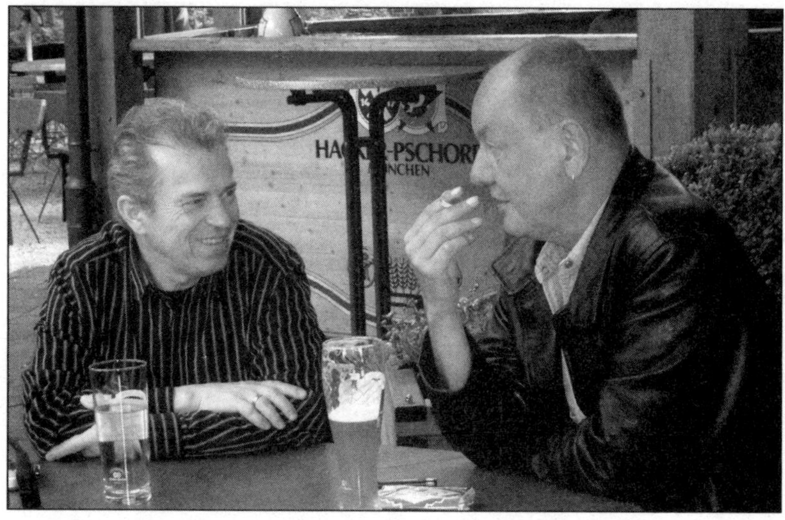

1983 den *Spider-Murphy-Gang-Film* geplant und umgesetzt hatte. Auf diese Weise schloss sich ein Kreis.

Entsprechend des Anspruchs, journalistisch einwandfrei zu arbeiten, geriet das Ergebnis: eine ausgereifte, treffende Kurzfassung der entscheidenden Stationen meiner Biografie. Neben dem bekannten Absturz deckte sie noch weitere Seiten auf. Darin inbegriffen waren ungeahnte familiäre Enttäuschungen und die distanzierte Haltung ehemaliger Weggefährten. Beispielsweise verlief das arrangierte Treffen mit Günther Sigl und mir im angesagten Planeggschen Biergarten Heide Volm nahe München in spürbar unterkühlter, argwöhnischer, distanzierter Atmosphäre. Beim Spider-Frontmann wirkte es so, als ob etwas vorgefallen wäre, was einen Keil zwischen uns getrieben hätte. Dem war aber nach meiner Kenntnis nicht so. Zu meinen Ungunsten lag höchstens vor, dass ich vorher etwas getrunken hatte.

Gegenüber den negativen Eindrücken kehrte die Dokumentation aber auch meine hoffnungsvollen Bemühungen heraus, aktiv meiner verfahrenen Lebenssituation zu entkommen. Jeder, der es wollte, konnte die ersten Etappen auf meinem Weg aus der Krise sehen, die ich zusammen mit Lissy bis dahin geschafft hatte.

Vieles meiner Vita durfte ich im Zuge der Entstehung der Berichterstattung noch einmal Revue passieren lassen: Beim Dreh vor meinem Elternhaus – eher meiner Aufzuchtskneipe – lief mir der Sohn der damaligen Nachbarin Lotte Lell, Markus, über den Weg. Der verdiente sich mittlerweile als Koch seinen Lebensunterhalt in unserem ehemaligen Gasthaus. Das war inzwischen zu einer Pizzeria umfunktioniert worden.

Während der Aufnahmen in Kulmbach bereitete man gerade das Altstadtfest vor. Als ich am Vormittag gegen zehn Uhr über den nahezu verwaisten Marktplatz schlenderte, rief plötzlich jemand freudig überrascht von der aufgebauten Bühne: »Ey Franz, was machst du denn hier?« Ich schaute nach oben und erkannte meinen ehemaligen Trommelschüler, der mit seiner Partyband den Soundcheck für den bevorstehenden Gig absolvierte. Kurzerhand forderte er mich auf, hinter dem Schlagzeug Platz zu nehmen und eine kurze Session abzugeben. Es machte richtig Laune, strengte aber auch ganz schön an. Kein Wunder, so aus der Übung, wie ich war.

An einer der Stätten einstiger Erfolge, dem Circus Krone in München, begegnete mir ein 84-jähriger Mann, der seit 1950 den Posten des Buchhalters in dieser Institution bekleidete. Penibel hatte der Typ in knapp über 30 Lenzen alle Künstler wie die Beatles, die Rolling Stones samt der Daten ihrer Auftritte chronologisch aufgelistet. Somit war er in der Lage, mir jeden Gig der Spider Murphy Gang während meiner Bandzugehörigkeit im Circus Krone zu zeigen. Verblüfft, beeindruckt und gerührt zugleich, schenkte ich ihm spontan den bronzenen Hammerschlumpf, der uns damals als Auszeichnung von der Jugendzeitschrift *Pop/Rocky* verliehen worden war.

Im Hintergrund des Dokumentationsabspanns ertönte mein Song *Auf'm Weg*. Der fand übrigens ebenfalls Einsatz bei den Radiointerviews, die ich in terminlicher Absprache mit dem Regisseur Peter Glas im Gebäude des Bayerischen Rundfunks gab. Die Nachfrage nach meiner Person empfand ich als schönes Gefühl der Bestätigung. Danach gierte ich wie ein Kleinkind nach Aufmerksamkeit.

Während meines Aufenthalts in Bayern nutzte ich die Chance, einen Abstecher in meinen ehemaligen Wohnort zu machen. In der Hoffnung, endlich an meine Sachen zu kommen, die immer noch bei meinem ehemaligen Vermieter lagerten, ging ich zu ihm und traf ihn glücklicherweise auch wirklich an. Unter dem Druck einer einstweiligen Verfügung erlangte ich Zutritt zum Haus, packte die Möbel, das Schlagzeug und das Studio ein und schaffte es mittels des Vans der Show-Disco-Lissy weg.

Durch die *Supertalent*-Pleite um die Erfahrung einer persönlichen medialen Schlachtung reicher, lag mein anschließendes Arbeitsfeld eher außerhalb des Rampenlichtes. Hinter dem Mischpult, im Aufnahme- und Tonstudio bei Lissy – sozusagen in den heiligen Hallen des AMUSIKA-Musikverlags –, entfaltete ich meine Leidenschaft, Melodien zu kreieren, Texte zu schreiben, beide aufeinander abzustimmen und so neue Lieder zu entwickeln. Als leidlicher Gitarren- und Klavierspieler überführte ich die theoretischen Konstrukte in hör- und fixierbare Tonabfolgen, die dann per Schlagzeug und anderem Begleitmaterial zum Endprodukt verfeinert wurden. Dabei lief, zumindest bei mir, vieles über den Computer. Die Technik versprach perfektes Arrangement.

Die alten Geräte zur Übertragung von Musik besaßen demgegenüber auch Vorteile. Diese Meinung vertrat ich abseits aller Nostalgieschwärmerei. David Gilmour, Sänger und Gitarrist von Pink Floyd, schwor bei aller Vorliebe für Perfektion immer noch auf die guten, alten Marshall-Verstärker. Die verzerrten nicht digital, was geiler klang. Ebenso wirkten Vinyl-LPs im Vergleich zu CDs viel authentischer und originalnäher, weil die Stücke auf den Silberlingen durch Höhenanhebung aufgemotzt wurden.

Nach einiger Zeit der Eingewöhnung bildete ich mir ein, in den Umgang mit elektronischer Musik samt dem ganzen Technoschnickschnack regelrecht hineingewachsen zu sein, und mir gefiel es sogar. Einzig unersetzbar war die Stimme. Auch wenn vieles daran nachträglich geschönt und begradigt werden konnte, musste das Grundrüstzeug bereits vorhanden sein. Nicht von ungefähr suchte Lissy Dicks permanent talentierte Sängerinnen und Sänger für Pop-, Stimmungs- und Schlagermusik. Dazu veranstaltete sie zahlreiche Talentwettbewerbe unter dem Titel »AMUSIKA Cup«. Aus dem ging 2009 Christian Durstewitz hervor, der daraufhin mit tatkräftiger Unterstützung von Lissy 2010 bei Stefan Raabs European-Song-Contest-Vorentscheid namens »Unser Star für Oslo« einen hervorragenden 3. Platz belegte.

In der Jury hatten neben Stefan Raab ebenfalls sehr renommierte Künstler wie Yvonne Catterfeld (*Für dich*), Marius Müller-Westernhagen (*Freiheit*), Sarah Connor (*From Sarah with Love*), Peter Maffay (*Sonne in der Nacht*), Nena (*99 Luftballons*), Sasha (*I Feel Lonely*), Rea Garvey (*Can't Stand the Silence*), Adel Tawil (*Lieder*), Anke Engelke (TV-Sendung *Ladykracher*), Barbara Schöneberger (*NDR Talkshow*), Jan Delay (*Oh Jonny*) oder Xavier Naidoo (*Dieser Weg*) ihr fachmännisches Urteil abgegeben. Siegerin wurde keine

Geringere als Lena Meyer-Landrut, jenes Fräuleinwunder, welches 28 Jahre nach *Ein bißchen Frieden*-Nicole mit dem Song *Satellite* den europäischen Titel ins glückstaumelnde Deutschland holte.

Musikalisch besaß ich immer noch den Ehrgeiz, Gutes abzuliefern. Falls mir jemand dabei unqualifiziert in die Quere kam, konnte mein Temperament – wie schon erwähnt – durchaus mit mir durchgehen und mich zum Ausflippen bringen. »Hey Trojan«, hieß es dann tags darauf aus dem Munde von Lissy. »Heut' musst du dich aber noch bei mir entschuldigen wegen gestern.« Meistens war mir der Grund meines Verschuldens entfallen, oder die Heftigkeit des Emotionsausbruchs erschien mir vernachlässigbar, wenig schlimm eben. Zur Glättung der Wogen leistete ich dann aber dennoch Abbitte. Schließlich zählte es mittlerweile im Alter von 58 Jahren zu meinem Erfahrungsschatz, wie negativ mein impulsiv-rauer Charakter auf die Umwelt wirkte. Es meldete sich die Altersmilde.

Bei Lissy im AMUSIKA-Studio habe ich wieder die Möglichkeit, eigene Lieder zu entwickeln und umzusetzen.

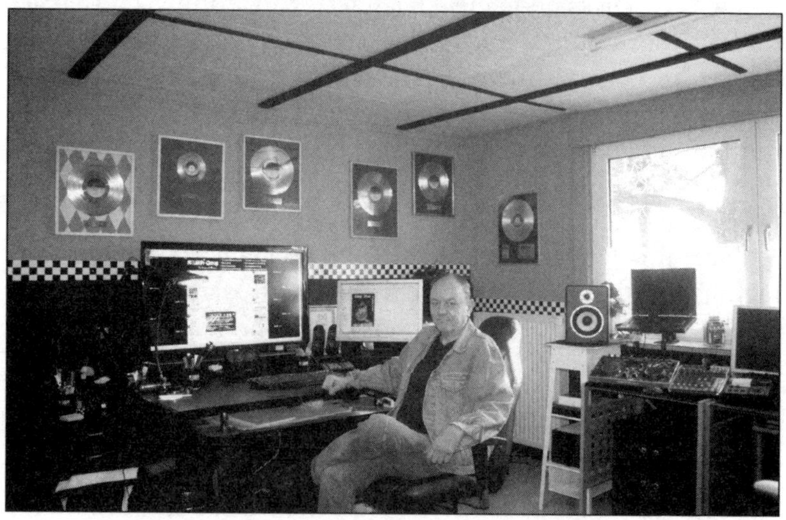

Mit Entschuldigungen hatte ich kein Problem, vor allem, wenn die Einforderung berechtigt war, auch wenn mir der vorgebliche Anlass nur schwach einleuchtete. Ein »Leck mich am …« rutscht im Arbeitsverlauf schnell einmal heraus. Das bedeutete für mich noch lange keine schwerwiegende Beleidigung. Aus dem Munde eines Akademikers hätte es wahrscheinlich »Ich kann deiner Argumentation nur schwer folgen« gelautet.

Privat mied ich es, Musik zu hören. Sie bestimmte schon meinen Tagesablauf bis zu zehn Stunden. Da dankten es mir meine Ohren, wenn im Anschluss auf Klangbeschallung verzichtet wurde und ich ihnen eine Pause gönnte.

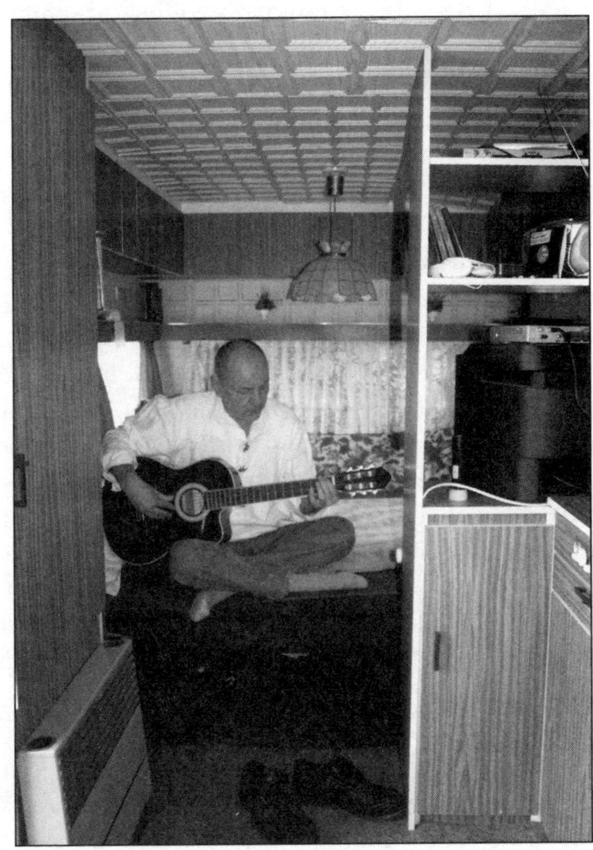

In meinen eigenen vier Wänden komponiere ich unentwegt.

Vereinzelt flatterten mir noch Angebote ins Haus … genauer gesagt in den Wohnwagen. Darin erkundigte man sich zumeist, ob ich Lust hätte, meine Schlagzeugfähigkeiten wieder aufzufrischen und in Aktion zu bringen. So geschehen, als der in Süddeutschland lebende 60-jährige Fotografenmeister, Publizist und sehr gute Gitarrist Johann Seeweg meine Dienste anfragte. Ich sollte beim Nebelhornkonzert in der »STS« (Seeweg-Trojan-Seeweg) getauften Formation spielen. Daneben hatte auch Supercharge, jene legendäre Band rund um den Liverpooler Ausnahme-Saxofonisten Albie Donnelly (er hatte unter anderem gespielt bei Bob Geldof, The Boomtown Rats und Graham Parker), ihr Erscheinen zugesagt. Seeweg vertraute mir völlig und schickte die geplanten Stücke nach Kamp-Lintfort. Er verzichtete darauf, im Vorfeld viel zu proben. Ihm würde es genügen, sich einen Tag vorher gemeinsam abzustimmen und einzugrooven. Das wars.

Der persönliche Anspruch, mir keine Blöße zu geben, trieb mich an, die Songs eine Woche lang strebsam und ausdauernd mit einem festen Programm zu üben. Zunächst langsam beginnend, steigerte ich kontinuierlich das Tempo, um die eingerosteten Abläufe zu trainieren und zunehmend bis hin zur reibungslosen Geschmeidigkeit zu optimieren. Zwar verlernte man das Schlagzeugspiel nie – genauso wie Radfahren oder Schwimmen –, nur mussten Technik und Stabilität gleich einem Handwerk eingeschliffen werden. Und tatsächlich: Nach einer kurzen Überwindungsphase – im Studio war ja nur muskelsparende Arbeit am Computer vonnöten – brachte mir das sportlich anfordernde Trommeln eine Mordsgaudi.

Das Konzert fand in 1.930 Metern Höhe in den Allgäuer Alpen statt. Eine Seilbahn brachte uns vom schwäbischen Oberstdorf zum Schauplatz der Veranstaltung. Mein Spaß und meine unbändige Motivation übertrugen sich auf das Konzert. Ich blühte richtig auf.

Die positive Erfahrung des »Bergauftritts« konfrontierte mich unliebsam brutal mit der nüchternen Tatsache der musikalischen Steppe in Kamp-Lintfort. Soeben wieder auf den Geschmack von

Blues gekommen, fand ich mich anschließend inmitten des tristen Einerleis der digitalen Töne wieder. Sehnsüchtig erinnerte ich mich an vergangene Tage, an denen versierte Studiomusiker mich kreativ animiert und bereichert hatten. In diesem Ort am linken Niederrhein kehrte wieder meine Ruhe ein. Wie gerne hätte ich einmal wieder Jazz gespielt. Mir behagte das dabei transportierte Gefühl, die verströmte entspannte Stimmung. Ich hatte seinerzeit in München oft das 1981 geschlossene, sehr anerkannte Domicile oder das seit 1978 bestehende Unterfahrt besucht, um den Musikstil zu genießen. Mir fiel beim Schwelgen auch ein, dass bei mir in jüngeren Jahren die abstruse Idee aufgeblitzt war: »Trojan, wenn du 50 bist, spielst du nur noch Bebop.« Woher dieser Einfall und die Endgültigkeit gekommen war, war mir ein Rätsel geblieben. Mich hatte die Stilrichtung einfach angesprochen.

Die Ausübung oder das Liveerlebnis von Jazz oder Bebop waren in Kamp-Lintfort kaum vorstellbar. Sie passten zur Stadt ähnlich gut wie origineller Witz zu Oliver Pocher. Vielleicht wäre es möglich gewesen, ihn zu finden, aber die Unwahrscheinlichkeit machte einem die Suche madig.

Nun hätte man sagen können: »Fahre doch dorthin, wo du deine Vorliebe ausleben kannst.« Allerdings fristete mein Führerschein immer noch sein einsames Dasein in behördlichem Gewahrsam. Na ja, besser er als ich.

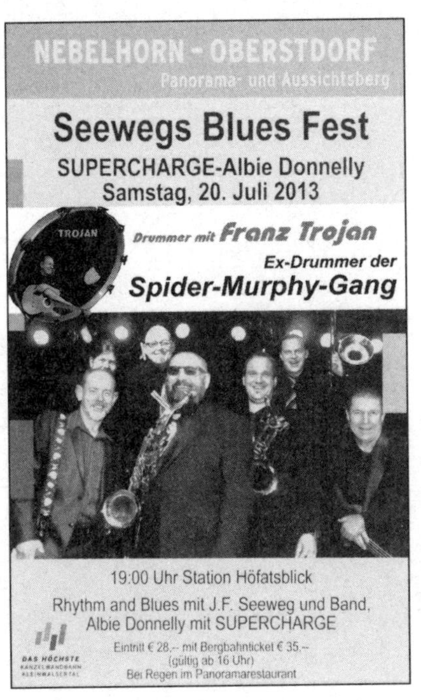

Vereinzelt flattern mir noch Angebote als Schlagzeuger zu wie das vom Seewegs Blues Fest im Jahre 2013.

Somit verbot sich mir ein eigenständiges, unabhängiges, mobiles Ansteuern von Zielen.

Mir ist es zwar zuwider, jammernd vor mich hin zu darben, allerdings fällt es auf Dauer schwer, das Alleinsein in meinem jetzigen Wohnort zu akzeptieren. Es wäre schön, wenn sich der Zustand ändern würde …

24

UND JETZT, WIE GEHT ES WEITER?

Fazit und Ausblick

Insgesamt lebe ich seit gut vier Jahren in Lissy Dicks' Refugium, habe mich mittlerweile eingelebt und empfinde es als mein Zuhause. Ich fühle mich wohlbehütet und umsorgt. Lissy gibt acht auf mich. Sie kümmert sich, dass ich jeden Tag zu essen bekomme, dass ich angemessen gekleidet bin und regelmäßig Körperhygiene betreibe. Außerdem werden meine Behördenangelegenheiten erledigt, und mein Tagesablauf wird organisiert. Lissy ist für mich ein wahrhaftiges Geschenk des Schicksals, eine barmherzige Samariterin, auch wenn sie vor

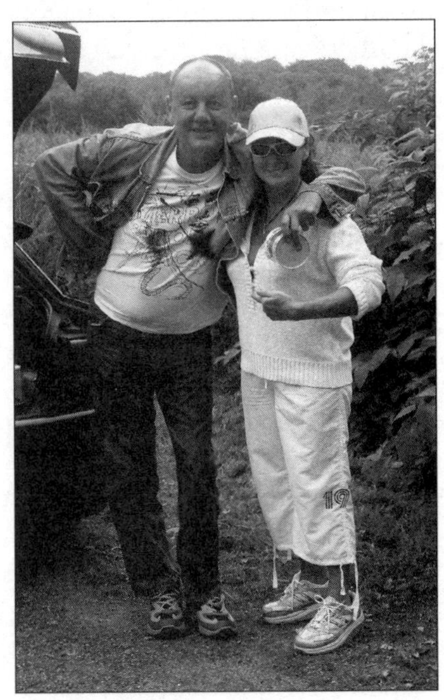

Mein Engel aus Kamp-Lintfort heißt Lissy. Wenn sie nicht gewesen wäre …

einem halben Jahr nicht verhindern konnte, dass mir der staatliche Vormund noch weitere sieben Jahre erhalten bleibt. Schon blöd, aber sei's drum.

Die weite Entfernung zu meinen Töchtern stimmt mich traurig. Meine Liebe zu beiden ist wahnsinnig groß, weswegen ich sie gerne viel öfter sehen würde. Die fehlende Fahrerlaubnis schränkt jedoch meine Mobilität enorm ein. Kein Problem, dann sollen die Töchter doch Franz besuchen, könnte man denken. Leider passiert das viel zu selten bis gar nicht. Bei der Frage, warum das so ist, muss ich mich selbstkritisch an die eigene Nase fassen. Mein Verhalten in der Vergangenheit war häufig völlig daneben und unentschuldbar gewesen.

Es soll an dieser Stelle noch einmal ganz deutlich betont werden: Ich spreche meiner Exfrau und meinen Töchtern ein ganz großes Kompliment aus, dass sie es so lange mit mir ausgehalten haben. Ich war alles andere als ein normaler, pflegeleichter Ehemann und Vater. Auf der anderen Seite gestehe ich mir ebenfalls die Anerkennung zu, derart ausdauernd bei der Stange geblieben zu sein, auch wenn diese Leistung vergleichsweise geringer einzuschätzen ist. Mein Wesen hatte eine derartige Beständigkeit eigentlich abgelehnt.

In vielen Kontexten kann ich mir die Distanzierung respektive den endgültigen Beziehungsbruch zu Weggefährten erklären: Wer will schon mit einem Ehemann zusammen sein, der ständig betrügt, säuft, kein Geld nach Hause bringt? Wer will schon einem Bandmitglied verzeihen, das einem die Frau ausgespannt hat, auch wenn die eigene Gattin der Auslöser war? Wer will schon etwas mit jemandem zu tun haben, der einen arrogant behandelte und anpöbelte? Diese Unarten brachte ich meines Wissens meinen Töchtern aber nie entgegen. Warum also diese Entzweiung? Hoffentlich klärt sich das Missverhältnis, denn es tut schon weh.

Betrachte und bewerte ich meine momentane Lage, komme ich zu dem Schluss, zwar zur Ruhe gekommen, aber nicht zufrieden zu sein. Ich kann mich allerdings auch nicht daran erinnern, jemals einen gesättigten Zustand gekannt zu haben. Ständig zirkulierte es in meinem Kopf: Dies Lied will ich noch machen, die Platte produzieren, mit dem Künstler noch arbeiten, Blues, Jazz, Bepop spielen, und so weiter und so fort.

Ich bin der festen Überzeugung, dass solch ein Absturz wie bei mir jedem widerfahren kann. Lediglich die Abstufung unterscheidet sich, je nachdem, welche Gipfelhöhe man erklommen hat. Besonders Künstler scheinen für einen solchen Lebensweg empfänglich zu sein. Man schaue sich nur den Fall von Gunter Gabriel an, der sich inzwischen wieder sehr beachtlich berappelt hat. Abi Ofarims Weg … ach, lesen Sie seinen Schicksalsbericht selbst, genauso die Autobiografie des Ex-TRIO-Schlagzeugers Peter Behrens namens *Der Clown mit der Trommel.*

1986 hatte ich zusammen mit den anderen der Spider Murphy Gang bereits die Erfahrung einer Durststrecke machen müssen, nachdem wir in der Gunst des Marktes zum blinden Fleck mutiert waren. Aus diesem Dilemma stiegen wir durch Beharrlichkeit wie Phönix aus der Asche. Die daraus gewonnene Stärke half uns, ähnlich unliebsamen Erlebnissen routiniert und gelassen zu begegnen. Den ehemaligen Bandkumpanen war es vorbehalten, nach der Bewältigung der Talfahrt in der Spur zu bleiben. Mich hingegen schmiss es mit Verzögerung aus der Kurve.

Finanziell heute alles andere als auf Rosen gebettet, beziehe ich aus den Tonträgerverkäufen der Spider Murphy Gang pro Jahr immer noch eine Summe der durchschnittlichen Größenordnung von 4.000 bis 5.000 Euro.

Bei der Gesellschaft für musikalische Aufführungs- und mechanische Vervielfältigungsrechte, besser bekannt als GEMA, bin ich seit 25 Jahren ordentliches Mitglied. Mir war es damals möglich gewesen, anhand von Notenmanuskripten nachzuweisen, dass ich komponieren konnte. Weiterhin hatte auf verschiedenen veröffentlichten Tonträgern in verantwortlicher Position mein Name gestanden. Darüber hinaus war ich fünf Jahre lang außerordentliches Mitglied gewesen, bei einem verlangten jährlichen Umsatz von 20.000 oder 30.000 DM. Schließlich hatte ich ordnungsgemäß den Antrag gestellt. Das alles war dann letztlich Grund genug gewesen, mich auf die dritte Stufe der Mitgliedschaft zu hieven. Der angeschlossene und außerordentliche Level lag damit hinter mir.

Nur ein sehr kleiner Teil der GEMA-Vermerkten kommt in den Genuss des »ordentlichen« Status, vielleicht 3.000 von insgesamt rund 60.000 bis 70.000 angeschlossenen. Barny oder den anderen Spider-Murphy-Gang-Bandbeteiligten blieb dieser Rang verwehrt. Ausnahme war natürlich Günther Sigl. Der brauchte noch nicht einmal einen Antrag auf ordentliche Mitgliedschaft zu stellen und rutschte gleich durch. So viel brachte er der GEMA ein. In Fachchinesisch hieß es in so einem Fall, der Betreffende bekam eine Kooptation. Wir »Ordentlichen« kassieren ungefähr 80 Prozent der jährlichen GEMA-Einnahmen und bekommen zusätzlich eine Rente. Von den jährlichen Zahlungen sehe ich allerdings zum jetzigen Zeitpunkt null Komma null, denn die Beträge werden von meinem staatlichen Vormund zur Schuldenabtragung benutzt. Mir ist allerdings schleierhaft, welche offenen Rechnungen noch zu begleichen sind. Meiner Meinung nach müsste bereits alles bezahlt sein.

Die mich heute umgebenden persönlichen Verhältnisse erinnern stark an die Jugend vor 40 Jahren, so pleite, ungebunden und ohne konkrete Zukunftsvorstellung, wie ich bin. Aber mir wird der Weg aus der zum Teil unverschuldeten Misere – was konnte ich für die Änderung der Businessverhältnisse? – gelingen. Diese Autobiografie soll eine Teilstrecke auf dem Pfad sein.

Ich träume davon, mit alten Weggefährten der Musikszene einen Stammtisch zu gründen, um sich miteinander auszutauschen. Warum soll ich nicht auch wieder in den Blickpunkt der breiten Öffentlichkeit zurückkehren wie Hubert Kah, der als Ex-Promi-*Big Brother*-Insasse wieder durch sämtliche Medien geistert? Material, um mich in Erinnerung zu bringen, hätte ich. Mein jüngst entwickelter Song *Mal ganz oben, mal ganz unten* gehört dazu. Alte 80er-Kumpane wie Wolfgang Niedecken, Peter Behrens usw. und ich könnten in einer neuen Zusammensetzung alte Zeiten wieder aufleben lassen. Ich wäre bereit, denn das Gute am Trommeln ist, dass man mit zunehmendem Alter besser wird, ähnlich den Schriftstellern, Malern oder auch erlesenem Wein. Ich halte mich unverändert für einen guten Schlagzeuger, was Kollegen, die es hören, bestätigen. Außerdem sehe ich mich als eine treibende, kreative Kraft, die etwas nachhaltig bewegen kann.

Das sieht man am Beispiel der Spider-Murphy-Gang-Entwicklung. Mein Weggang hemmte die Dynamik der Truppe merklich, um nicht zu sagen, die weitere Entfaltung näherte sich bedenklich dem Stillstand. Denn was ist seitdem bis heute nennenswert Neues passiert? Meines Wissens bis auf die zwei erfolglosen Alben *Keine Lust auf schlechte Zeiten* (1997) und *Radio Hitz* (2002) kaum etwas … und das in 22 Jahren! Wohlgemerkt: Die ganzen Best-of-Alben und ähnliche Ableger, von denen im Zeitraum 1992 bis 2014 wohl 21 (!) erschienen, befinden sich für mich außerhalb der Wertung. Demgegenüber stehen insgesamt nur elf reguläre Studioalben seit Beginn der Spider Murphy Gang. Manchmal treibt mich die Frage um, was die anderen wohl machen, wenn Günther Sigl, »Mastermind« und führender Kopf, irgendwann einmal den Dienst quittiert. Er ist ja nun nicht mehr der Jüngste mit seinen 68 Lenzen. Ich beobachte immer noch die Popmusikentwicklungen, gerade die deutschsprachige. In aktuellem Zusammenhang gefallen mir zum Beispiel *Ich & Ich* sowie der inzwischen zurückgetretene *Unheilig* sehr gut.

Den Blick auf meine Lebenserwartung gerichtet, flüstert mir irgendetwas in meinem Inneren ein, dass ich alt werde. Trotz reichlichen Alkoholgenusses, 70 Zigaretten täglich und des Einpfeifens erheblicher weiterer Drogen in der Vergangenheit: Ernsthafte Krankheiten machten bisher einen Bogen um mich, sieht man von der Rippenfellentzündung in der Kindheit ab. Ich habe nie einen Gedanken daran verschwendet, dem Rauchen und Saufen den Laufpass zu geben. Ich stelle es mir leicht vor, damit aufzuhören … theoretisch.

Zum Thema leichte Drogen bin ich der Meinung, sie sollten bei gleichzeitiger Legalisierung besteuert werden. Dadurch schlüge man zwei Fliegen mit einer Klappe: Die Kriminalisierung, zum

Beispiel durch Beschaffungsdelikte, würde entschärft, und der Staat verdient zusätzlich Geld, und zwar nicht zu knapp. Das könnte er teilweise wieder in Drogenprävention investieren. Denjenigen, die sich nun aufregen, die Straffreiheit würde angeblich eine Verrohung der Sitten bedeuten, sei gesagt, dass ich nur aggressive Säufer kenne – ich schließe mich da überhaupt nicht aus –, aber keine handgreiflichen Kiffer. Der Konsum von Alkohol ist aber seit Menschengedenken erlaubt, sehr zur Freude unter anderem der Brauereilobby. Es geht sogar so weit, dass das Trinken von Hochprozentigem in der Gesellschaft als unverzichtbar empfundener Bestandteil gilt.

Die Niederlande und selbst die konservative Schweiz sind ein Vorbild in Sachen Drogenpolitik. Sie sind den Schritt zum liberaleren Umgang mit den leichteren Vertretern bereits erfolgreich gegangen. Warum also nicht auch Deutschland?

Um noch einmal zum Thema der Lebensdauer zu kommen. Mir erscheint es im Grunde genommen wenig attraktiv, alt zu werden. Ich glaube, der Tod ist schön entspannend … einfach ausschlafen. Davor will ich aber meine Autobiografie unter die Leute bringen, denn ich glaube, dass viele Menschen das Schicksal von Franz Trojan interessiert. Die werden sich das Buch kaufen, und ich will ihnen Rede und Antwort stehen. Hoffentlich beißen auch Zeitungen, Radio- und Fernsehsender an, womit sie mir eine Chance gäben, mich erneut in Erinnerung zu bringen. Es gibt Menschen, die setzen Hoffnungen in mich, die ich unter keinen Umständen enttäuschen will. Dazu gehören allen voran meine Töchter, aber auch meine ganze Familie, ebenso Lissy und Karin. Außerdem existieren Zeitgenossen, denen ich gerne zeigen will, dass ich alles andere als weg vom Fenster bin.

Auf dem Album *Wieder im Glück* versuche ich, Erlebnisse verschiedener Richtungen für mich aufzuarbeiten. Dadurch mache ich mir klar, was alles in meinem Leben passiert ist, wem ich unverzeihlich wehgetan habe und wem meine Dankbarkeit gelten muss. In *Ich bin wieder da* betone ich meine Erleichterung darüber, durch die Hilfe von Lissy Dicks und AMUSIKA nicht in der Gosse gelandet zu sein. Hier kann ich wieder richtig Musik machen. Der Song *Jonny Walker* dient als Abrechnung mit dem Alkoholmissbrauch, der mir sicherlich manchmal schwere Phasen erträglich gestaltet hat, zumeist aber nur Unheil anrichtete. Bei *S'Brisal* steht der Kokainkonsum im Mittelpunkt, der unglaublich teuer war und meine ohnehin schon arrogante Art noch stärker hervortreten ließ. Die Liebe ist natürlich auch Bestandteil einiger Texte wie in *Pfueati* oder *Bleib bei mir*, allerdings unter verschiedenen Blickwinkeln. Zum einen beleuchten sie meinen Hang als nimmersatten Fremdgeher, und zum anderen schwingt die Erkenntnis im Raum, welche Liebe und Zuneigung ich mir mit meinen Eskapaden zerstört habe. Das ist alles nicht wieder gutzumachen.

Lasse ich Bilder der Vergangenheit vor meinem inneren Auge Revue passieren im Versuch, meinen bisherigen Lebenslauf kurz, bündig und symptomatisch abzubilden, fällt mir der *Spider-Murphy-Gang-Film* ein. Zu Beginn wache ich in dem Streifen mit einem Mädchen im Arm auf, während Barny allein pennt. Jung, unschuldig, wild lebe ich auf der Überholspur. Ich lasse nichts anbrennen und verlebe zum Beispiel mit der weiblichen Hauptperson des Streifens Rosie mehrere nette, zügellose Nächte, auch im Bett. Bayerische Bullenscheiße! Wie geil! Zum Schluss sitze ich allerdings allein in der Tram, nur begleitet von einem Tragl Bier. Jetzt haben die anderen ihre Mädels, ihre Bestätigung, ihren Spaß, aber ich nicht … Bei diesem Ende soll es für mich jedoch nicht bleiben.

Im Herbst 2015 werde ich meine neue Song Collection unter dem Titel *Mal ganz oben, mal ganz unten* herausbringen, die folgende Lieder enthält: *Mal ganz oben, mal ganz unten / Hauptsache laut / Baby Blue / Ich frage nicht / Mädchen / Komm ich zeig Dir den Weg / Hey / Schöne Zeit.* Ich packe wieder an, blase zum Angriff und komme zurück, und zwar mit Krach, Radau und Getöse! Kurz gefasst:

HAUPTSACHE LAUT!

DANKE!

Lissy Dicks war letztlich diejenige, die durch ihre Kontaktvermittlung mit dem Koautor Klaus Marschall den Stein der Buchumsetzung überhaupt ins Rollen gebracht hat, wofür ich mich an dieser Stelle – und für so vieles mehr – herzlich bedanke.

In diesem Zusammenhang darf auch die Erwähnung von Karin nicht fehlen. Auch Du bist ein wichtiger Bestandteil dafür, dass ich mich im Alltag so wohl fühlen darf und mich somit so gut auf das Projekt konzentrieren konnte.

Weiterhin möchte ich die ungemein stetige, begeisterte, konsequente, beharrliche und motivierende Unterstützung meines Verlegers Oliver Schwarzkopf hervorheben, der durch Fingerspitzengefühl, Enthusiasmus, kritisches Hinterfragen und Lob an den richtigen Stellen Klaus und mich durch das Schreiben des Buches getragen hat.

Auch das kritische Gegenlesen der Manuskripte von verschiedenen Seiten hat erheblich zum Gelingen des Buches beigetragen. Die angesprochenen Personen wollen nicht genannt werden, aber sie werden sich erkennen, wenn sie diese Zeilen lesen.

Keinesfalls vergessen werden darf der tolle Einsatz von Michael Eder, Pfleger der Internetseite www.spiderfanpage.de, und eingefleischter Spider-Murphy-Gang-Fan und Bea, die uns mit vielen Informationen bezüglich der Spiders und mir im Besonderen versorgt haben. Ohne die beiden wäre meine Autobiografie nahezu frei von Bildern, Fotos, Faksimiles, geblieben. Ihr seid großartig.

Nicht zuletzt ist es dem sehr professionellen, sympathischen und reflektierten Vermögen von vielen Mitarbeiterinnen und Mitarbeitern des Schwarzkopf & Schwarzkopf Verlags zu verdanken, dass unsere Zusammenarbeit letztlich so wunderbar flüssig verlief. Namentlich genannt werden sollen hier Nadine Landeck, Ulrike Bauer, Julia Kositzki, Daniel Spitzer aber sicherlich stecken noch viele, weitere hilfreiche Hände dahinter, die ich nur nicht kenne. Allen sei gesagt: DANKE!

Im Namen meines Koautoren Klaus Marschall fühle ich mich auch mit seiner Frau Selda und seinen beiden, kleinen Kindern verbunden, die ihm wie selbstverständlich den Rücken frei gehalten haben, damit er sich so gut wie möglich auf das Projekt konzentrieren konnte.

Unschätzbare Vorarbeit dazu hat auch Andreas Mäckler geleistet, der bereits zwei Jahre zuvor – Klaus und Andreas wussten nichts voneinander – eine grobe Inhaltsskizze zum Buch entwarf, an dessen Inhalt wir sehr hilfreiche Orientierung fanden.

Zu guter Letzt soll auch noch im Namen von Klaus Marschall darauf hingewiesen werden, dass er die Verköstigung bei Lissy immer sehr genossen hat. Er fuhr wohlgenährt, lecker versorgt von den Projektgesprächen nach Hause!

Franz Trojan

FRANZ TROJAN, geb. 1957 in Kulmbach, war ohne Ausbildung bereits im Alter von 14 Jahren Schlagzeuger in verschiedenen Bands und Tanzkapellen. 1973 ging er nach München und spielte dort zusammen mit seinem späteren Bandkollegen Günther Sigl in der Formation »stummick«, aus der 1977 die Spider Murphy Gang hervorging. In dieser Band feierte Trojan während der Zeit der Neuen Deutschen Welle große Erfolge, verließ sie jedoch 1991, um als Produzent und Studiomusiker zu wirken. Heute lebt Trojan in Kamp-Lintfort auf dem Gelände der »Amusika-Group«, wo er weiterhin auf vertrautem Terrain musikalisch tätig ist. Franz Trojan ist geschieden und hat zwei erwachsene Töchter.

KLAUS MARSCHALL, geboren 1971 im westfälischen Ibbenbüren und aufgewachsen im beschaulichen Dorf Schale, studierte in Münster Mathematik und Chemie. Hauptberuflich arbeitet er heute als Lehrer in einem Berufskolleg im sauerländischen Arnsberg. Er wohnt mit seiner Familie in Soest.

DR. ANDREAS MÄCKLER, geb. 1958, arbeitet als Publizist und Biograf in der Nähe von München. Er schrieb als Co-Autor die Autobiografie des Fußballtrainers Rudi Gutendorf (»Mit dem Fußball um die Welt«, 2002) und mit dem österreichischen Künstler Gottfried Helnwein das Buch: »Malerei muß sein wie Rockmusik« (1992). Gründer des *Biographiezentrums – Vereinigung deutschsprachiger Biographen.* (www.maeckler.com)

FRANZ TROJAN: HAUPTSACHE LAUT!
DIE AUTOBIOGRAFIE
Schlagzeug, Skandale, Sperrbezirk:
Mein Aufstieg mit der Spider Murphy Gang – und mein Abstieg ohne sie

Mit Klaus Marschall
und Andreas Mäckler

ISBN 978-3-86265-437-6

BILDNACHWEIS
Sammlung Jürgen Eder: S. 41, S.43, S.48, S.57, S.65, S.66, S.67, S.68, S.84, S.85, S.90 (BRAVO-Poster), S.92, S.98, S.107, S.108, S.121, S.172, S.184, S.247 | Beate Inngauer: S.50 (alle), S.51 (alle), S.69, S.73 (alle), S.83, S.87, S.90, S.95 (alle), S.103, S.110, S.111, S.238, S.239, S.250, S.251, S.266 | Lissy Dicks (AMUSIKA): S.70, S.253, S.254, S.256, S.257, S.258, S.259, S.260, S.264, S.265, S.268, S.269, S.273, S.277

Schwarzkopf & Schwarzkopf Verlag GmbH
Kastanienallee 32
10435 Berlin
Telefon: 030 – 44 33 63 00
Fax: 030 – 44 33 63 044

INTERNET | E-MAIL
www.schwarzkopf-schwarzkopf.de
info@schwarzkopf-schwarzkopf.de